魏启宇文存

——交通史学、水路交通、编辑工作及其他

魏启宇 著

人民交通出版社

内容提要

作者一生曾从事政策研究、工程技术、出版编辑等多项工作，近60年的时间中，在报刊上发表过多篇文章。本书是将其写过的一部分文章结集而成。

内容分三部分：一是交通史学，主要是关于交通史书编纂理论方法的论述。二是水路交通方面的文章，包括水路运输、水道港口、运河建设等方面的内容。三是编辑工作及其他，重点是关于编辑工作历程、心得、成果等方面的记述。

图书在版编目(CIP)数据

魏启宇文存 / 魏启宇著. —北京：人民交通出版社，2012.10

ISBN 978-7-114-10122-9

Ⅰ. ①魏… Ⅱ. ①魏… Ⅲ. ①交通运输史-史学-中国-文集②水路运输-中国-文集③编辑工作-文集 Ⅳ. ①F512.9-53②U6-53③G232-53

中国版本图书馆 CIP 数据核字(2012)第236673号

书　　名：魏启宇文存——交通史学、水路交通、编辑工作及其他
著 作 者：魏启宇
责任编辑：张征宇　赵瑞琴
出版发行：人民交通出版社
地　　址：(100011)北京市朝阳区安定门外外馆斜街3号
网　　址：http://www.ccpress.com.cn
销售电话：(010)59757969，59757973
总 经 销：人民交通出版社发行部
经　　销：各地新华书店
印　　刷：北京市密东印刷有限公司
开　　本：880×1230　1/32
印　　张：11.5
字　　数：300千
版　　次：2012年10月　第1版
印　　次：2012年10月　第1次印刷
书　　号：ISBN 978-7-114-10122-9
定　　价：28.00元

作 者 简 介

魏启宇,1927 年 2 月出生,湖南衡阳人。湖南大学水利工程系毕业。曾任人民交通出版社社长、编审。1990 年 1 月离休。曾担任过若干学术团体的职务,主要有:北京造船学会理事,中国航海学会理事,中国航海史研究会副主任委员、顾问,中国古船研究中心顾问,北京郑和研究会常务理事等。主要著作有:《水运技术词典》(主编),《中华海魂》(副主编),《中国航海史》(参加编写),《交通史学概论》(编著),《计算水力学》(翻译),《交通史学与海洋文化研究》(编著)等。此外,还在中外报刊上发表文章、论文共 70 余篇,80 余万字。

自　　序

我毕业于湖南大学水利工程系。1949年参加工作,1990年离休,到2012年,历时63年。这63年历程,可分为4个阶段:在党政机关做秘书、政策研究工作6年;在规划设计、工程基建管理部门做技术工作17年(含干校劳动两年);在出版编辑部门在职工作15年,退休后继续笔耕25年。

这一生不论做何种工作,都勤于思考,勤于动笔。各个时期在报刊上都发表过一些文章,从20世纪80年代初延续至今,参加交通史书编辑出版工作历时30年的过程中,是我进行学术研究、从事著述、写作文章的高峰期。一生累计发表在报刊上的文章有70多篇,约80多万字。此外,还写过11本书,其中公开出版的有8本。

2004年,我出版了一本《交通史学与海洋文化研究》的书,这本书实际上是一本文集,收入文章21篇,26万字。该书的文章仅局限于交通史学与海洋文化,其他方面的文章未能纳入。在该书出版之后,我即有出版第二本文集的想法。此事得到人民交通出版社领导的支持。现将1954年至2011年近60年时间内所写的文章进行收集、筛选、整理,形成《魏启宇文存》一书,收入文章共29篇。内容包括:交通史学、水路交通、编辑工作及其他等三个部分。

一是交通史学,收入文章9篇。20世纪80年代初,在交通部的推动和领导下,在全国交通系统开展《中国水运史丛书》、《中国公路交通史丛书》的编写工作,这是交通行业进行的一项重大文化工程。两套《丛书》共200余本,6000多万字。到2008年《烟台港史》(现代)的出版,是迄今为止《丛书》中最后出版的一部史书。2010年,又开始推动《中国水路交通史丛书》的编史工作。这些史书均由人民交通出版社负责出版。我作为出版社的一个编辑人员，参加这两套丛书特别是水运史丛书编辑出版的全过程，还是两套丛书编写工作领导机构成员或顾问之一，参加约100余本史书的编辑加工和审定工作。除《丛书》外，出版社还出版大量的地方交通史志书，我最后审定的史志书是2010年出版的《山西公路交通志》。在历时30年中，我对交通史学进行过较为深入的研究和探讨，参加过编史会议有几十次，作学术性的发言和写的史学文章有数十篇。最后一篇是2010年在广州召开的第二轮《中国水路交通史丛书》编写工作会议上所作的学术讲座。在2004年出版的《交通史学与海洋文化研究》一书中，已收入有关交通史学的文章19篇。现再选出9篇，辑入本文集中，作为上一本文集的补充。

二是水路交通，收入文章11篇。这些文章含水路运输、内河水道、运河、港口等门类。文章写作的时间跨度50多年，最早的一篇是1954年我在交通部部长办公室工作时，到上海港搞调查研究，写的一篇《上海港第三作业区怎样推行作业计划》的文章，此文发表在《水运》杂志上。本书收入的文章虽涉及水路交通专业各个方面，但以运河为重点。这是因为我曾为运河规划设计作过一些工作，对运河有着多年的情结。20世纪50年代中期，我作为技术干部归队后，即由交通部派往水利部北京设计院，参加海河流域暨黄河下游水利规划工作3年，担任航运规划组组长，主持编制综合水利规划中的《航运规划报告》，其中包括京杭大运河北段（北京至山东济宁）和京津运河的建设开发规划意见。在此期间，对北京至天津段运河，实地查勘过两次。1959年与人合写过一本《运河规划设计》的技术书，约20万字，列入了人民交通出版社选题计划，后因故未出版。为开发建设京津运河之事，2010年北京电视台还对我进行过一次专访。几十年来，我写过多篇有关运河的文章。在《交通史学与海洋文化研究》一书中，收入3篇运河方面的文章，本书又收入6篇。可以说，在交通史学之外，运河是我另一个学术研究的重点。

三是编辑工作及其他，收入文章9篇。我干编辑工作历时40年，从编辑、编辑室主任到出版社社长，及至退休，都笔耕不辍。收入的文章中，重点是记述几十年来编辑工作历程、体会和取得的成果。对图书编纂学的研究，只是在词典编纂方面有所涉及。此外，还收入其他方面的文章4篇，其中一篇是为一次学术讨论会提供的论文。

曹丕曾在《典论·论文》中说过："盖文章经国之大业，不朽之盛事，年寿有时而尽，荣乐止乎其身，未有若文章之无穷。"他所说的文章是指一些传世经典之作。我辈所写的一般学术研究、工作业务方面的文章，谈不上是不朽之盛事，但在具体的学术、工作领域，仍有其保存和参考的价值。一个国家的文化大业，是几千年来不断积累起来的。细沉汇成大海，粒土积成高山。我所写的这些文章，微不足道，如能为中国的文化大业添一滴水，加一粒土，心愿足矣。

回首此生，与文字结下不解之缘，从事学术研究、写书、写文章，花不少心血，也取得一些成果。归结起来，就是四个字："天道酬勤"。我进行的写作，大多是在业余时间和退休后完成的。寒冬酷暑，风雨晨昏，伏案笔耕，艰辛自知。

我完成的文章和书的写作，得到很多朋友的支持和帮助，包括提供资料，加工修改文稿，校核译稿，等等。"故人有似林中叶，一日秋风一日疏。"而今不少故友已经离开人世，谨以此书对他们表示感谢和纪念之情。

这本书中收集的文章，时间跨度近60年。文章的内容在一定程度反映了我个人的人生轨迹和心路历程，如北运河查勘，参加京杭大运河规划，40年编辑工作历程，等等。如烟往事，历历在目。我今已年届86岁，船到码头车到站，这本书将是我的收山之作。我怀着一种知足、淡定的心态，退隐田园，颐养天年。诗以言志：

一生文字为吾累，
辛勤笔耕六十秋。
今将采菊东篱下，
云卷云舒任去留。

本书的出版,得到杨文银、韩敏、谭鸿、张征宇、马小奇、赵瑞琴等同志的支持,深表谢意。书中如有不妥之处,请读者批评指正。

魏启宇
2012 年 10 月

目　　录

交通史学

水路交通

编辑工作及其他

交通史学

JIAOTONGSHIXUE

编好交通史书　发展交通史学

一、关于发展交通史学

1. 交通史学发展的现状和推动力

什么是史学？史学是通过史料研究历史发展过程的学科。史学的任务就是要从各种史料中去重新认识那些曾经是活生生的历史，并以文字为主要手段将它重现出来。

什么是交通史学？交通史学是通过交通事业各个时期史料，研究交通（包括公路和水运）发展过程的学科。

近年来，我们交通史书的编写工作全面展开，公路建设史、公路运输史、内河航运史、航海史、港口史等均正在编撰，总共约200部，编写队伍约有两千人，编史规模是空前的，交通史学的发展也是前所未有的。

在我国传统的学术研究中，史学享有崇高的地位。史以传经，“六经皆史”。史学和经学是相互补充的。经史子集四大类，史学仅次于经学，所以有人称之为亚经学。

在我国传统史学中，重点又是研究政治史。唐太宗说过，以史为镜，可以知兴替。史学政治化，历史学就是帝王将相的历史，这可以说是我国传统史学基本特点。“五四”运动以前，我国的史学基本停留在通史研究的范围。从事专业史、经济史、技术史、交通史、文化史的研究的人可以说寥若晨星。“五四”运动后，也包括新中国成立后，对专业史的研究有所开展。但总的来说，发展缓慢，成果不多。交通史书屈指可数。

十一届三中全会以后,党和国家的重点向经济建设转移,中国社会面临着一次深刻的社会变革。与此相适应,史学的研究向更大的广度深度演变,大规模开展交通史的研究,也就应运而生。

可以说,开展空前规模的交通史的编写和研究工作,有两种推动力。一是社会发展的推动,也就是生产力发展的推动。生产力是社会发展中最活跃的因素,它推动社会的变革,推动经济的发展,也推动文化的建设。正如毛主席说的,随着经济建设高潮的到来,必将带来一个文化建设的高潮。在这样的时代背景下,不仅推动一般史学的研究,同时也推动经济、技术等专业史的研究,通常讲盛世修史,就是这个道理。

另一种推动力,就是人的认识上的发展,也就是人的思维发展的推动。社会发展到一定阶段,人的认识也就随着提高。中国传统史学主要是研究政治史,研究政权的兴亡盛衰,经济、文化、科学技术发展的历史,只是政治史的附属品。到了现代化社会,人们就逐步认识到政治史并不足以反映人类社会发展的全部历史,人类社会的历史是政治、经济、技术、文化发展历史的综合。文化是民族的灵魂,历史是文化的核心,只有对民族发展史进行综合研究,才能深入民族文化的深层,反映民族历史的广阔画卷。

个人认为,大规模开展交通史的编写和研究,就是基于上述两种推动力。

2. 交通史的性质

经过这几年大规模修史的实践,我们对交通史学已经有了一些体会和认识。

第一,我们认识到编写交通史,发展交通史学的重要性。第二,编写交通史必须以马列主义唯物史观为指导。第三,编写交通史必须以大量的历史资料为基础,从中进行取舍、甄别、引用。第四,史书的体裁是多种多样的,史与志的体裁是不同的,但作为交通史丛书我们原则上采用编年章节体。这些问题,我们过去已经讨论过多次,认识上也基本统一了,这里就不赘述了。

下面谈谈交通史学的性质。

16世纪,英国的培根曾经提出自己学术分类的主张,他认为,人类有记忆的智能,与此相应有史学;人类有想象的智能,与此相应有诗学;人类有理性的智能,与此相应有哲学。培根认为,史学是由人类凭借对于往事的记忆,因而在本质上是一种描述或记载的学问。当时还认为社会历史仅仅是在时间上发展,自然界历史只在空间发展,从而把史学和自然科学视为截然不同的事物,这就是说,当时史学的概念是不完整的,史学还没有发展成为一种历史科学。

马克思和恩格斯创立了辩证唯物主义和历史唯物主义,从而建立了历史科学。历史科学是以人类社会发展的过程和规律为研究对象,它与其他学科存在着内在的联系。人类史是多方面的,人类史和自然史的联系也是多方面的。也就是说,史学既与社会科学中其他学科有联系,同时也与自然科学诸学科存在着联系。也可以说,史学的发展过程是它跟其他学科相联系而存在和发展的。

交通史学是历史学的一个分支,它具有历史学一般的共性,又有其本身的特性。交通史学与社会科学和自然科学都存在着必然的联系。

交通史既具有经济史又具有技术史的性质。所以也可以说它是一门边缘史学。一般史学界,将交通运输史归属经济史的范畴,这也有一定的道理。交通运输是第四物质生产部门,它是生产在流通过程中的继续。交通运输部门的发展史,很大程度上是一部经济史。但是从另一方面看,交通部门的发展,包括船舶建造、航道建设、公路修建、汽车修造,这些建设工程的发展又具有技术史的性质。人们通常将水利史、建筑工程史归属于技术史的范畴。由此可见,将交通史单纯看成经济史或技术史,都是不全面的。

还有一种观点,认为交通史是综合性的史书。例如有人说:中国航海史不但包括技术、经济,还包括海疆国防、国家海域主权,还应体现党的爱国主义、统一战线的人民民主政治实质,因此,它是综合社会各相关方面的史书。殊不知,交通史的性质,是由其主体部分所决定的,它所涉及到的其他领域或与之相关的各个方面,只是交通事业发展的条件和背景,不能因为交通事业涉及其他领域和学科,由此得出交通史是综合性史书的结论。

政治、经济、军事、文化与交通业的发展,存在着因果关系,它们是相辅相成的。政治、军事、经济是交通发展演变的背景,政权的更替兴亡,经济的盛衰发展,战争的发生与消失,都影响交通的发展,交通的通畅堵塞,同样影响政权、经济、战争的进程,它们之间具有作用和反作用的关系。但交通史终究不是一般的政治、军事、文化史,把它们等同起来,甚至喧宾夺主是不恰当的。

前面已经述及,历史科学与其他学科存在着联系,所以本世纪初,有一位科学家把许多与史学有关系的科学称为史学的"同盟军"。但同盟军终究不是本体。交通史主要是研究交通运输和交通建设的盛衰演变,在马克思主义唯物史观的指导下,联系相关学科,从更广的角度和更深的层次,来了解和分析交通史发展过程中的矛盾,从而更深刻地揭示其发展的客观规律。

3. 交通史学发展具有广阔的前景

几年来,交通史学有了很大的发展,不仅交通部门在编写大量交通史书、研究交通史学,史学界也在注视交通史学的发展,已经出版了一批交通史著作。随着我国政治、经济和科学文化事业的进一步发展,交通史学园地必将出现更加繁荣的景象。

首先,我们目前组织编写的交通史书,具有相当的广度,但还有更多的领域和更深的层次尚未涉及,有许多专题尚待研究。水运方面,全国的港口史、全国内河航运史、中国运河史尚未组织编写;徐福东渡、海上丝绸之路以及各港、各省也还有本身的一些特殊课题有待深入研究。公路方面有不少古道、古桥可以进行专题研究，编写成专书。此外，现在编写的史书采用编年体，是从一个阶段看历史发展的整体，但有其不足之处，今后也可以按纪事本末体选择某些专题编纂成书，这样，就便于看出某一事件的全过程及其发展规律。

其次，历史研究离不开理论指导。交通史学在理论研究上尚在起步阶段，它具有一般史学的共性，又有其本身的特性，交通史学有其本身内涵和特殊规律，对这些问题都有待进行探讨，建立交通史学的理论体系。

第三，交通史资料整理编纂问题。几年来，各地收集的交通史料十分浩繁，也十分珍贵，需要很好加工整理编纂，有的也可以印刷或正式出版。这些资料留之后世，十分重要，我们还要做大量的工作。

第四，交通史学研究的方法问题。现在史学界开始用系统论、控制论、信息论、网络理论、计量史学等方法，应用于史学研究，在交通史学中也可以探索这些新方法的应用。当然，运用新研究方法，并不能取代唯物主义历史观，而是为了使之进一步发展。

总之，历史科学是一门万古常新的科学，交通史学也是一门具有长久生命力的科学，它的繁荣兴盛，既离不开时代的条件，也要靠广大交通史学工作者的共同努力。只要我们充分发挥自己的积极性、主动性，具有强烈的事业心，就必将创造出丰硕的交通史学成果。

二、加强文字修养，提高史书水平

史书质量的高低，与文字表述的水平有密切关系。几年来，我们已经出版和将要发稿的交通史书，文字水平总的来说还是可以的，但也参差不齐。有的史书是经过多次修改才达到出版水平的。目前，有不少史书将要定稿，我在这里特别强调一下，务必提高文字的水平，力争使史书达到高的质量。

我国历史上所修的史志，大都有很高的文字水平。参加编史修志的人，也都是一时名儒硕士，鲁迅评价《史记》是“史家之绝唱，无韵之离骚”。司马迁的文学水平是很高的，他非常善于表述各种历史场面和历史人物，如他写刘邦鸿门赴宴的紧张场面，写燕太子丹在易水之上送别荆轲的悲壮场面，写韩信拜将的庄严场面，以及“太史公曰”的各种论述，都有极高水平，故后人说，读《史记》可以开拓万古胸襟，推倒一世豪杰。我个人还特别喜读司马迁的《报任少卿书》，这篇文章更具有很强的感染力，真是“慷慨啸歌，大有燕赵烈士之风；忧愁忧思，则又直与《离骚》对垒”。这篇文章不是史书，通过这篇文章，既可以看出司马迁的文学水平，也可以学习他修史书的顽强精神。“文王拘而演《周易》。仲尼厄而作《春秋》。屈原放逐，乃赋《离骚》。左丘失明，厥有《国语》。孙子膑脚，《兵法修列》。不韦迁蜀，世传《吕览》。韩非囚秦，《说难》、《孤愤》。诗三百篇，大抵圣贤发愤之为作也”。这段话曾经激励多少志士仁人，在困难面前不屈不挠，投身到事业和学术工作中去。我们现在时代不同，经历也不一样，但对我们从事交通史书编著工作的同志们来说，学习司马迁和前人的顽强精神是必要的。

总之，司马迁被奉为中国史学之父，他将史实与文采精湛结合的神传妙笔，是后世修史工作者学习的楷模。

司马迁之后，史学家修史，都很注意文采，注意文字修养。如后人评论班固，“若固之叙事，不激诡，不抑抗……信哉其能成名也”。评论陈寿，“时人称其善叙事，有良史之才”。近世梁启超、范文澜的史书，文字都很流畅。

关于交通史书文字表述问题，过去我也讲过一些意见，现在再提出几点供参考。

1. 言之无文，行而不远

这句话是古人讲的。我们写交通史，如果要想传之久远，就要提高文字水平。首先，要注意文字的通顺流畅，使人读起来能引人入胜，如果文字晦涩难懂，读者就没有兴趣了。其次，要有条理性，史书一般有章、节、目、子目也就可以了，但叙事时，一定要有条理，有系统性，层次清楚。不要让人读起来，思路是紊乱的。最后，要注意概括性。概括就是将事物中某些具有相同属性的东西加以概括形成一些普遍概念，从更高的角度来看待事物的本质。通常我们讲论从史出，怎么样论从史出，就有一个概括的问题，从史实中抽象出一些本质属性的东西，形成一些概念和观点。又如写绪论、概述、结语等，都需要很好地进行概括。现在书籍很多，浩如烟海，人们不可能每一本书都有时间去读，所以有一种速读法，就看一本书的绪论和结语，或者看一章的第一段和最后一段，从而就能判论你这本书的水平。

2. 实而不华

写史书，既要讲文采，又要实而不华。这有两层意思，首先，我们写史书是建立在史料的基础上，是将丰富的史料进行分析、综合、排比、加工，形成史书，必须言之有物。我们是根据资料做文章，而不是做空洞无物的文章。其次，我们说要有文采，不是用华丽辞藻进行堆砌，诗词歌赋在史书中用一点也可以，但不可用多了，画蛇添足，文不文，史不史，质量就降低了。

3. 简而明

史文的繁与简，在我国传统史学上是一个有争论的问题，史学家主要倾向是要求简而明。宋人洪迈说过："文贵于达而已，繁与省各有当也。"这里也有两层意思：第一，材料取舍的问题，各史书都收集了不少资料，材料如何取舍？编写的同志大都希望多用一些，写的详细一些。个人认为，资料汇编和史书是有区别的，这次写的是一部综合性史书，不可能毕其功于一役，将来某些专门课题还可以专题研究,独立成书。这次所写的史书,只能将历史上的主要事件编到史书中去,反映交通史发展的基本过程和基本面貌以及一些基本经验规律。第二,文字表达问题,同样一个事件,由于文字水平不同,写的简与繁也就不一样,有的是“文约而事丰”,有的是文字啰嗦,而事情没有写清楚。我们希望文字表达要简而明,既简要,又能表述明白。

总之,希望加强文字修养,以提高史书质量。一方面是写作的同志要加强学习,反复对稿件进行修改。另一方面是主编要很好地总揽全局,对全书大胆进行修改统稿,也可以请文字水平高的同志进行修改润色,力求提高史书的文字水平。

三、关于编史中的几个具体问题

1. 传说是否入史

我们写交通史,一般有先秦的一段。但先秦又从何时开始,传说是否入史?现在各史书掌握的标准不一样。

先秦从何时开始?从名称上看,可以上推至百多万年前的旧石器时代开始。但这段历史时期实在太长,而且旧石器时代是古人类学者研究的范围。新石器时代,时间近得多了,但也有七八千年了,这时仍没有文字或只有图画式的文字,这是考古学家研究的范围。这两个石器时代都在文字记载之前,所以一般又叫做“史前史”,意即是文字记载以前的历史。

过去,我国的先秦史是从有文字记载开始的,司马迁的《史记》是从黄帝开始,从黄帝到尧舜都属于传说时代,因为古书已有关于他们的记载,所以历史学家研究先秦史,一般也写到这段传说时期的历史。夏以前实际上是原始社会。

从夏以后开始奴隶社会。先秦史的重点是夏、商、周三代,尤其商、周两代。有关夏代的文字记载不多,而地下考古发掘至今还未将真正夏代实物发掘出来,目前还在探索之中,因而可用的资料很少,所以写夏代的历史,不免也有很多传说的成分。商、周两代除有比较多的文字记录外,还有大量的甲骨文和金文出土,还有大量的实物如铜器等,为研究商、周两代的历史提供丰富的资料。

写通史,传说是写入史书的。写交通史,是不是要写,个人认为全国古代道路史,传说时代是可以写的。最近承德会议上提出的《中国古代道路交通史》,列有“传说时期的道路交通”一节。而各省的交通史,最好是少写或不写。已经出版的《秦皇岛港史》、《天津港史》都没有将传说时代写入史书。因为,古代交通的传说,或者说传说时代的古代交通,从全国来说,内容就不多,每一省都写,恐怕就会雷同了,或者是带有编造的成分。

传说是否入史?还有一层意思,有文字记载以后,各个朝代的历史发展过程中,还有一些传说和神话,一般就不宜写入史书中了。

2. 古代交通史要以史料为依据

前面讲的是传说是否入史,这一段讲的是先秦至清代的古代交通史,要以史料、史实为依据,避免以推论代替史实。在修改几本港史时,我们对古代史中一些推论的文字,就删掉了不少。我们审阅到几本公路交通史稿,古代交通史部分也发现一些是采用推论来判断古代道路交通发展情况的。

推论有几种情况,一是由于经济的发展,物资的交流,商旅的来往,必然有道路交通,于是推论出从某地至某地出现了道路。二是由于发生了一些战争,由于军事运输的需要,必然出现了道路。三是由于政治事件,如某人流亡到某地,因此一定会有某一条道路。诸如此类,征引资料不少,有经济的、军事的、政治的、文化的,长篇累牍,但真正关于交通的原始史料却很少,这样使人读起来,总觉得不踏实,觉得空泛,令人感到有一些主观随意性。

当然,推论也不能完全避免,但要符合逻辑,符合事物发展的因果关系。总之,写古代交通史,宁愿少些,但要可靠些,一般应以原始史料为依据。

3. 现代史中的一些问题

交通史写新中国成立以后这一段时期,我们称为现代交通史。这一段时期,资料较丰富,但观点如何摆正,有很强的政策性。

(1)关于"地、群、普"和全党全民办交通

这个方针,是"大跃进"时期的产物。"大跃进"本身,在新中国成立以来若干历史问题的决议中已有评价。

对"地、群、普"和全党全民办交通的方针,个人认为:①这个方针提出的出发点,是为了尽快发展交通运输。由于广大职工的积极性的发挥,掀起了交通建设的高潮,交通运输有一定的发展;②这个方针在理论上是"左"倾思潮在交通建设上的反映;③这个方针在实践上,产生了浮夸风。交通建设,超过群众的负担,工程建设重视数量,忽视质量。

在叙述上,总的还是两分法,取得一定成果,也存在很多问题。其次,对那个时期统计数字的采用,要慎重。从档案中查出的数字,是浮夸风的产物,是不落实的,要分析。最后,在标目上要注意措辞得当。

(2)关于"文革"十年

一是关于"文革"这场灾难,对造反夺权,抓走资派,迫害干部,打击群众,这些政治性的事件,在我们这种专业史中,尽量不要写,一笔带过。如《上海港史》,原来列为一章,我们建议他们取消了。这类事宜粗不宜细,一笔带过就行了。

二是"文革"十年中,政治上是大动乱,经济也受到很大破坏,交通运输的发展也受到影响,但也有一定发展,如全国公路里程增加28万公里,港口发展很快。原因何在?"文革"中的动乱破坏,是"四人帮"造成的,取得成绩,是广大干部、工人发扬主人翁的精神,顶着沉重的压力,抵制各种干扰和破坏,坚守岗位,坚持生产,坚持进行交通

建设的结果。特别是在周总理和邓小平同志主持中央日常工作期间,坚持原则,进行斗争,支持广大群众和干部坚持生产,从而使交通事业在动乱中,仍然取得一定的发展。

4. 重视目录学

历来史学家都十分重视目录学,我国目录学有悠久的历史传统,早在西汉时,刘向、刘歆所撰的《别录》、《七略》,开我国目录学的先声,其后代不乏其人。清代所写的目录书,种类之多,超过前人。清末张之洞的《书目答问》和近人范希曾的《书目答问补正》,在浩瀚文献中,为读者提供若干种基本读物,便于参考,广为流传。

我这里讲的不是要大家研究目录学这门学科的本身,而是要重视和学会通过图书目录和档案目录去查找各类参考文献和参考资料。因为,我们编交通史,需要很多资料,古代、近代、现代的都需要,要找到这些文献资料,是要下很大工夫的。

一是求教于两种目录:联合目录和馆藏目录。联合目录,是全国或一地区若干图书馆所藏全部文献或专科性、专题性的部分文献而编制的,我国的联合目录编制工作正在恢复和积极进行之中。能真正反映全国各大图书馆文史书籍方面藏书的联合目录,还没有编制出来。《中国丛书综录》是目前我国一部古籍目录的雏形,它包括全国41个大图书馆所藏的近2800种丛书目录,我国古籍,未收入丛书的不多。此外《中国地方志联合目录》、《全国中文期刊联合目录(1833~1949)》也属于联合目录的类型。馆藏目录,就是各大图书馆所编目录。查馆藏目录要有针对性,如抗战时期大后方所出版的图书,北京等地收藏甚少,而重庆图书馆收藏甚多,该馆编有《抗战时期出版图书目录》。

二是互相交流目录。这几年大家在收集资料文献方面,跑遍了全中国,每一个编写组都掌握了大量的目录资料。为了取长补短,避免走弯路,建议大家可以互相交流一下目录,还可以交流一下大家收集目录和收集史料的经验,这样对每一个编写组的工作都有帮助。

三是近现代史档案资料的收集。现代部分主要从各省的档案去收集。近代史档案资料也有一个交流的问题,据说中华民国时期的八区公路局的档案,就有很大一部分在贵阳。这种信息,也需要大家互相提供。

此外,查对古今地名也是一个需要引起注意的问题。古地名主要是三部书,即:《中国古代历史地图集》(收地名7万个)、《辞海》的《历史地理分册》、《地名大辞典》。在交通史书中,古地名要括注今地名。

最后,我要强调一下,质量第一,不要急于成书。

这几年,同志们为编交通史是够辛苦的了。这里我特别提一点希望,请不要操之过急,要有点耐心。历史上的史学家为了写成一部著作,总是拿出毕生的精力,真是"白头可期,汗青无日"。司马迁写《史记》用了20年,欧阳修修《新唐书》花了17年,司马光以19年的时间完成《资治通鉴》,比较起来,我们用的时间并不算长。

我们花了几年时间,已经写出史稿或者将要定稿了,但做事业要防止为山九仞,功亏一篑。后面精雕细刻的工作十分重要,这里包括史料的核对,内容的调整,文字的修改,观点的推敲,书写的规格(统一按部编委所定的规格书写)都应多下点工夫,百尺竿头,再进一尺,力求写出一部质量较好的交通史书。

(本文原载于中国公路交通史华北东北片区第四次学术研讨会文集)

交通史学研究的对象和特征

一、交通史学研究的对象

任何一门学科，都有其研究的特定对象。所谓对象，是观察、思考和研究分析的客体，即研究的目标。一般史学研究的目标，总的来说，是已经过去了的历史现象和历史运动。具体到政治史、经济史、军事史、文化史、技术史，又有其本身特有的对象。例如，政治史研究的对象，主要是阶级关系、政权更替、政治体制、行政管理、职官设置、政治路线方针、政治思想观念等。文化史、经济史、军事史、科技史等，都有其本身特有的研究范围和对象。

交通史学研究的对象和范围，是十分广泛的。按照现代交通运输分类，应包括公路、水路、铁路、航空、管道等5种运输方式。本文只讨论公路交通史和水运史所研究的具体对象。

1. 公路交通史研究的对象和范围

公路交通史研究的对象，主要是公路建设和公路运输。前者主要是技术史，后者主要是经济史。从公路交通史整体来说，是兼有经济史、技术史性质的史书。按公路交通业务结构分，可以分为道路史、桥梁史、运输史、工厂（汽车修造、筑路机械）史、交通监理史、民间运输史；古代道路交通史，还包括驿运史、交通工具发展史。

公路交通史研究的范围，包括全国、各省、各地区以及各企业的历史。研究的具体对象，大体上包括：

（1）公路交通发展的社会经济、政治、文化、军事的历史背景；

(2)公路的修建及其与自然条件的关系;

(3)公路的养护和绿化;

(4)桥梁、渡口的修建和维修;

(5)运输客货车辆的类型、数量;

(6)客、货运量;

(7)运价、运输调度;

(8)车站的设置;

(9)通信和道路交通标志;

(10)交通监理;

(11)公路工程和养护队伍的建设;

(12)公路交通管理、机构、体制;

(13)规章法令、运输方针政策;

(14)运输工人的反抗斗争;

(15)民间运输业;

(16)古代道路建设;

(17)古代运输工具的演变;

(18)古代运输和驿运;

(19)古代交通管理;

(20)公路和水运、铁路运输的分工协作;

(21)交通历史人物。

需要指出,公路交通史和古代道路史的研究,是既有区别又相互联系的。古代道路交通,包括驰道、一般道路、驿运等。公路交通是近代发展起来的,其道路、桥梁标准和运输工具,比古代的道路和运输工具具有先进性和科学性,但公路交通的发展与古代道路交通又有其不可分割的连续性和继承性。近年来,在研究公路交通史时,大多是将其与古代道路交通联系起来研究的,故本文所列的研究对象和范围,包括了古代道路交通史的一部分内容。

2. 水运史研究的对象和范围

水运史研究的对象,主要是内河航运和沿海港口、沿海运输、远洋运输。按水运专业性质分,可以分为运输史、航道史、港口史、船厂史、船舶建造史。近年来,水运史学界重点研究的是内河航运史和海港史,它们都具有经济史和技术史的两重性质。

内河航运史研究工作的范围,包括全国、各省、各地区的航运史。其业务结构包括运输、船舶、港口、航道、船厂等。内河航运史以运输为重点,在围绕历史上主要航运活动和航运事件进行阐述的前提下,横的方面研究的对象大体上包括:

(1)航运发展的社会经济、政治、文化、军事的历史背景;

(2)航道的建设维护及其与自然条件的关系;

(3)运输船舶的类型、数量、船舶运输组织;

(4)客、货运量;

(5)运价、运输调度;

(6)修造船厂的布局和规模;

(7)内河港口的布局和规模;

(8)船舶驾驶技术;

(9)通信、导航和航标;

(10)航政、验船;

(11)打捞救助;

(12)安全保障与海事;

(13)船员配置和培训;

(14)规章法令、运输方针政策;

(15)航运管理、机构、体制;

(16)船工、船民、船员的反抗斗争;

(17)水陆运输分工、协作;

(18)航运历史人物。

海港史研究的范围,包括沿海各港口,其业务结构包括港口运输和港口设施(码头、港口、装卸机械等)。港口史应以港口运输为重点,以港口各项设施为条件,在围绕历史上主要运输事件、重要工程建设进行阐述的前提下,横的方面研究的对象大体上包括:

(1)港口发展的社会经济、政治、文化、军事的历史背景;

(2)港区的自然条件和港区、港址的演变;

(3)港口经济腹地及港口与城市发展的依存关系;

(4)港口吞吐量、外贸进出口货运量的发展变化;

(5)港池、进港航道的建设;

(6)港口码头、库场的建设、维护;

(7)港口进出口船型、数量;

(8)港口靠泊能力和疏运能力;

(9)港口装卸设备和装卸效率;

(10)港口腹地交通;

(11)外贸政策和经济政策对港口发展的影响;

(12)港口经济效益;

(13)港口通信、导航、航标;

(14)港口安全生产和港务监督;

(15)商港与渔港、军港的关系;

(16)港口管理与生产调度;

(17)港口费率;

(18)港口管理机构和体制;

(19)港口工人的反抗斗争;

(20)港口历史人物。

上面所述公路交通史、内河航运史、海港史的研究对象,由于都是属于交通运输行业,有共同之处,也有不同之处;有交通运输这一行业的共性,也有陆运和水运各自的特性。所列的这些内容,大体上可以分为四个方面:一是背景条件,包括社会背景和自然条件;二是生产力的发展,如客货运量,吞吐量的增减,道路、桥梁、车辆、船舶、港口、航道等设施的发展;三是生产关系、上层建筑的变化,如所有制性质、机构体制、方针政策、规章法令的演变;四是海员、运输工人的斗争和历史人物的活动。

这四方面的内容,只是一个大体上的限定,在史学研究和史书编纂中,是可能涉及的内容,而不是每一项史学专题研究或每一本史书都必须包括的内容。其中每一项内容,都可以单独作为研究对象,如历代道路交通或水运交通管理机构体制(古代叫职官),就是一个专门的研究课题。又如驿运史、桥梁史、航道史,从古至今都有极丰富的内容。关于工人运动只是在近代史中所涉及的内容。进行公路交通史、水运史的综合研究,则上述四方面的内容,基本上应包括进去,当然在内容的取舍上,也应有主有从,有详有略,在阐述上应有轻重、主次之分。

二、交通史的特征

近年来,我们对交通史的研究,进行开拓性的实践,做了大量的工作,这门学科究竟有哪些特征?这需要我们很好地结合实际,进行思考和探索。

所谓特征,即交通史学区别于其他史学的标志,除本文前述研究对象已经涉及交通史的一些特殊征象外,现再作如下阐述。

1. 一条主线

交通史学应该有本身的发展规律和发展线索。交通历史的主线就是交通运输经济和技术发展的基本过程。这一发展过程,是与社会制度的变革和生产力的发展水平紧密联系着的。我国西周以前是奴隶制社会,生产力低下,交通的发展处于萌芽时期;秦汉以后,进入封建社会,随着生产力的发展,带来交通的大发展,秦修驰道,汉习楼船，道路交通和水运交通都出现繁荣。封建社会进入唐代，经济进一步昌盛，古代水陆交通进入鼎盛时期。宋代指南针用于航海，推动航海事业的发展，并出现明代郑和七下西洋的航海壮举，这在当时世界上也是前所未有的。元、明时期，随着疆土的扩大和经济、军事的需要，道路交通和驿运，出现一个新的发展高峰。18 世纪中叶，世界上出现两次产业革命，先后发明了轮船和汽车，并先后传入中国，使我国交通工具和交通设施在技术上出现质的变革。但由于我国处于半封建半殖民地的社会，交通事业虽有所发展，但发展缓慢，交通技术有所进步，但步履蹒跚。新中国成立后，党的领导和社会主义制度，使交通事业得到迅速发展，是交通史上最辉煌的篇章。

对我国交通史基本发展过程或者说基本历史线索的表述，说明交通历史的盛衰起伏，是受经济水平和政治制度制约的。虽然如此，但交通史终究不是政治史，不是阶级斗争史。交通史的发展过程，又具体地受客观需求（经济的、政治的、军事的、文化的）、可能条件和当时当地所采取的各种决策的影响。随着社会不断前进，人们对客观事物的认识也逐步加深，客观需求、可能条件以及所采取的政策也不断发生变化。社会历史的兴亡盛衰，必然引起交通事业的发展起伏，但不一定是同步的，交通历史还有其自身的高峰和低谷，有其自身的发展过程曲线。这条曲线有时是与社会历史盛衰过程线重合的，有时则有可能是相异的。我们研究过去的历史，要通过历史上发生的一些主要事件来反映，研究交通历史与社会历史发展的因果关系，研究交通历史的经济和技术发展的起伏过程，从而找出符合交通历史实际的基本线索。

上面是结合社会历史背景，概括地阐述交通发展的基本线索（或称主线）。具体到公路交通史、内河航运史、港口史等，又应分别以公路交通、内河航运、港口的经济和技术发展为主体，在不同时期的社会背景条件下，反映出各自的历史发展主线。公路交通史（包括道路交通史)、内河航运史、港口史应以其经济、技术发展为主体,包括各项设施的建设、养护和发展,将各个时期各个阶段发生的主要事件有机地贯串起来,反映出公路交通、内河航运和港口发展的基本过程、基本面貌和基本规律,这就是它们的主线。有的编史人员,将港口的综合通过能力或港口运输经济的发展,称之为港口史的主线,这种理解是不全面的。

2. 两对矛盾

对立统一的规律,是宇宙发展的根本规律。交通历史发展中充满着各种矛盾的运动,其中有两对主要矛盾:一是生产力和生产关系的矛盾;二是运输生产和运输设施的矛盾。

整个人类社会的历史都反映生产关系和生产力矛盾运动的历史。交通事业的发展演变,也反映这一基本矛盾运动的历史。交通的生产力包括客货运量(劳动对象)、运输工具和有关设施(劳动资料)和劳动力。交通的生产关系(包括上层建筑),包括所有制、管理机构体制、各项管理制度、各项方针政策,各种外部经济条件和管理条件。从交通运输发展过程看,当生产关系与生产力相适应的时候,交通运输事业就发展,当生产关系不适应生产力发展的时候,或者是束缚交通事业的发展,或者变革生产关系。即使在社会主义制度下,生产关系与生产力,也会出现矛盾和不完善,必须不断改革,使两者达到基本适应,以促进运输生产的不断发展。以上海港的现代历史为例,从1949~1984年,多次进行管理体制的改革和企业整顿,取得很大的成效,促进生产力的发展,到1984年底,港口已与160多个国家和地区建立贸易往来关系,国内货物联运面扩大到20多个省市,港口吞吐量从1949年的194万吨,发展1984年的1亿吨。

因此,我们研究交通史,必须研究生产关系产生、发展和变革的原因,研究生产关系与生产力之间起促进或起阻碍作用的情况,以全面反映交通历史发展过程及其规律。

其次,从生产力本身看,交通的历史是运输生产和运输设施之间相互矛盾运动的结果。交通史的主体是运输,为经济发展进行运输,为军事需要进行运输,为文化传播进行运输。而运输需要运输工具及有关交通设施,包括车辆、船舶、道路、航道、车站、港口等。运输货物和旅客是目的,而运输工具和有关配套设施是条件,没有运输工具,货物和旅客就无法发生位移;没有货物和旅客,运输工具就没有存在的价值。在交通历史上,始终是运量和运力不相适应,经常是运量大于运力。交通的历史,是运量不断增加,道路、航道不断建设,车辆、船舶不断购置,周而复始,螺旋式地上升,互相矛盾,互相促进。也可以说,一部交通史,是运输生产与运输工具(包括运输有关设施)相互矛盾运动的历史。

3. 三个阶段

中国文明史分为三个阶段,即古代史,近代史,现代史,即1840年鸦片战争以前为古代史;1840年~1949年为近代史(过去将近代史的终点定在1919年的“五四”运动,现在史学界的意见定在1949年新中国成立以前);1949年新中国成立后为现代史。

水运史、公路交通史是经济技术史,与通史一样,大体上也分为三个阶段。其中水运史三个阶段的划分,与通史是一致的;而公路交通史有本身的特点,在古代史与近代史的标界上,与通史是不完全一致的。汽车传入中国,才开始建设公路,也才有公路交通史,在此以前都属于道路交通史。第一辆汽车传入我国是1901年,我国修建的第一条公路是在1907年,因此,近代公路交通史的标界,大体上是1911年辛亥革命前后。公路交通史学界一般采取以1911年以前,为古代道路交通史的止点,1911年为近代公路交通史的起点。

公路交通史和水运史都划分为三个阶段,但从生产力发展水平和各阶段中的具体历史分期看,又有其特殊规律。

第一,从生产力发展水平看。古代道路交通,虽然全国修建了纵横交错的道路，但标准是比较低的，运输工具是落后的，多数是肩挑背负，运输能力很低。道路交通汽车化以后，这在生产力上是一个质的变化，也就是开始了公路交通运输的新阶段。到1949年，公路已经建设了9万公里，汽车保有量有5万多辆。

古代水运史，无论运输工具和运输设施，都完全处于自然落后状态。船舶从原始的刳木为舟，发展到风帆船，港口没有正式的码头和装卸机械，肩挑人扛，手工劳动。近代水运史，是从完全自然状态向运输工具半机械化和机械化，运输设施固定化、正规化逐步过渡时期。轮船与木帆船运输并存，以木帆船运输为主，机械装卸与人工装卸并存，以人工装卸为主。从1836年英国渣甸号轮船航行于中国沿海开始，到1949年，轮船发展到50万吨。

1949年以后的交通史，30多年中，公路交通、水路交通的发展是迅速的，生产关系发生根本的变革，生产力的发展很快。民用汽车已经运到300多万辆，拥有各种不同吨位、不同性能的车型，大吨位车、集装箱车已成为运输中的重要力量；公路里程已发展到90多万公里，高等级路面已经占有相当的比重，并已开始在修建高速公路。内河、沿海基本上实现了运输轮船化，木帆船运输已基本上被淘汰，新建了一批大型港口，可以靠泊10万吨级的海轮，建设一批现代化的油港、煤港和矿石码头，港口基本上实现机械化。但无论公路和水路交通，距经济发展和现代化的要求，仍有相当一段距离。

归纳起来，从生产力发展水平看，古代交通史，属于自然落后状态、纯手工劳动时期；近代交通史，属于半机械化、前现代化时期；现代交通史，属于发展中的机械化、现代化时期。

马克思、恩格斯在《德意志意识形态》一书中指出："历史不外是各个世代的依次交替。每一代都利用以前各代遗留下来的材料、资金和生产力；由于这个缘故，每一代一方面在完全改变了的条件下继续从事先辈的活动，另一方面又通过完全改变了的活动来改变旧的条件”。交通的历史就是这样依次交替发展的，研究交通历史的发展过程，是为了认识历史的规律，改革旧的条件，创造新的历史。

第二，在具体历史分期上，交通史又有其本身的特点。

古代道路史，大体上可分为：秦以前道路交通的初创时期，秦、汉道路交通的大发展时期，唐代道路交通的鼎盛时期，元、明道路交通新的繁荣时期，清代是道路交通进一步发展时期。近代公路交通史，大体上可分为：北洋军阀割据公路交通的开创时期，北伐胜利后公路交通的发展时期，抗日战争公路交通发展与破坏交替时期，抗战胜利后公路交通恢复与衰落时期。

古代航运史，大体上可分为：秦以前航运的萌芽时期，汉代是航运的繁荣时期，唐、宋是航运的鼎盛时期，元、明、清是航运的盛衰起伏时期。近代航运史，大体可分为：外国轮船业入侵和垄断时期，中国民族轮船业的发展时期，航运业的盛衰起伏时期。

新中国成立以后的现代公路交通和水运史，基本上与国家各经济发展时期是相适应的，即：国民经济恢复时期，第一个五年建设计划时期，“大跃进”和经济调整时期，十年“文革”时期，新的历史发展时期。

上面是从全国交通史来讲的，关于各省交通史、各港港史的历史分期，又有其本身的特点，需视具体情况而定。

4. 四种关系

交通运输的发展史，与社会条件、自然条件都有密切关系。本文在前面已经从宏观上论述了交通运输在社会历史发展中的地位和作用，其中涉及交通运输与经济、政治、军事、文化等方面的关系。现在就交通史的特殊性，阐述其与有关方面之间存在着几种关系。

(1)交通与地区的关系

交通的发展是一个复杂的过程，影响交通发展的因素是多种的，而不同地区的自然地理条件，对交通的发展有着重要的影响。有三种不同的地理条件：第一种是拥有广阔草原的高原地区，如我国青海、内蒙古地区，在这里生活着以畜牧业为主的游牧人群，他们随着季节的变化流动于草地和水源之间。第二种是平原地区，如我国的华北平原、关中平原，在这里生活着靠农业生产而生存的居民，降雨量少，虽有河流但水量不足。第三种是河流众多、水资源丰富的地区，或者是与海洋相连的沿海地区。由于地区的不同，交通的特点也不同。第一、二类地区，是以陆路交通为主，而第一类地区古代交通线路常常是多变的。第三类地区，有水上运输之利，沿海地区的航海业和商业较发达，通过海运与外界的联系也较多。总的来说，我国南方水运较发达，北方陆路交通较发达，自古以来就有南船北马的传统。到了现代，形成多种运输方式综合发展和立体交通的格局，但地理条件仍对交通的发展有着制约作用。研究古今交通史，必然要联系不同地区的自然地理条件，研究其不同的发展过程和不同的特点。

(2)港口、车站与城镇的关系

港、站为城镇所用，城镇因港、站而兴。许多港口、车站，多分布在城镇所在地，许多城镇则因建设港口、车站而发展起来。以青岛港为例，青岛市在青岛港建设之前，只是一个小城镇，1892 年建港以后，青岛市的经济和城市就迅速发展起来，建立了面粉厂、精盐制造厂、缫丝厂，还设立若干家银行、钱庄，仅仅十余年的时间，就成为一个闻名于世的海港城市。这样的事例，不胜枚举。港口、车站既促进城镇的发展。又以城镇为依托，进一步推动港站的发展。两者的发展演变，可以说是休戚相关，共存共荣的。

(3)水陆交通、陆路交通的关系

近、现代交通，出现了 5 种交通运输方式。水运与公路、水运与铁路、公路与铁路运输之间，关系更为密切，它们共同承担着国民经济发展的运输任务。古代交通史，只有道路交通和水运，它们共同为当时的社会历史发展服务，两者是互相衔接互相协作的。例如，历史上的漕粮运输，无论是运到长安或北京，陆运起短途接转的作用，水运负责长途的转运。古代的津（渡口）梁（桥梁）、河道，有时也是统一管理的。到了近、现代，水路交通、陆路交通的关系更为紧密。研究港口史，就涉及港口后方的交通条件；研究公路交通史，就涉及公路与水运如何中转衔接，公路如何为水运、铁路干线运输集散货物，公路如何为铁路分流客货运量。例如，河南省铁路客运紧张，由公路运输分流，至1983年，分流路线发展到20个区段，总长达1900多公里，投放客车254辆，日运量达4000万人次左右。这些是现代交通史应反映的内容。可以说，交通的历史，是各种交通运输方式相互协作、相互竞争、相互促进的历史。

（4）交通运输部门与货主部门、社会运输部门的关系

交通运输是为物质部门、为货主部门服务的。交通运输的畅通，促进商品流通，促进城乡物资交流；客货运输的增长，又带来交通运输的发展。在古代生产力低下的情况下，交通部门与货主部门的关系比较简单，进入近、现代，商品交换更发达，交通运输业也不断发展，交通部门与货主部门的关系千丝万缕。研究交通史，必然要涉及两者之间的依存关系，如经济腹地的范围，货主的分布，货源货种的变化，在交通史特别是现代交通史中，均应有不同程度的反映。

其次，不少货主部门自备有汽车和船舶，或自建货主码头，他们与交通运输部门有一个分工协作的关系。此外，在社会上还有其他运输力量，近年来，这种运输力量发展很快。如目前全国共有300多万辆民用汽车，交通部门占有的不到1/10。货主部门的运输力量和新发展起来的社会运输力量，与交通部门的运输力量一起，共同承担社会运输任务。作为一部完整的交通史，要着眼于交通全行业，反映公路交通、水运交通全行业的客观历史。

（本文原载于《公路交通编史研究》杂志1988年第2期）

史料学与交通史料的收集与整理

一、史料学简述

研究交通史学，必须具有史料学的一些基本知识。什么是史料学？它是研究史料的源流、作用和利用方法的学科，是历史学的辅助学科。史料学的主要任务是：在历史唯物主义理论指导下，从事史料的搜集、校勘、考订和编纂，把价值不同的史料区别开来，把正确的史料和错误的史料区别开来，并确定史料的绝对年代和相对年代，获得真实可靠的史料。这是研究交通史学、编撰交通史书不可逾越的一步，没有这一步，就谈不上正确认识交通历史的发展规律，也无法进行交通史书的编撰。因此，学习史料学，掌握收集整理和鉴别史料的科学方法，是交通史学工作者的一项基本任务。

下面就史料的作用和种类、目录学、史料的辨伪与考证等，予以简述。

1. 史料的作用和种类

唐朝刘知几说过："盖珍裘以众腋成温，广厦以群材合构。"众多的狐腋才可以制成一件珍贵的裘衣，大量的材料才可以建成一栋高楼。同样，要写出一本好的史书，必须占有大量的史料。司马迁的《史记》和司马光的《资治通鉴》，都是传世之作。《史记》这部书的写成，是和他身为封建王朝的史官，掌握了"石室金匮之书"，并遍访名山大川，"网罗天下放失旧闻"分不开的。司马光编《资治通鉴》时，先辑录有关资料，依次排列，并附考订，成为长编，然后再删定成书。史料的正确与完备，是《史记》与《资治通鉴》在后世备受赞誉的根本原因。又如马克思为了撰写《资本论》,花了25年的工夫去研究历史资料,钻研过1500种以上的书。为了写成其中关于英国劳工法的20页文章,他翻遍了整个大英博物馆载有工厂视察员报告的蓝皮书。正如列宁所说的:"'资本论'不是别的,'正是把堆积如山的实际材料总结为几点概括的、彼此相联系的思想'"。

在交通史书编撰和交通史学研究中,已经收集或正在收集大量史料。如湖南省编撰《湖南公路史》第一册中,收集史料有1000万字,参考各类图书、档案在100种以上。长江航务管理局系统,收集史料多达1.5亿字,其中在编撰《招商局史》第一册中,参考的图书、档案在300种以上。总的来说,在交通史学界一般是重视史料的作用和史料的收集整理的。

后世人研究过去的历史,在古与今之间,有一个时间距离,要认识过去和研究过去,只能依靠各类史料作为媒介。无论是文献史料和实物史料,都是人们了解历史、认识历史的必备条件。正如恩格斯所说的:"唯物主义的认识论的发展,哪怕是单单对一个历史实例,都是一种科学的工作,要求多年的冷静的钻研。因为这是很明白的,单靠几句空话是做不出来的,只有大量的,批判审查过的,透彻地掌握住了历史资料,才能解决这样的任务"。对历史研究就是这样,只有详尽地、准确地占有史料和使用史料,才能认识历史和揭示历史的发展规律。

研究交通史学,不重视史料的作用,不是马克思主义的态度;但是史料学并不等于就是历史学,用史料学来代替历史学,是资产阶级的史学观点。如傅斯年曾经主张:"史学便是史料学。""史学的对象是史料,史学的工作是整理史料"。"史学的工作是整理史料,不是作艺术的建设,不是做疏通的事业,不是去扶持或推倒这个运动或那个主义"。这实际上是取消历史科学阐明历史规律,指导人们从事革命实践的重大任务。交通史学的研究,不能搞唯史料论,交通史书的撰写,也不能是单纯史料的堆砌。总之,不重视史料或唯史料论的偏向,都应该防止。

史料的种类,按史料的来源分,有原始的史料和孳生的史料;记录的史料和录外的史料;前人的史料和近人的史料;官方的史料和私家史料;本国的史料和外国的史料。

按表现形式分,有文献史料和实物史料。这是通常的分类法。

(1)文献史料

它包括图书、档案史料等。研究古代交通史,主要是参考各种图书典籍;研究现代交通史,主要是参考各类档案资料;研究近代交通史.史料的来源,既有档案资料也有图书典籍。

一是图书典籍。中国的图书典籍,可以说是浩如烟海。古代的典籍,分为经、史、子、集四大类,其中史书是中国历史资料储藏量最丰富、最集中的宝藏。《四库全书总目》把史书分为15个子目,所收书籍连存目共2714部,37000多卷。其中正史类即纪传体有二十四史,编年体有《资治通鉴》等,纪事本末有《通鉴纪事本末》等。杂史类有《国语》、《战国策》等,地理类有《读史方舆纪要》等。政书类有《通典》等。卷帙浩繁,取材广博,政治、经济、军事、法律、文化、人物,等等,应有尽有,是了解和研究历史最主要的文献史料。

古代图书典籍中,还有各种地方志和类书,是研究历史需要参考的,也是研究交通史的史料来源之一。类书称为中国古代的百科全书,它的确和百科全书一样包罗万象。但实际上类书和百科全书还有所不同,百科全书是由编著者对各种知识一一作简要介绍,类书则是将各种书拆散,按内容分别归类,重新编成一本大书,这是中国特有的一种工具书,如宋代的《太平御览》,明代的《永乐大典》,清代的《古今图书集成》等。地方志是研究交通史中必须参考的书,我国保存的地方志计有7000多种10万余卷。

近、现代的图书典籍,出版的数量很多,历史书占有相当的比重,但通史较多,专业史数量有限。

二是档案文献。我国从商代开始,就注意档案的建立,历代都保存下来一些档案。除国家档案外,还有不少私家所藏的档案。到了近代,特别新中国成立后,十分重视档案资料的保存和档案制度的健全。《招商局史》第一册(近代部分)、《烟台港史》(近代部分),90%的资料来自于档案。建国后各交通部门都保存大量的档案文献,这是编写现代交通史主要的史料来源。

(2)金石铭文和口述史料。金文是铸刻在商周铜器上的铭文,多属与祀典、锡命,征伐、契约等有关的记事,史料价值较高。石刻铭文包括石经、经幢、墓志、记事碑等。其中仅唐代墓志一项,据统计就有15000块左右。石刻铭文中史料价值较高的是记事碑,它往往记录了不见史传的重要史实。如郑和南京静海寺碑、郑和古里碑、郑和锡兰碑等,都是研究郑和航海史有重要史料价值的记事碑。

口述史料,是流传在人们口头上的以往人类的言行。司马迁写《史记》,遍访天下名山大川,就收集了不少口述史料。法国史学家朗格诺瓦说过:"凡欲征求有关近世之事,必用询访故旧之法"。说明国外史学家也很重视口述史料。研究现代交通史,尤应重视口述史料,人还在,事在目,老的职工、老的领导干部,通过他们的回忆,可以提供不少有价值的史实,以补充档案文献资料之不足。

(3)实物史料

它包括人类化石、石器、陶器、金属器以及各种遗物、遗址等。我国已经发现相当数量的关于交通史方面的遗物、遗址。如1957年于安徽寿县城东丘家花园出土的"鄂君启金节",是战国时期楚怀王赐给鄂地封君名启的行路符节,共两种,一种是车节,一种是舟节,是特准的水陆运输免税通行的凭证,这是一种珍贵的交通历史文物。此外,还有不少车船实物,造船遗址,古代道路遗址,古代桥梁等,这些都是研究交通历史的重要史料。

2. 目录学

历史学家都十分重视目录学。我国目录学有悠久的历史传统。早在西汉时,刘向、刘歆所撰的《别录》、《七略》,开我国目录学的先声。以后代不乏人,清代人所写的目录书,种类之多,超过前人。我国史学家王鸣盛说过:“凡读书最切要者,目录之学。目录明,方可读书;不明,终是乱读”。可见,古人在读书、做学问中是很重视目录学的。

什么叫目录?目是指篇名和书名,录是对目的说明和编次。目录的含义有狭义和广义之分,狭义的是指一篇文章或一本书的目录;广义的是指群书的目录。群书的目录是目录学研究的主要对象之一。目录学就是研究图书目录工作的形成及其发展规律的一门学科。

研究交通史学,编撰交通史书,要有一些目录学的基本知识,以了解我国古代、现代图书是如何分类的,以便迅速、准确地在图书馆查到有关资料,而不是要像目录学家那样去专门从事目录学的源流、内容、方法、规律的研究。

(1)图书分类法

我国古代的图书的分类,最重要的有六分法和四分法。六分法创始于西汉末年的刘歆,他在所著的《七略》中,将图书分为六类。西晋时,秘书监荀勖著《中经新簿》,对《七略》的六分法作了改革,把全部图书,分为甲、乙、丙、丁四部。至唐代魏征等编《隋书·经籍志》,明确地以经、史、子、集代替了前人所定的甲、乙、丙、丁四部名称,并确定了其次序。这种图书分类法(四分法)在此后的一千余年间一直被沿用着。清乾隆时,纪昀编的《四库全书总目》,是我国古代最大的一部图书目录,也是使用的图书四分法。目前,不少图书馆的古籍分类,仍然沿用四分法,所以,了解古代的四部分类法,就可以按图索骥,有针对性地查找到现存古代图书典籍。

我国现代图书的分类较古代图书的分类已有很大的进步。建国以后，为适应社会主义思想体系和突飞猛进的科学技术需要，我国图书工作者不断探索新的图书分类法。现在公认的图书分类法是《中国图书馆图书分类法》，它是北京图书馆等36个单位集体编制，科学技术出版社1975年出版的。在1987年11月1日新闻出版署图书管理局要求各出版社《报送1988年出书计划的通知》中，仍确认这一图书分类法。

《中国图书馆图书分类法》，是将图书分为哲学、社会科学、自然科学三大部类，再分为22个大类，总计约4万个类目。22个大类是：

A 马克思主义、列宁主义、毛泽东思想

B 哲学

C 社会科学总论

D 政治、法律

E 军事

F 经济

G 文化、科学、教育、体育

H 语言、文字

I 文学

J 艺术

K 历史、地理

0 史学理论

1 世界史

2 中国史

81 传记

85 考古学

89 风俗习惯

9 地理

N 自然科学总论

O 数理科学和化学

P 天文学、地球科学

Q 生物科学

R 医药、卫生

S 农业科学

T 工业技术

U 交通运输

V 航空、航天

Z 综合图书

1 丛书

2 百科全书、类书

3 辞典

4 论文集、选集、全集、杂著

5 年鉴、年刊

6 期刊、连续性出版物

8 图书目录、文摘、索引

交通史学研究中,需要查阅的主要是 K 类、U 类和 Z 类。现在一般图书馆都编有三种藏书卡片,即图书分类目录卡、书名目录卡和编著者目录卡,可供使用者查阅。

(2)主要实用图书目录、报刊索引

图书目录的著作极多,我们不可能漫无边际地都去查阅,从交通史学研究的实用出发,介绍一些常用的目录著作,供参考。

《四库全书总目》。全书按中国古代传统的分类法,分为经、史、子、集四大类,每一大类又分为若干小类,其中一些比较复杂的小类再细分子目。收入《四库全书》中的有 3461 种,79309 卷;存目(有目录而未收入的)有 6793 种,93551 卷。基本上包括乾隆以前中国古代的重要著作。

《贩书偶记》。近人孙殿起撰，初版于1936年，解放后中华书局再版。该书主要收录清代著作，兼及辛亥革命迄于抗日战争以前有关古代文史书籍。收书的原则凡是见于《四库全书》者不收，如收，必是版本、卷数等不同的，所以被认为是《四库全书总目》的续编，近来又有《贩书偶记续编》，为孙氏遗稿，上海古籍出版社出版。

《中国丛书综录》。上海图书馆1959～1962年编，中华书局出版。集合全国41家主要图书馆所藏书2797种，收有各类学术著作38891种，编成一本大型的目录书，全书分为三册：第一册《总目分类目录》；第二册是根据《总目分类目录》所收丛书中7万多条子目编成的《子目分类目录》；第三册为《子目书名索引》和《子目著者索引》。

《全国中文期刊联合目录》。它收集了从1933年至1949年出版的期刊，1961年由北京图书馆印行，1981年出版了增订本，又增加了600多种期刊。这个目录不仅记载了刊名、编辑出版者、创刊停刊日期，总卷期数，而且记载了全国50个图书馆的馆藏情况，指明某刊的某卷某期可以在哪一个图书馆找到。

《中国地方志联合目录》，朱士嘉编。我国古代7000多种地方志，基本上列入这本目录书之中。《全国新书目》、《全国总书目》，是我国现行的国家书目。它只收全国各出版社和机关、团体、学校出版的初版、修订版图书和画册、乐谱、地图等，不收内部书、停售书和非正式出版物。《全国总书目》1949年至1954年为一册，以后每年一册，只有“文化大革命”（1966～1969年）一度中断。它原由新华书店总编印，1956年以后改由版本图书馆出版。《全国新书目》，1949年10月1日至1950年底为一期，以后改为月刊、半月刊，1966年7月～1972年5月发行中断，从1973年改为月刊至今。要查当年出版的新书，均可求助于《全国新书目》。

图书的目录很多，各个图书馆都有馆藏目录，各个交通单位也有自己的藏书目录,但古版书、善本书很少。

研究近、现代交通史,还需要从报刊上查找史料,目前我国已编辑了很多的报刊篇目索引,其中史学论文索引比较完整。

1957 年出版的《中国史学论文索引》(中国科学院历史研究所和北京大学历史系合编),收录了清末到 1937 年出版的 1300 多种期刊上的 3 万多篇文章篇目。1979 年又出版了《中国史学论文索引》第二编,编录了 1937 年到 1949 年报刊上的论文。解放以后的史学论文,有四川哲学社会科学研究所资料室和上海复旦大学历史系合编《中国古代史论文资料索引(1949 ~ 1974)》,1975 年油印了 3 册,1978 年又出附册,补收到 1977 年。1975 年所编印的 3 册不免带有当时历史条件的烙印,但目前见到的古代史论文索引还是以它为最全。另外,香港出版有余秉权编的《中国史学论文引得(1902 ~ 1962)》及其续编(1905 ~ 1964)。上列史学论文索引,包括的内容很广泛,不仅包括考古、民族、地理、传记,也包括哲学史、经济史、法律史、军事史、文化史、文学史、科技史等。

报刊的综合性索引,也可供我们研究交通史查找。解放前的几种主要党报,如《新中华报》、《新华日报》、《晋冀鲁豫人民日报》、《解放日报》,解放后都有人编了索引。解放前的一般报刊目前还没有系统的索引可查。上海图书馆编辑的《中国近代期刊篇目汇编》,由上海人民出版社出版,已出了 3 册(1857 ~ 1911 年)。解放后的报刊,有江苏省省立教育学院编的《报章杂志参考资料索引》(1949 年 10 月 ~ 1950 年 6 月);1950 年有人民日报图书馆编的《全国主要期刊重要资料索引》,1955 起有上海图书馆编的《全国主要期刊资料索引》;1956 年加上报纸论文,改名《全国报刊资料索引》。1973 年又改名为《全国报刊索引》。以上索引都是分类编排,每月一本,除 1966 年 ~ 1973 年一度停刊外,基本上衔接不断。除此以外,各种全国性的报纸如《人民日报》、《光明日报》等,都有索引,每月一本,从中可以找到一些交通史料。

此外,中国人民大学书报资料社,编印了《复印报刊资料》,其中有史学、交通运输等若干种,均为每月一册,对现代交通史的研究有参考价值。

(3)档案目录

我国在北京有第一历史档案馆,主要保存明、清时期的档案。在南京有第二历史档案馆,主要保存民国时期的档案。它们分别备有档案目录,以供查阅。它们还汇编了一些档案史料,如故宫所藏档案,从20年代起至今,就陆续整理编印了《掌故丛编》10辑,《文献丛编》44辑,《史料旬刊》44辑,《清三藩史料》6辑,《清代文字狱档》9辑,《明清史料》甲、乙、丙、丁编共40册,等等。

各地也保存了丰富的历史档案,也备有馆藏档案目录。如辽宁省博物馆就藏有从唐代开元二年(714年)至"九·一八"事变时的历史档案,共130余万卷,从其刊登的目录看,内容是包罗很广的。

建国以后,交通档案文献保存在交通部,各地交通厅、局,各航运局、港务局、公路局,根据各自的特点,均编有档案文献目录。

(4)辨伪学及其他

辨伪、考证、版本、校勘等,都是史料学所包含的内容。

研究我国古代的历史,包括研究交通史,都会遇到古书文献的真伪问题,如何辨别古书文献的真伪,便产生了辨伪学。伪书出现的原因很多,其为伪的情况,各书也不尽相同,因之辨伪学家各有其说。清人姚际恒著《古今伪书考》,就伪书的情况分为如下六种:全伪;真书中杂以伪者;有本非伪书,而后人妄托其人之名者;有两人共此一书,名今传者不知何人为真作者;有书非伪而书名伪者;有未足定其著书之人者。如何辨别伪书,我国的学者自古以来就做了大量的工作。西汉刘向校阅群书时,便已经摸索到一些经验,以后韩愈、欧阳修、朱熹等又进一步进行探索。明代胡应麟提出八点辨伪书的方法,梁启超在《中国历史研究法》中,把它发展为十二法。时至今天,辨伪学仍在发展之中,辨伪的目的,是为了考查书籍的真相,进而弄清写作的年代和背景,以便于更好地运用资料和处理资料,为历史研究服务。伪书中,本身具有不少有价值的资料,真书中,也有不少记载不实的,需要进行具体分析,去伪存真,为我所用。

考证学与辨伪学是一对孪生兄弟,是相辅相成的。它的具体途径一般是广集资料,鉴别真伪,分类归纳,以求得正确解释历史问题的史料依据。考证学在我国起源也很早。作为治史的专门方法,在清代才突出起来,清代产生乾嘉考据学派,姚鼐曾说过:“天下学问之事,有义理、文章、考证三者之分,异趋而同为不可废”。可见他们对考证之重视。清代考证学者对旧史的整理,对史料的补佚、考订、编纂等,做了大量的工作,但失之繁琐。五四运动以后特别是建国以后,考证学已经有新的发展。

版本学是研究版本的特征和差异,鉴别其真伪和优劣的一门科学。一本书经过多次传抄或印刷,而形成各种不同的版本,包括书写或印刷的形式、年代、版次、字体、行款、纸墨、装订、内容的增删修改,以及一书在流传过程中所形成的记录,如藏书、印记、题识、批校等。搞清版本的特征、差异、真伪和优劣,有助于我们选择史料和使用史料,是史学研究中不可忽视的一个问题。

校勘,是指同一书籍,用不同版本和有关资料或翻译书的原文相互核对,比勘其文字、篇章的同异,以订正错误。校勘学在我国战国时代就已产生,到清代乾、嘉时,与考据学一样,发展到鼎盛时期。校勘的方法,前人采取的大致有四种:一是对校法,即以善本为主,结合别本进行校对、勘误;二是本校法,即以本书前后互证,找出其中的异同,辨别其中的是非;三是他校法,即以他书校勘本书;四是理校法,遇到古本书无可依据,或数本书无所适从时,只好根据本书的体例,遣词造句的特色,来进行推理论证,是校勘中最难的一种方法。校勘工作与版本知识有密切的关系，版本为校勘提供条件，校勘是在版本学上的发展。校勘工作除需要版本知识外，还需要在史学、文字学等有较深的造诣。

上面对史料学的介绍是很简略的，掌握史料学的一些基本知识，对我们收集整理、研究交通史料、研究交通史学、编撰交通史书，是会有所裨益的。

二、交通史料的搜集与整理

编撰交通史，首先就是要搞好史料的搜集和整理。资料工作不搞好，就是无源之水，无本之木，史书也无法写好。资料工作量很大，可能占整个编史工作量的60% ~70%。搜集丰富的资料，还必须很好地进行整理，整理的过程，实际上是对史料进行筛选研究的过程。因此，搜集史料和整理史料是密切相关的，不可偏废。

1. 史料搜集的范围

前已述及，交通史的主线是交通运输经济、技术发展的基本面貌、基本过程和基本规律，因而史料的搜集，必须围绕这条主线、这个主体。搜集的范围，从宏观上看，应包括背景史料、主体史料、辅助史料。背景史料包括社会背景和自然条件，主体史料包括交通运输经济、技术本身的发展史料，辅助史料是指与交通运输发展相关联的史料（如诗歌、历史地理及其他相关学科等）。这三部分史料，是交通史的共性史料，对每部交通史书来说，都是应该具备的。从微观上来考察，公路工程史，公路运输史，内河航运史，海港史，又各有不同的特点。由于具体史料的种类很多，概括起来，应抓住以下四个要点。

一是历史发展的特点。公路、航运、港口都有它的历史发展过程，其兴衰起伏均各有其特点。有的由盛而衰的，如中国的驿运，曾经在中国历史上盛极一时，到近代逐步走向衰亡。有的是长盛不衰的，如中国桥梁的建设，历史上有小的起伏，但桥梁建设是一代胜过一代,数量上、技术上都是在不断发展前进的。有的是历史发展过程中时起时伏的,如内河航运、运河建设起伏比较大,总的也还是在发展之中。有的是在地理位置上迂回变化前进,中国各个海港的发展,多数在地理位置上有一个迂回前进的过程,如青岛港起源于琅琊港,以后进入胶州湾,转了一个大圈,最后落脚到现有青岛港的港址上;上海港、秦皇岛港的发展,也是这样一个规律。搜集港史资料时,不能不注意这样一个特点。有的属于新生事物,但它代表发展方向,如高速公路、卫星导航、各种新技术和新的管理方法和体制等,在史料搜集中不能忽视。

二是专业的特点。交通史包括公路、水运等,它们有各自的特点和内容,而公路史、水运史中,又包括若干门类的专业。公路史中有道路、桥梁、养护,等等;水运史中有港口、航道、船厂、运输经济,等等。史料的搜集,要抓住不同史书、不同专业的特点,做到不断线,不漏项。

三是地区的特点。各地交通史的发展有共性,也有特性,要注意反映各地特性的史料。如陕西交通史,由于历代王朝有1300多年建都长安,长安是交通的中心,驰道、直道都以长安为枢纽,在搜集古代道路史料时就要注意这一特点和重点。甘肃、新疆交通史,搜集丝绸之路的史料是重点。扬州古港的兴衰,与大运河共命运,史料的搜集要反映这一特点。

四是现状的特点。历史的发展是由古到今一个完整的过程,史书既要反映历史的过去,也要反映现在的面貌。因此,史料的搜集要包括公路、水运发展的现状。目前各部交通史是写到1985年,史料就应包括1985年底以前所达到的水平。

2. 史料搜集的方法

首先,是制订搜集资料的提纲。搜集资料不能漫无边际,要有的放矢,有针对性地去查找史料,因此,必须认真制订史料搜集提纲。

根据什么来制订提纲呢？主要根据交通史内容、特点和初步拟出的篇目。史书篇目有的产生在搜集史料之前，有的也可能产生在搜集史料之后，但无论如何，在搜集史料时对一本史书要有一个初步的兰图或框架设想。搜集提纲和拟订篇目是互为影响互为补充的，而且在整个编史过程中，都是在不断调整和完善的。但是制订史料搜集提纲不应受篇目的限制，更不能以篇目代替搜集史料提纲。篇目毕竟是建造大厦的框架，而史料搜集提纲是建造大厦所需材料的采购清单，两者不可混为一谈。史料提纲要明确三点：一是要围绕交通史经济、技术发展这条主线，搜集史料不要脱离这条主线；二是从纵向看，交通史上下几千年，要按照历史发展的顺序和涉及的范围，分阶段、分时期列出搜集史料的提纲，使错综复杂的历史现象大体上形成条理化；三是要抓大事、抓重点、抓特点，交通史料很多，搜集时要点面结合，重点与一般结合，对历史上的一些主要情况和重大事件的史料，以及能反映历史特点、专业特点和地区特点的史料，要花工夫去搜集，以便为以后的研究和编撰工作创造条件。

其次，是搞清史料的来源。前面已经讲到史料有文献史料、实物史料两大类，具体联系交通史，到哪些地方去查找史料？史书、地方志、游记、档案、文物、口述等，是交通史料的基本来源。史书、地方志、游记、文物等是古代交通史料的主要来源；档案、口述等是现代交通史料的主要来源；近代交通史料的来源，既有图书、档案，也有文物、口述。

搜集交通史料，不能不注意到地方志和游记。每个地方志都写到交通，一般在疆域志或建置志中，常有“邮驿”、“铺递”这样一些目，有的记载从州县城到村镇，或甲镇到乙镇之间的大路和小路，包括方位和里程，有的还记载着从州县城到府城和省城的方位和里程，有的详细，有的简略，大多数地方都附有地图，其中有的载有交通路线，虽然画得不够准确，但仍不失其为我们研究古代交通史（特别是明、清)的重要史料。另一个史料来源是游记,唐、宋以来,特别是宋代以来,有各种各样的游记。游记记载着日程,今天到哪里,明天到哪里,以及各地的风土人情、地理交通情况等。如东晋僧人法显所著的《历游天竺记传》,是研究4世纪时我国与印度、巴基斯坦、尼泊尔、锡金的陆路交通以及与斯里兰卡、印度尼西亚海上交通的重要史料。又如《徐霞客游记》,是研究我国地理、交通的重要史料。

第三,如何从史书中查找交通史料。史书卷帙浩繁,不是每一本书都能找到我们需要的史料。有两种情况,一种是比较集中反映交通史料的史书,如《中国战时交通史》,一看就知道,它能为研究交通史提供有价值的史料(对这类书,编了一个目录附后,供读者参考)。还有一种史书包含一些片段的、零散的交通史料,查找就有相当的难度。查找的具体方法:一是按目录去找。前面已简要述及目录学和几种目录工具书,实际上关于史籍专科目录还不少,如《七十六年史学书目》、《史部要籍解题》、《古籍目录》,还有近现代出版的24种中国通史,95种断代史,90种经济史等,均可供参考。查找史籍中的交通史料,也要有重点,如二十五史中的交通史料,主要从河渠志、地理志、食货志、职官志中去查找。

二是逐书寻找史料。所谓逐书寻找,不是见书就翻,而是从与这一史料有关的各种史籍文献中去搜求。如丝绸之路的史料,在《汉书》的《张骞传》、《西域传》中会找到有用的史料。又如从《晋书·王濬传》中,可以找到晋征吴利用长江水运的史料。逐书寻找史料是有针对性的,有目的的,它是搜集史料的一种重要方法。

三是根据引据寻找史料。任何书都要引用他书的材料,而且都注明它的来历。我们根据引文或注释的线索,去追寻原书。在原书中,又会碰到类似的线索,继续跟踪追迹,又能进一步找到与这一史料有关的其他书。这样就可以逐渐扩大史料的来源。

四是交流史料。交通史学界几年来为编写交通史书,搜集交通史料，做了大量工作，取得很大成绩。各单位从图书、档案文献中收集的史料都是成百上千万字，一般都编有史籍目录，档案目录和资料目录，在搜集的史料中，常常是你中有我、我中有你，互相关联、互相渗透，特别邻省、邻港之间关系更为密切。因此，相互交换目录、交流史料，相互提供、相互补充，这也是搜集史料的一个必要的办法。

3. 史料的考订与筛选

(1) 史料的考订

史料的辨伪与考证，是一门专门学科，前面简单介绍了一下。这里主要是强调一下交通史料考订中应注意的几点。

一是注意找疑点。有些资料看起来似乎真实可靠，有的史实常常有不同的说法，就要进行鉴别比较，于无疑处见疑窦，弄清史事的真实情况。例如我国第一个研制木炭汽车成功的究竟是谁？一种意见认为是张登义，一种意见认为是汤仲明。到 1935 年我国木炭车煤气发生炉只有三种型号，即：汤仲明式，向德式，李葆和式，没有张登义式。从各种史料比较来看，张登义研究木炭车可能是最早的一个，而首先研究成功的，应是汤仲明。这个问题还可以讨论，这里只是强调对一些有怀疑、有不同意见的史事，应很好地用史料进行比较，从而得出正确的结论。

二是不要"唯书"、"唯上"，而要"唯实"。有些史料是从书籍或档案中来的，有的甚至来源于正史或名著，只要发现有疑点，也应及时考订鉴别。例如大跃进中完成客货运量的一些统计资料，档案中都有记述，但这些资料就要分析，其中就有不少水分，是浮夸风的产物。又如《明史·郑和传》中，载郑和下西洋的宝船最大的长 44 丈，宽 18 丈，对这船型尺寸，后世人就有不同看法，也有很大争议。交通大学杨槱教授就认为："我认为不存在长四十四丈、宽十八丈的海船，因为这样的船既不需要也无可能"。

三是摘抄原件，要进行校对，注明出处，防止出错。摘抄原件，一字之错，或少了一个标点符号，都会影响史料的真实性。因此，摘抄史料，要忠实于原文，不能错字、漏字、跳行甚至跳段，更要注意不能把人名、地名、年号、数字抄错。摘抄后要进行校对，及时纠正错误。例如，有的在摘抄史料时，将永乐三年抄成永丰三年，元朝至元二十年抄成至元二十六年。摘抄原文而不忠实于原文，以讹传讹，就会贻误后世。

(2)史料的筛选

这是整理史料前的工序，也可以说是整理史料中的第一道工序。搜集史料时可能撒大网，收录的很多，其中必然会有些无关、无用的史料，在整理、汇编史料之前，要筛选、取舍。取舍的标准，有以下几点。

一是要选用真实可信的史料。史料是史书的基础，史料真实可信，史书才能成为一部信史。所以，选用史料应尽量以第一手的图书、档案文献以及实物史料为主，结合考订，务使资料真实可靠。

二是要选用与交通史这一主题有关的史料。即前面讲到的背景、主体、辅助史料，在背景、辅助史料中，常常搞到一大堆无关的史料，例如有的搜集很多诗歌民谣，真正能用上的不过一、两首诗，甚至一、两句诗，其中相当一部分诗歌是与交通史无关的。又如有的搜集相当数量关于农民战争的史料，其中大都与交通史无关，应加以筛选。

三是要注意选用能反映地区特点以及事物发展规律特点的史料。编修交通史的原则，是写本省不写他省。因此，史料的搜集取舍也应以本省、本地、本单位的为主。如搜集到别的省区或单位的史料，可以转给有关单位去参考。交通史如何揭示发展规律，如何论从史出，从已见到的史稿看，是一薄弱环节。因此，能够揭示发展规律的史料，应注意选用，但不可滥收，属于反映整个社会发展史的史料，就应去粗取精，择优选用。

4. 史料汇编

史料是基础,怎样才算完成了这个基础工作呢？最后应该整理出一个史料汇编,它是史料工作最后一道工序,是史料工作成型的产品。史料汇编本身是一个独立存在的实体,古今好多史料汇编,都被单独地保存下来,并被广为流传,视为珍宝。史料汇编有它自身的生命力,它与史书有不同的价值。

在搞汇编之前,也就是在搜集史料的过程中,应先有资料卡片,它是将有关交通史料,摘抄在一种专用的卡片上。史料有两种情况,一种是篇幅较长、内容较多的,摘抄工作量大、可用现代的复印或照相手段将史料复制下来。一种是短篇的,甚至是一鳞半爪、星星点点的,则可抄录在卡片上。卡片可统一印刷、统一格式。卡片上除摘抄史料的内容外,还应包括书名、作者、出版单位、出版时间、版次等。史料内容丰富,查找不易,过目不忘更难,只有借助资料卡片,以利于经常查阅。

在编史料卡片之前或之后,还要编一个史料目录,它包括参考书籍、档案、实物、口述史料等,凡是已收集到的史料,都应列一个清单,以便查阅。

然后,是进行史料汇编。它不是将所有搜集到的史料都编进去,而是将经过筛选后的史料加以汇编。古人将这种汇编称为长编,如司马光编《资治通鉴》之前,就编有长编。其后南宋李焘作北宋九朝史,主要是进行史料的汇编与考订,名为《续资治通鉴长编》,长编之名,可能由此而来。著名史学家吕思勉曾指出:“存其长编,不仅撰述者需之,亦今考证者得所措手也。并对后人校勘此书,可省无限气力”。

关于史料汇编的编纂方法、也具有一定的复杂性,且无一定之规。

一是如何分类。两种分法:按专业性质分类;按时间顺序分类。

前者是对各种史料不依其来源，而按其专业性质加以类别。例如公路交通，分为公路建设和公路运输两大类，然后再在其下分为若干小类，从古到今，都是按专题进行汇编，于是以前来源于各书各个时期的史料，均在各专题中合而为一了。这一分类，消除了史料来源的界限，突出史料的专业性质，某一专业或某一专题的史料相对集中起来了。第二种分类即按时间顺序分类，将从古至今的史料，分为古代、近代、现代三大类，然后按朝代分小类，小类下面再分子目，即以时为经，以事为纬。如某省搜集的元代交通史料，可分为①驿运，②道路运输，③交通管理，④运输工具，⑤元代社会背景史料，⑥其他有关史料等。这种分类法，从纵向可以反映交通史发展的过程，而在每一时期中又可以从横向反映各种史事的全貌。第二种分类法，可能更有利于史书编撰工作的进行。究竟采取哪种分类法，要与交通史书所拟篇目相互参照，慎重确定。

二是史料汇编的记述方法。可分为两种：一种是编纂法，一种是编述法。第一种方法是对编入的史料，原文照录，不加更改，不加观点，不加评论，完全是原始资料的汇编。第二种方法，是对编入的史料，适当进行剪裁加工，润色修正，仍以编录原始史料为主，但也反映了编者的一些观点和意图。第一种方法是现在常用的一种方法，它能保持史料原貌，保证史料的可靠性，简便易行。第二种方法，如汇编史料和编撰史书是出于一人之手，这样在写史时就易于入手。古人所编长编，一般是经过剪裁加工的，现在公开出版的史料汇编，如《郑和家世资料汇编》，也有适当的加工，不完全是原文照录。

在史料汇编中，还有一些具体技术问题。不论采取哪种分类法或哪种记述法，都应分章分节，列出详细目录，条分缕析，不要搞一锅煮。在史料汇编中，对史料的来源、出处都应注明，即资料卡片上的有关项目，在史料汇编中同样应该写清楚，以利于后人查找。编入的史料应尽量删去套话空话，摘抄其与标题符合、且具有实意之词。原始史料可能是一本书或一张卡片,其中涉及几项内容,则应将其分析开来,对号入座,各归入自己的类目中去。汇编史料,同一史事可能有几条不同史料,原则上应先录原始的、后录孳生的史料;先录前人的、后录后人的史料;先录官方的、后录私家的史料;先录本国的史料、后录外国的史料;等等。我国近代著名史学家陈垣,在批评《四库全书总目提要》关于《广弘明集》提要时说:“《提要》何以不引宋传而引明传,可知其随手翻检,未尝一究史源,实为疏陋。”所以,我们在搜集、汇编和使用史料时,分清哪些是源,是十分重要的。

附录:交通史籍举要

1.《历游天竺记传》,又名《佛国记》,东晋法显著,共一卷,成书于东晋义熙九年至十二年间(413~416 年)。

2.《吴船录》,宋范成大著,共二卷。

3.《奉使安南水程日记》,明黄福永著,共一卷,成书于明永乐年间。

4.《瀛涯胜览》,明马欢著,成书于明永乐十四年(1416 年)。

5.《指南正法》,著者佚名,约成书于明嘉靖年间,现存传抄本,原抄本藏于英国牛津图书馆。

6.《渡海方程》,明吴朴著,原分上、下二卷,现存上卷,成书于明嘉靖十六年(1537 年)。

7.《南船记》,明沈啓著,共四卷,成书于明嘉靖二十年(1541 年)。

8.《龙江船厂志》,明李昭祥著,共八卷。

9.《漕船志》,明席书编。

10.《海道经》,明张一原著。

11.《海道编》,清齐台南著。

12.《东西洋针路》,清吕调阳校著,共一卷。根据明代张燮所著《东西洋考》所载东西洋针路,经吕校订成书。

13.《航海图说》,清胡凤丹编校,共二卷。

14.《大元海运记》,清代胡书农自《永乐大典》中辑出成书,共二卷。

15.《海运摘抄》,共八卷,编者佚名。

16.《运漕摘要》,清张光华编纂,共三卷。

17.《江苏海运全案》,清贺长龄编纂。

18.《浙江海运漕粮全案》,共二十卷,成书于清咸丰至同治年间。

19.《漕运全书》,全称《钦定户部漕运全书》,清代潘世恩、祁寯藻编,共九十二卷,成书于道光二十四年(1844 年)。

20.《水道提纲》,清齐台南撰,共二十八卷,成书于乾隆二十六年(1761 年)。

21.《中国交通史》,白寿彝著,商务印书馆 1921 年版,1984 年上海书店影印本。

22.《交通史》,王倬编,商务印书馆 1923 年版。

23.《中国现代交通史》,张心澂撰,上海良友出版社 1931 年版。

24.《中国近世道路交通史》,杨得任编,1928 年。

25.《交通史·路政篇》,交通部、铁道部编,1931 年。

26.《交通史·航政篇》,交通部、铁道部编,1931 年。

27.《中国日本交通史》,王楫五撰,商务印书馆 1937 年版。

28.《中国现代交通史》,孙师毅编,图书印版公司 1931 年版。

29.《中西交通史》,向达编,中华书局 1934 年版。

30.《中国邮驿发达史》,楼祖诒编著,昆明中华书局 1940 年版。

31.《中国邮驿史料》,楼祖诒编,人民邮电出版社 1958 年版。

32.《中国战时交通史》,龚学遂著,商务印书馆 1947 年版。

33.《中西文化交通小史》,刘伯骥编,台北正中书局 1953 年版。

34.《中国古代桥梁》,文物出版社 1957 年版。

35.《中国石桥》,罗英著,人民交通出版社 1959 年版。

36.《中国航业史》,王洸著,台湾1971年增订再版。

37.《中国运河史料选辑》,朱偰编,中华书局1962年版。

38.《中西交通史料汇编》,张星烺编,共六册,中华书局1977～1979年版。

39.《中国近代航运史资料》第一辑,1840～1895年,上、下两册,聂宝璋编,上海人民出版社1983年版。

40.《中国轮船航运业的兴起》,樊百川著,四川人民出版社1985年版。

41.《古航图考释》,章巽编,海洋出版社1980年3月版。

42.《水运技术词典·古代水运与本帆船分册》,《水运技术词典》编委会编,人民交通出版社1980年版。

注:

(1)上列书目,只选用关于交通史的专著,凡正史以及其他含有水陆交通史内容的史籍,均未列入。

(2)上列书目,关于交通史古籍中以水运史书居多,主要是由于古代有关道路交通史的专著较少,另一方面限于作者的见识,可能有所遗漏,请专家和读者能提供这方面的书目。

(3)《公路交通史丛书》和《水运史丛书》,从1985年开始已出版了10余种,并已为交通史学界所周知,故未选列。

(本文原载于《公路交通编史研究》杂志1988年第3期)

水运史学的社会功能和理论体系

近年来,在马列主义指导下,广大水运史学工作者为编纂水运史书,发展水运史学,进行了辛勤的耕耘、开拓性的实践,在水运史学领域里做了大量的工作,已经取得并将要取得丰硕成果。

水运史学,是历史学中新产生的一个分支。在理论体系上,它既具有历史学的共性,又有其自身一些特性。理论,是任何一门学科的灵魂。理论,是从实践中产生又回到实践中去。回顾我们几年来水运史学的实践过程,从理论上进行反思,加深我们对水运史学的有效性、科学性的认识,这一课题已经提到议事日程上来,也是我们从事水运史学工作的同志们的共同任务。

一、水运史学的社会功能

一门学科的产生以及它的生命力,主要取决于它对社会的价值。社会价值的主要标志则是对社会的功能,也就是该学科对社会的发展能发挥什么作用。这一问题,是史学认识中的一个问题,也是一个理论性的问题,加深对这一问题的认识,可以提高我们编好水运史书的自觉性。

史学是以研究人类过去的社会为起点,而以服务当今的时代为归宿。历史是过去的现实,现实是往后的历史,现实不断演变为历史,历史又不断作用于现实。人们的活动都是在历史中进行的,想要割断历史是不可能的。在现实中常常保留着大量的历史因素,人们在现实活动中,总是要从先辈那里继承物质和精神的遗产,一方面不断地变革历史上留下来的遗产,另一方面又为下一代创造着新的物质和精神产品。这就决定了人们不能不重视历史的启示，以利于更好地认识现实和改造现实。英国历史学家爱德华·卡尔说过："使人理解过去的社会，使人增强掌握现在社会的能力，这就是历史的双重作用"。史学为现实服务，推动时代的前进，这就是历史学的基本功能。

目前，世界史学界也十分重视把历史问题同社会中提出的新问题结合起来研究，为现实生活服务。如在第16届国际科学史大会上，近现代的课题受到各国学者的特别重视。其中有一个重要的学术报告是《一百年来道路交通的汽车化及其影响》，除主报告外，还有欧、亚、非、美诸洲的学者提出15篇论文，探讨汽车发明一百年来对各国社会、经济、生活方式和人民思想感情的巨大影响。这是一个综合学科，又是一个与现实密切结合的课题。由于现实生活的问题不断出现，研究领域不断得到开拓，人们的视野也不断扩大，与现实生活结合愈密切，史学越显示出其社会价值。

水运史学的社会功能是多方面的，既有直接之用，也有间接之用；既有低层次的作用，也有高层次的作用；既有立见成效的作用，也有长远的作用；既有明显的作用，也有潜在的作用。因之，水运史学的社会功能是多方面的。

1. 认识功能

将历史研究作为认识社会的一种手段，这是我国历史学最普遍的一种为现实服务的方法，水运史学同样具有这样一种功能。水运史的内容极为丰富，水运史学的任务就是要去认识水运客观历史的发展过程，认识发展中的经验教训，揭示和阐明水运历史的发展规律。人类社会有一般的发展规律，但又有许多具体规律有待认识和发现。水运历史有其自身的特殊规律，认识和把握这些规律，就有利于改造历史和推动历史前进。

1964年4月，周恩来同志视察上海港时说过：要了解港口的历史，学习业务，熟悉情况，上海港是我国最大的贸易港，因此，不但要了解港口的今天，还要了解港口的昨天；不但要了解国内港口的情况，还要关心国际航运事业的发展和变化。要从港口历史上找出带有规律性的东西，更好掌握主动权，建设好社会主义的新海港。这段话的精神对我们研究水运史学很有启发，它说明，认识历史，把握历史演变的必然性，才能找到改造历史的方向。

已经出版的《上海港史》（现代部分），对新中国成立后 30 多年的历史，有一个全面的记述，总结了各个阶段的经验和教训、成功和失误，并指出了港口目前存在的问题和今后发展的方向。编史的过程，也就是对历史的认识过程，对历史经验总结的过程。认识历史是改造历史的前提条件，改造历史是认识历史的最终目的。古人说："多识前古，贻鉴将来"，这是水运史学的首要功能。

2. 启迪功能

学习前人改造社会改造自然的精神、气魄和方法，可以启迪智慧，增长才干，有利于创造新的业绩。而思考和探索前人的失误和教训，从中得到启示，亦是聪明才智不断增添的源泉。

历史上有许多运输上的伟业，建设上的奇迹，有许多先驱者为水运事业披荆斩棘，进行艰苦的创业。历史是人类社会活动的连续、继承和发展。前人的经验，前人的智慧，前人的政策，都可以给后世以启示，明代郑和七下西洋，其船舶数量之多、船只吨位之大、航海人员之众、组织配备之严密、航海技术之先进、航程之长、影响之巨，在当时世界上是无与伦比的。李约瑟也承认："明代是中国历史上最伟大的航海探险时代"。总结郑和下西洋这一伟大业绩，可以得到很多启示。其中之一，就是明成祖采取对外开放的政策，有利于将中华民族文化远播于国外，并吸收外来文化的有益成分；有利于加强各国的友好交往，取得一个和平的环境；有利于国内外物资的交流，促进中国社会经济的发展，并促进明中叶以后中国资本主义因素的萌芽。历史已经证明，对外开放和发展航海事业，对社会的进步有着巨大的影响。史学就是要求我们从历史看现实，又从现实看历史，从中相互印证，获得有益的启迪。

3. 教育功能

有两层含义。一是历史知识的教育，一是结合进行政治思想教育。水运历史中，反映传统的美德和民族精神，它是中华民族精神文明的重要组成部分。对水运战线职工和学生进行水运历史教育，可以明是非，辨善恶，培养高尚的道德情操；可以使他们热爱祖国、热爱水运事业，增强他们对水运事业的向心力，坚定他们的事业心。大连海运学院对学生进行航海史的教育，其所起的作用常常是单纯的政治理论教育所难以达到的。一个国家的人民历史知识的多少，也反映其文化素质的高低。发达国家的管理人员，特别是高层管理人员，多具有广博的知识（包括历史知识），因此，加强职工的历史教育，是精神文明建设的重要内容。

4. 致用功能

认识历史，历史教育，最终还是为了致用。中国传统史学主要是为了“资治”，司马光修《资治通鉴》，其目的就是“以鉴于往事，有资于治道”。水运史学的致用有两个层次，一是为一般经济管理、制度、体制、方法以及工程技术提供借鉴。如招商局、民生轮船公司过去在经营管理上的一些经验，其中某些经验对现今的水运经营管理，仍可供借鉴。又如大运河工程建设上，也有很多宝贵的经验和教训。这些是属于低层次的。另一个层次是高层次的，是关于政策，方针乃至战略决策上，如何吸取历史上的经验教训，以及如何察知和预测未来的发展趋势。当前各地区、各部门、各行业都在积极制定经济战略规划，如何使这些规划切合实际，因地制宜，适合各自特点，有必要由现实联系历史来考察。如四川省的历史表明，内河航运对其经济、文化发展影响颇深，岷、沱、涪、渠、嘉陵江及长江干线，结成一个分布均匀的内河航运网,以致在蜀道难难于上青天的地理环境里,历史上其经济、文化仍然达到较高的水平,显示了浓厚的地域特点。制定四川经济战略规划,应充分考虑这一历史事实,充分利用内河水运,工厂布局尽量建在江河之滨,按河流组成不同的经济开发区域,在今天交通、能源极度紧张而又无取代办法的条件下,未必不是一个可行的决策。

马克思曾说:“现代历史著述方面一切真正进步,都是当历史学家从政治形式的外表深入到社会生活深处时才取得的”(《马克思恩格斯全集》第12卷第450页)。对水运史学的研究,这本身就是深入到社会生活深处的一种表征;充分发挥水运史学的能动作用,使之更好地为社会主义物质文明建设和精神文明建设服务;这是史学深入到社会生活深处更高的一层含义。因此,我们研究水运史学,不是为了研究而研究,不是为了编史而编史,主要应着眼于其社会价值和社会功能,着眼于为时代服务这一基本目的。

二、水运史学理论体系

历史学包括交通史学,都是受历史唯物主义所指导的。但指导不等于取代,历史唯物主义不是包罗万象的,它的范围不可能穷尽全部社会生活各个领域,不可能代替研究社会现象各个方面的具体科学(如经济学、政治学、自然科学等),也不能代替具体的史学理论。历史唯物主义和史学理论的关系,是一般和个别、普遍性和特殊性的关系。一般不能脱离个别,个别也不能脱离一般。普遍性寓于特殊性之中,特殊性包含着普遍性。这就是说,史学理论还有其本身具体的内涵和特殊性。

什么是史学理论?在历史学中,理论是知识的最高形式,也是被研究客体的最完整、最系统的反映,是关于客体综合的可靠的科学知识的形式。它的观点和论据是彼此相互联系的体系,同时,它还包括阐述这些被研究客体的方法。

史学理论作为一种知识的形式，区别于依据整理资料而停留在经验主义、直线形的研究。在这种研究中，资料只有记述、说明的作用，而史学理论则将其所得到的充分知识，进行综合分析，对研究的客体进行重新的构思，进行科学的认识，得出逻辑的结论。因此，史学的理论可以定义如下：是一种科学的认识论和方法论，能够逻辑地阐明并重拟已经过去了的社会事件。

目前，史学界对史学理论的含义，存在着不同的认识。有的将历史理论和史学理论区别为两个不同的概念。前者是指客观历史过程的理论，即作为客体历史的理论，例如，历史发展的动力，中国奴隶社会与封建社会分期问题，历史是谁创造的，中国封建社会长期延续的原因，等等，所探讨的都是客观历史发展中的理论问题；史学理论，则是指同历史学有关的理论问题，主要是指主体（史学家）对客体（客观历史）的认识和治史方法的理论，例如，研究史学的目的，史学的社会功能，史学的时代精神，史书的编纂方法，史料的整理与考证，史家的修养，等等。

另一种意见则认为，历史理论和史学理论，构成史学理论的全部内容，不可分割。因为研究客观历史的科学，不论是研究通史或断代史，研究政治史或经济史，都是属于历史学的范畴。因此，研究历史客观过程及其规律的理论，对历史主观认识的理论以及治史方法的理论，是史学理论的不同层次，是史学理论构架中的三个组成部分，都应称之为史学理论，而不应区分为历史理论和史学理论两种概念。

在国外史学界，也存在着两种不同的观点。如波兰托波尔斯基院士，便将史学理论区别为历史理论和历史知识理论两个范畴。

我个人认为，历史理论和史学理论，都应称之为史学理论。因为研究客观历史过程，本身就是历史学，那么关于客观历史过程及其规律的理论，不叫史学理论，在逻辑上是说不通的。结合交通史学的实际,水运史学理论应包括三个组成部分,即:关于水路交通客观历史的理论,对水运历史认识的理论,研究水运史学方法的理论。可以称之为:水运历史本体论,水运历史认识论,水运历史学方法论。

1. 水运历史本体论

历史本体论,就是某些史学家所说的历史理论。是指水运客观过程的理论,也就是关于水运历史本身发展过程的特点和客观规律的理论体系,是指导人们按照客观历史的本来面目来认识和研究水运历史的理论。

历史本体论,又可以有不同的类别。从研究的广度和深度来看,可以将客观历史过程的理论,分为一般性理论和专门性理论。

研究水运历史的一般性理论,是从客观上整体上通过分析水运历史盛衰演变的过程,揭示历史的发展规律。如中国水运史与中国文明史的关系,中国封建社会重农抑商对交通运输发展的影响,海洋文化与中国古代航海事业发展的关系,如何评价50年代提出的"地群普"的方针,等等。这些是属于水运历史客观发展过程的一般理论,或者可称之为客观分析的理论。探讨这些理论,可以从整体上对水运历史的发展得出规律性的认识。

水运历史专门性理论,是从具体阶段、局部地区、具体事件探讨历史发展规律的理论。例如,洋务运动对中国交通发展的影响,轮船招商局在中国水运史上的地位和作用,近、现代水运史如何分期,水运史上的历史人物如何评价,等等。探讨这些问题,可以对某些具体阶段、局部地区、具体事件的历史客观过程得出规律性的认识。

对水运历史本身客观发展过程的研究,目的在于帮助人们树立正确的历史观,从历史过程中探索发展规律,吸取有益的经验教训。进行历史本体理论的研究,实际上就是历史唯物主义在水运历史研究中的具体运用。

2. 水运历史认识论

它是指对历史认识过程和历史研究过程的特点及其客观规律的认识理论。它是指导人们深入地认识研究历史的基本思想原则，主要是探索如何去认识历史的一系列理论问题。例如，司马迁作《史记》，他的历史认识论是："究天人之际，通古今之变，成一家之言"。司马光的著作是《资治通鉴》，他的历史认识论是："以鉴于往事，有资于治道"，是为了治理国家、为巩固封建王朝服务的。胡适的历史认识论是实用主义，历史可以按照他自己的意愿随意装点打扮，就像一百个铜钱，愿意怎么摆布就怎么摆布。马克思主义的历史认识论是历史唯物主义，编撰历史要存真求实，客观地再现已经过去了的历史活动和史实，并辩证地去分析研究客观历史，这是认识历史的出发点和归宿。

结合水运史学来看，也存在着一个如何认识的问题。例如，研究水运史学的目的，水运史学的社会价值和功能，水运史学的性质和任务，水运史学兴起的历史条件，等等。由此可见，历史认识论的作用，就在帮助我们提高认识研究水运历史的必要性、有效性和科学性。

历史认识论和历史本体论是不同的。历史本体论，是对历史史实进行综合分析，从理论上进行探索和抽象。例如，水运史如何分期的问题，是根据客观历史的史实史料，进行比较、分析和抽象的结果，全国内河航运史的分期和各省内河航运的分期，不可能是一个模式，各有其特殊的规律。又如，中国水路运输在中国社会发展中的地位和作用，是根据水运的客观历史和中国社会发展的客观历史，进行对比分析，从中找出他们之间的主从关系和相互作用，从而提高到理论上进行认识。历史本体论，反映的是水运历史发展过程的客观性，历史认识论，则是对认识历史和研究历史的理论反思。例如，水运史学的社会功能，是水运史学工作者在研究交通历史过程中，根据水运客观历史的特点并参照历史学的共性，进行分析和抽象，得出符合实际的认识。它反映的是水运史学工作者对历史研究过程和认识过程的主观性,是从事水运史学研究的主体,认识研究水运历史的价值,对水运历史发展所持的立场和观点。

无论关于历史客观过程的理论(历史本体论),或历史研究过程认识的理论(历史认识论),与实际情况是否一致,都取决于历史学本身的科学发展水平和历史研究工作者本人的素质和认识水平。与实际情况的一致,也只是相对的,不是绝对的。我们只有采取科学的、严谨的态度,进行认真的分析和探索,力求得出正确的结论。

3. 水运史学方法论

是指关于认识历史和研究历史过程中所使用的各种方法的理论,包括历史研究成果(水运史书、史料整理、专题论文、史学评论)的表述方法和编纂方法的理论。它是认识历史、研究历史、论述历史的具体途径。

水运历史是十分丰富的,而我们个人的认识能力是有限的。在个人极为有限的认识能力和客观历史内容无限丰富之间,又隔着一个不可逾越的时空距离,只有一些不完整的史料作连接的中介。因此,我们要用史书去表述过去的历史,只能勾画出客观历史轨迹的渐近线,而永远不可能完全重合客观历史的轨迹。正确的史学方法论,就是帮助我们在可能范围内接近客观历史的手段。

史学方法内容很多。认识历史和研究历史所使用的一般方法有:分析与综合、抽象与具体、演绎与归纳、历史方法与逻辑方法等。中国传统的一般史学方法有考据、训诂、校勘等。

史学方法论的流派也较多。中国传统史学有乾嘉考据学派,中国近代有傅斯年的史料学派。目前,中外史学界正在兴起比较史学、计量史学、心理史学、区域研究法等。近年来,又尝试将自然科学方法的三论(老三论:系统论、控制论、信息论;新三论:耗散结构论、协同论、突变论),应用于史学研究之中。

从史学方法论考察,水运史学也可以分为三个层次:

第一层次史学,又可称为低层史学,是水运史学最基本的部分。以记述历史事实为基本任务,达到史实的“复原”,也就是尽可能将客观史实记述下来,力求做到真实和准确。中国传统史学中,如《春秋》、《资治通鉴》,基本上属于记述史学。孔子说:“述而不作,信而好古”。说明他作《春秋》,是只进行记述,而不进行议论阐发。水运史学中已出版的《郑和家世资料》,将要出版的《长江私营航业资料汇编》,就属于第一层次的史学。

第二层次史学,又可称为中层史学。它是建立在第一层次史学基础之上的,它的任务是以记述为主,同时带有分析和论述,即通常所说的“以史带论”、“论从史出”的阐述方法。它要求既要有翔实史实的记述,又要求对史实进行分析和综合,将水运历史摆在一定的社会历史背景下,研究它们之间的相互影响和因果关系,并从中引申出一些观点和结论。我们现在正在编纂的水运史书,如各省内河航运史,各港港史,基本上是按照这样的路子在进行,是属于中层史学的范畴。

第三层次史学,又可称高层史学。它是从宏观的角度,从较深的内涵来阐述客观历史过程,又从客观历史中引申出具有一定高度和一定深度的论点。前面提到的“一百年来道路交通汽车化及其影响”,是高层次史学的范例。又如,研究“中国水运史与中国文明史的关系”这一课题,也是属于高层史学。在16届国际科学史大会上有一个“印度洋”的大课题,是用区域研究法进行历史研究,它是一个涉及历史学、地理学、经济学、政治学等多种学科的综合性课题,对现实具有重要影响。高层史学的特点:一是以论带史,史实是为了说明观点,说明理论;二是具有较大的覆盖面,在时间上可包容几年、几十年、几百年乃至几千年,在空间上可以包容一个地区、一省、一国乃至全世界;三是综合性强,以交通历史为基点,可以涉及若干门类的学科,是一种跨学科性质的研究课题;四是对现实参考价值大,史论结合、古今对照、中外对比,可以提供反映时代又超越时代的信息、知识和理论,为实现战略决策提供参考,因此,其理论价值高,社会价值大。我国传统史学中,高层史学的研究是薄弱的,或者说是一个缺门。当今我国史学界在这方面的研究也还在起步之中,水运史学有必要向这个领域进行探索。

1903 年,英国史学家柏瑞曾说过:历史是科学,一点不多,一点也不少。同一时代,有一位年轻的史学家则说:历史不仅是科学,而且也是艺术,对历史的研究是科学,但对历史的表述则是艺术。可见,史学方法包括历史的研究方法和表述方法,既是科学,又是艺术,它对史学的发展具有十分重要的意义。水运史学的发展,在很大程度上取决于对史学方法的了解程度,不仅要学习传统的史学方法,而且也应了解当今史学方法的变革和趋势;不仅要学习具体的方法和手段,而且还应从理论上进行反思和探索,采取众家之长,走自己的路。

总之,历史本体论、历史认识论和历史学方法论,是水运史学理论构架中的三个组成部分。它们是有机地联系着的,是不可分割的。水运史学本体论,是水运史学理论的基础,它立足于水运历史宏观的高度,来俯视水运历史发展的脉络和过程,从而认识水运历史过程的客观规律。水运历史认识论、水运史学方法论,是以历史本体论为依托,并为研究水运客观历史、为发展历史本体理论服务的。没有认识论和方法论,整个水运史学的研究就将无法进行;没有历史本体论,历史认识论和史学方法论,就失去了目标和归宿。因此,三者是相辅相成的,组成水运史学理论的一个完整体系。

(本文是 1987 年在中国内河航运史长江协作片学术讨论会上所作的学术报告)

弘扬水路交通文化
编好水路交通史丛书

本人曾担任中国航海史研究会(全称航海史研究专业委员会)副主任委员、顾问,前后20多年,参加过前一阶段水运史书编撰工作的筹划、组织、编写、审稿和出版的全过程。中国航海史研究会邀请我在今天的会上发一个言,下面谈一点个人意见,供参考。

一、开展“中国水路交通史丛书”的编写,是“中国水运史丛书”编写的继承和创新

今天的会议,是部署开展“中国水路交通史丛书”的编写工作。在上世纪80年代初,开展了“中国水运史丛书”的编写,这一工作延续了30多年。在上一轮编史工作的基础上,现在中国航海学会航海史研究会推动水运交通行业开展第二轮编史工作。这是历史发展的需要,是水路交通行业文化事业建设的需要,是对上一轮水路交通史学建设的继承、延伸、创新和发展。

(一)水运史书编写工作的简要回顾

盛世修史,党的十一届三中全会之后,党和国家的工作重点向经济建设转移。随着经济建设高潮的到来,也带来文化建设的高潮。历史学的研究逐步向广度、深度发展,全国编史修志工作全面展开,出现一个史学研究多元化的新局面。各专业部门的史学工作者,先后开展交通史、水利史、邮电史、铁路史的研究和史书的编写。全面开展

水运史书的编写,就是这一历史背景下的产物。

1979 年下半年在广州召开的中国航海学会第一届代表大会上,提出了编写《中国航海史》的动议。在学术界和有关部门的建议下,1979 年 12 月交通部发出《关于编写〈中国海港史〉的通知》。1980 年第 106 次交通部党组会议决定:“原则上同意组织编写《中国水运史丛书》,由贺(崇升)、程(望)副部长与有关部门研究办”。

此后,彭德清部长(交通部部长兼中国航海学会理事长)亲历一线,担任《中国航海史》主编,并大力推动中国水运史丛书的编写工作。

1981 年 10 月,在杭州成立中国航海史研究会(属中国航海学会的二级学会),由贺崇升副部长担任研究会主任委员。研究会挂靠交通部水运规划设计院,王大勇院长担任研究会第一副主任委员,主管日常工作。1982 年 4 月,由彭部长主持,在厦门召开中国海港史编写工作会议。1982 年 11 月由贺副部长主持,在长沙召开内河航运史编写工作会议。随后,交通部与中国航海学会先后联合发出编写中国海港史、编写中国内河航运史的通知。从此,水运史书的编写工作就全面展开了。

水运史书的编写工作,是在交通部和中国航海学会的直接领导下进行的。中国航海史研究会,是在交通部和中国航海学会授权下,具体负责组织推动水运史书编写工作的工作机构。为了便于开展工作,在航海史研究会之下,内河方面,先后在全国成立了长江流域、松花江辽河流域、黄河海河流域、珠江流域 4 个内河航运史协作片。在海港方面,先后成立了华北沿海、华东沿海、华南沿海 3 个海港史协作片。各片设片长单位,分别由各省交通厅、港航部门担任。

各省、各主要港口、各大型企业单位,均分别成立了编史委员会,下设编史办公室或编史组,具体从事各单位的编史工作。全国水运史编写人员高峰时达到 1000 多人。仅长江航运系统的各港口、航运、船厂单位,设立了40个编史组,编写人员超过400人。

在编史过程中,为推动编史工作顺利进行,召开过多次全国性会议和片区会议,会议的内容:一是安排工作,二是交流情况总结经验,三是进行学术讨论。全国性的会议有时是与片区会议结合进行。内河航运史长江协作片前后召开的全片区的会议就有9次。至于各省、各港召开的工作会、审稿会、专题学术讨论会,就不计其数了。上一轮编史工作最后一次全国性会议,是1998年在秦皇岛召开的航海史研究会第四届年会兼学术讨论会。最后一次协作片区会议,是1999年在三峡召开的长江流域片区工作会。

水运史书的编写,发端于1979年12月。第一本成书出版的海港史,是1985年11月见书的《秦皇岛港史》(古、近代)。第一本成书出版的内河航运史,是1988年1月见书的《黑龙江航运史》(古、近代)。最后一本出版的水运史是2008年1月见书的《烟台港史》(现代)。在这近30年间,出版的水运史书共约100本,3000多万字。

水运史书大体可分为四个类型、两个部分。

四个类型:一是综合性史书,包括中国航海史、长江航运史、中国港口史、中国内河航运史、中国运河史,后三种未成书。二是港口史,沿海主要港口除湛江等几个港口外,均成书出版。三是内河航运史,各省除少数几个省外,均成书出版。四是水运企业史、行业史、专题史,包括招商局史、民生公司史、中国船检史、中国引航史、郑和下西洋等。

两个部分:一是中国水运丛书,包括各省内河航运史、港口史及部分企业史等,共约80多本。二是未列入水运史丛书系列的水运史书,包括中国航海史、郑和下西洋以及一些专题史、史料汇编等,约十几本。

在编写水运史书的同时,公路交通部门也组织编写了一套中国公路交通史丛书,其规模与水运史书大体上相同。这两百本交通史书，是在交通部领导下，建设的一项大的文化工程，是留下来的一项重要的文化遗产。

今天，我们在回顾过去水运史书编写工作的历程和检验所取得成果之际，不能不缅怀彭、贺两位老部长和王大勇院长，他们是编史工作的开创者和奠基人。还有一批老同志，如马志义、丘克辉、卢其昌、金立成、刘卯忠，等等，他们都为编史工作殚精竭虑，倾注了心血，作出了奉献。而今他们都已经走了，但取得的丰硕成果对他们是一种告慰，我们这些事业的后继者，对他们怀有一种深切的思念和感激之情。

人世有代谢，
往来成古今。
江山留胜迹，
我辈复登临。

人世是有代谢的，事业是要延续的。长江后浪推前浪，随着水运交通事业的发展，水运史书的编写工作还要进行下去。

（二）继承编史传统，编好“中国水路交通史丛书”

上一轮水运史编写工作取得很大成绩，是水路交通行业完成了一项大的文化工程，在国内外都产生良好的影响。现在我们开展第二轮的编史工作，与上一阶段的编史工作，既是一种继承，又要进行延伸、创新和发展。我们要继承原有编史的指导原则、编史方向、历史资料、编史成果，又要在编史内容、编史领域和范围、史书质量要求，有所延伸和创新。

这次史书名称改为“中国水路交通史丛书”，这反映编史领域和范围的扩展。上次所编的“中国水运史丛书”，重点是各省内河航运史、各个海港的发展史。这次航海史研究会与各单位协商，拟定了总体规划书目和首批建议书目，其中有一批港航监督、航道、教育、客运等领域的专史。这些部门是水路交通行业重要的组成部分，有的属于水路交通的保障部门。缺少这些部门的史书,也可以说是上一轮编史工作美中不足之处。这些书目只是一个初步名单,大家还可以议论,还可以进一步延伸和增加。

其次,在编史的时间跨度上要进行延伸。上次编史,有个别的写到本世纪初的,如《烟台港史》(现代),但多数只写到上世纪80年代末期。历史在前进,事业在发展。几十年来,水路交通事业发展很快。上一轮《上海港史》(现代部分)写到1985年,1984年上海港的吞吐量只有1亿吨,到2009年,吞吐量达到5.9亿吨。长江现代航运史写到1985年,当年干线货运量只有5366万吨,到2008年干线货运量达到12亿吨,这两个单位的运量现在均居世界第一位。其他各省、各部门的水路交通事业都在迅速地发展。历史书是记述客观历史进程,记述历史事物由低级到高级的演变。水路交通行业的面貌已今非昔比,我们的史书也应跟上历史的进程,反映历史的巨变,记述历史的发展演变,所以我们开展新一轮史书的编写,是要跟上历史演变的进程,是历史发展的需求。国务院发布的一个《地方志工作条例》,规定各省、市、县三级地方志要20年重修一次。史志是有区别的,但地方志条例这一精神,对我们写史书也有借鉴作用。

这次所列需要编写的史书,可分两类,一类是原已写过的史书,这次是重修,可以从古至今重写,也可以着重写现代部分,由各单位自行权衡,但重点都应是建国后60年的现代史,特别是改革开放30多年的历史。第二类史书是这次新列入选题的,基本上应写出从古至今的全过程。其中有的史书如教育史,航海高等教育是近代才有的,写书的时间年限,可根据实际情况确定。

关于史书质量问题,这是史书的生命。史书价值的大小,取决于史书的质量。关于编史的方法和经验,下面我还要具体讲。我希望,这一轮写史书是继承上轮史书,在质量上又要高于上一轮史书,在理论、方法及文字表述上均有所超越,有所创新,使撰写的史书真正成为传世之作。

二、编写水路交通史丛书的意义及其社会价值

国家的实力,由三部分组成:一是物质实力,即经济实力。现今世界存在四个经济实力中心,即美国、欧洲、中国、日本。美国的 GDP 占世界 22%。二是战略实力,即军事实力。三是实力本能,即内部的凝聚力和对外的影响力和吸引力。前两种是硬实力,后一种是软实力。两种实力互相依存,都很重要。软实力实质上就是精神实力和文化实力。

文化是民族的灵魂,历史是文化的核心。党的十七大报告指出:“当今时代,文化越来成为民族的凝聚力和创造力的重要源泉,越来越成为综合国力的重要因素”。加强我国社会主义先进文化的建设,对增强综合国力,增强民族的创造力和软实力,具有重要的现实意义和深远的历史意义。

水路交通文化,是隶属社会主义文化的亚文化,是水路交通行业各种精神文化、制度文化、物质文化的总和。它是我国社会主义文化的一个局部,是水路交通行业的灵魂。水路交通史书,是一种文化的载体,是一种文化产品。过去编写出版 100 本水运史书,是为弘扬水路交通文化进行的一项大的文化事业的建设,今后我们推动编写“水路交通史丛书”,是要将这一文化事业延续和发展下去。

在我们的史书中,充分地、如实地记述了千百年来水路交通行业人员顶狂风、战恶浪、艰苦奋斗、团结协作所创造的业绩和精神。记述了水路交通从古至今历史上的工程奇迹、运输伟业、水战壮举以及以郑和为代表的一大批杰出的航海家和水路交通事业建设者的丰功伟业,他们的业绩,他们的精神,为后人深深地崇敬。

最近美国《时代》周刊刊登了一篇文章,题目是《中国借郑和的光环提升软实力》。其中有一段话:“郑和是中国与世界和平接触的

一个象征。他是中国一位友谊大使，是中国人不打算伤害任何人的一个信号。郑和远征的光环，可能会提升中国正在萌发的软实力。”梁启超称郑和为“国史之光”。郑和当年率领一支庞大的船队七下西洋，到过30多个国家和地区，将中华文明、和平友谊，传播到世界广大地区，那是一支仁义之师、文明之师、威武之师，至今被广为传颂，具有很大的影响力、吸引力。我们曾经出版一批有关郑和的书，召开过多次郑和纪念会、学术研讨会，对宣传郑和的光辉业绩发挥过重要的作用。

有一个哲人说过：“整个一部人类历史，就是一部精神史”。我们编写这些浩繁的水路交通史，也是一种文化史、精神史，我们将从历史中吸取历史唯物主义和爱国主义的可贵教益和精神力量，更好地继承和发展前人的伟大业绩，并以史为鉴，开创更为辉煌的历史篇章。黄金有价书无价，水路交通史书作为一种文化产品、精神产品，它是无价的，编写这些史书有着十分重要的意义。

具体而言，水运史书有着“存史、资治、教化”多方面的社会价值。

首先是存史。历史学是研究和阐述人类社会发展的具体过程及其规律性的科学，存史，就是将人类社会发展具体过程及其规律性，用史书的形式记述和保存下来，它是一项为民族进行文化积累、知识储备的重要工作。记述的不仅有历史发展过程，有历史演变中的人和事，还有关于历史人物和事件的论述和评价。如《史记》中的关于项羽的评述，关于蔺相如的评述，真可谓妙笔生花，精彩绝伦，为后人提供教益良多。历史哲学奠基人之一马基雅维里写了一本《君王论》，是一本史论性质的史书，后人说它是“人类智慧在政治思想方面最精深的表现”。我们设想一下，如果没有众多的历史书，我们对历史发展过程，对历史的认知，将是一片茫然。水路交通史书是一种专史，它记述了几千年水路交通事业发展的历程，记述了各省、各港航企业发展的历史轨迹。新中国成立60年，特别是改革开放30年，发展更为快速。我们将这些发展历史行之于文,载之于史,是留给后人一笔宝贵的财富。

其次,史学是一门资治、致用的学科。司马光在修《资治通鉴》时说过:"以鉴于往事,有资于治道"。写历史,是以研究人类过去为起点,而以服务当今和后世为归宿。历史是过去的现实,现实是往后的历史。人们在现实活动中,总是要从先辈那里继承物质和精神遗产,一方面不断地变革历史上留下来的遗产,另一方面又为下一代创造新的物质和精神产品,这就决定了人们必须重视历史的启示,重视历史中的经验教训,增强掌握和改造现实社会的能力。

周总理1964年4月视察上海港时指出:要了解港口的历史,从港口发展历史中找出带规律性的东西,更好地掌握主动权,建设好社会主义的新海港。其用意就是要借鉴历史,从历史中吸取经验,为现实服务。1986年出版的《上海港史》(现代部分),记述了现代上海港的历史发展过程,并总结了各个阶段的经验教训,成功和失败,指出了港口当前存在的问题和发展的方向。对上海港未来的发展,是有借鉴意义的。

我们已出版的水运史书和将要编写的史书,都是史论结合,有史有论,既记述历史,又总结历史,"多识前古,贻鉴将来"。从历史中吸取有益的启迪,更好地为今后水运交通事业进一步发展服务。

第三,教育的功能。古人说:"美教化,移风俗"。历史书从来就有着教化后人的功能。中国人要学习中国的历史,了解古往今来中国历史发展的脉络,从中得到知识和启迪。水路交通史对水路交通行业的从业人员,同样有着教化和启迪的作用。学习水路交通历史上成败得失的经验,学习历史上许多名垂青史的航海家、水路交通事业建设者劈波斩浪、艰苦奋斗、献身事业的精神,从而使职工受到爱国、爱岗、敬业的教育,提高职工的凝聚力、向心力、进取心,更好地搞好本职工作,促进水运事业的发展。有的港口和航运企业将史书发给职工,作为爱国、爱岗的教材。大连海事大学、上海海事大学等院校将航海史列为教材,既是专业课,又是政治思想课,效果显著。

总之,我们研究水路交通历史,编写水运史,是要把历史与现实联系起来,承前为了启后,继往为了开来,为创造新的历史提供借鉴,为民族的文化积累,为增强国家软实力添砖加瓦,有着重要的社会价值。

三、编写水路交通史书的方法和经验

(一)编史的方法

编史方法,包括两方面的内容:一是编史的原则要求,二是编史的步骤。

1.关于编史的原则要求

一是求实存真。这是从古至今编写史书一个经典的原则,按现在的说法,就是要实事求是。古人提倡写信史,唐代刘知几在《史通》中说过:"良史以直书实录为贵"。韩偓有两句诗:"莫负美名书信史,清风扫地更无遗"。我们编写水路交通史,一定要实事求是,要写信史。一是材料上要实事求是,收集材料和取舍材料要全面,要实事求是;二是观点要正确,史书不仅有记述,而且还要有论述。论述要公正客观,要实事求是。特别是现代人写现代史,"人在位、事在目、权在手"。单位领导人和编写人员,都要有一种对历史、对事业负责的态度,公正地、实事求是地评价本部门、本企业的人和事。

二是要明确范围,写出特征,扣住主题。水路交通是一个大行业,下面又可分为若干个具体行业、部门和单位,分门别类,各有其特定的业务范围和内容。各部史书要写出行业的特征、地区的特征、各个时期的特征。写航道史,不要写成水利治河史。历史背景、社会背景以及相关领域在编写中都可能要涉及,但详略要适度,不可喧宾夺主。全书要扣主题,各章、节、目也要扣题。过去我们碰到不少文不对题的现象。

三是史体要适宜。史体,是指史书所采用体裁。中国古史书主要有三种体裁,一种是编年体,即按时间顺序编写史书的体裁,如《春秋》、《资治通鉴》等。一种是纪传体,以人物传记为中心的史书体裁,如《史记》等。一种是纪事本末体,以历史事件为中心的史书体裁,如南宋袁枢所编的《通鉴纪事本末》。它是将历史重要事件写成专题,独立成篇,各篇又按时间顺序编写。1904 年夏增佑编成的《中国古代史》,开始在中国流行编年章节体。以后中国的通史、专史多采用这一体裁。即"以时为经、以事为纬,篇章分期、节目分类"。我们过去编写的"中国水运史丛书"就是采用这种体裁。新一轮的"中国水路交通史丛书",原则上也应采取这个体裁。

按白寿彝写的《史学概论》的阐述,体例和体裁是不同的概念。体裁是指史书的表现形式,体例则是指史书内容具体表述中的有关规定和格式。如断限标目、编次、记时、记地、征引、注释等的有关规定,都属于体例的范围。有的史书的首页列有凡例,即是对史书体例的一个简要的要求。上一轮编史过程中,航海史研究会颁发过一个编史体例的规定,经修订后,再发给各编写组。

四是深度要适当。水路交通史书是史学著作,要有一定的深度,一定分量,一定的水平。但史书对古籍文献的直接引述,不宜过多,导致晦涩难懂。另一方面也不能将史书写成史话,虽然通俗,有可读性,但不是学术性著作。

2. 关于编史的主要步骤

在编史人员到位,工作计划制定之后,就应按步骤一步一个脚印进入编史工作过程。

一是收集资料。收集史料、整理史料、研究史料,这是写好史书的基础工作。过去编写水运史,各单位收集史料都很多。收集整理史料一般有以下几道工序:一是制定收集史料纲要。二是到图书馆、档案馆收集文献史料,有的要到现场收集实物史料和口述史料,如写运河史,就可能要到现场察勘,亲历目睹,收集第一手史料。三是编写史料卡片,一事一卡,将有关史料摘抄在卡片上,现在可以电脑储存更为方便。最后是史料筛选整理汇编,打印成册。这是收集整理史料的成型产品。

二是制定史书篇目。史书的篇章目录的设置,就如同建一个工厂的设计一样,设计不好,贻患无穷。一个好的篇目,不可能一挥而就,需要在编史的各个阶段反复斟酌、切磋、修改完善。大体可分为4个阶段:一是史料收集整理阶段拟定的篇目,这是关于这本史书内容安排先后次序的初步设想。二是拟出试写稿的篇目,史料收集整理好之后,将开始书稿的试写之前拟定一个篇目。三是拟出目录式的篇目,试写稿写出后,即将开始正式编写,拟出一个比较成熟的、按篇章节目编排的详细的目录。上一轮编水运史丛书时,这一篇目是要经过航海史研究会和交通出版社审核的。四是成书篇目,整个编史过程,也是篇目修改完善的过程。史书的篇目,拟定于编史工作之初,调整修改于编史过程之中,成熟于成书完稿之时。

三是专题研究。在水路交通史中,有一些重点和难点问题,有的要进行专题研究。什么是重点?是指一时期水运交通发展历程中的重大事件,虽有一些史料,但收集不全面,研究不深透,需要进行认真调查研究的。什么是难点?就是历史上一些疑难问题,历来有不同看法而无定论的。如郑和下西洋宝船的尺度,至今仍有不同看法。今后我们在编史过程中,仍可能有些疑难问题,如湖北扬水运河的走向,中国最早的运河是哪一条,等等,都应进行专题调查研究,求实存真,反映历史真实面貌。

四是编写、审定。这是编史工作的主要阶段,是编史工作取得成果关键的一步。编写过程大体上分为三步:一是试写,在正式写作之前,编写人员按分工试写部分节、目。通俗的说法,大家练练笔。然后交换阅读、交流讨论，以便从内容取材、文笔、观点、体例等，取得一些共识。第二步是写出初稿。第三步写出送审稿。史书的审查修改，可能要反复两三次。最后定稿，成书出版。

（二）几点经验

过去近30年的编史工作，辛勤耕耘，成果丰硕，也取得一些经验。

1. 领导重视是关键

编写水路交通史，既是一项政策性、专业性很强的工作，又是一项涉及上下各单位的组织工作，没有各级领导的重视、推动、参加，是难以开展的。上一轮编史工作中，从交通部领导、中国航海学会领导以及各省、各港航企业的领导都是很重视的。他们可以说是两手抓，一手抓交通运输业务，一手抓文化建设、抓水运史书的编写。人们常说：学术权威没有行政权威的支持，可以说是寸步难行。只要领导重视了，编史机构、人员调配、经费安排等，都可以顺利得到解决，编史工作也就可以顺利地进行。今后推动水路交通史书，同样需要各级领导的重视和大力支持。

2. 要有一个精干的编史班子

"文章本天成，妙手自得之"。史书能否写成，能否写好，有一批精干的、文笔好、学识好的编写人员，是必要的条件。过去参加编史的人员，有的同志原来是搞业务的或搞技术工作的，也有的同志本来就是学文史的，各有所长，各有所不足，但有互补性。唐朝史学家郑惟忠说过："自古以来，文士易得，良史难求"。良史需要有"史德、史才、史识"。这就是说，要品德良、文笔好、知识广。具体而言，对史学工作者的品质有4点要求：一是要有一定的马克思主义和史学理论素养；二是要有一定的知识积累；三是有发现问题、探讨问题和解决问题的能力；四是要有勤奋、坚韧、严谨的学风，不浮躁，甘于坐冷板凳。过去在编写水运史过程中，编史人员经过多年的学习与实践，成长为一批很有水平的水运史学专家。但岁月催人老，原来的人员不少年事已高，留在编史岗位上的已经不多了,各单位需要补充一些新人,他们也将逐步成长起来。各单位应重视人才的培养,保证他们的待遇,保持人员的稳定性,这样就可以保证编史工作的持续顺利地进行。

3. 翔实的史料是编史的基础

唐朝刘知几说过:“盖珍裘以众腋成温,广厦以群材合构”。众多狐腋才能制成一件珍贵裘衣,大量的材料才可能建成一座大厦。同样,要写出一本好的史书,必须要有大量的史料。马克思为撰写《资本论》,花了25年工夫,参考书籍和文献超过1500种。我们为了编写《中国航海史》,参考的书籍和文献档案也超过1000种。长江航运系统为编写各部史书收集的史料近2亿多字。搜集资料、整理资料、研究资料是相辅相成的。我们过去在编写水运史过程中有不少经验教训,大家基本上是认真细致的,也有的收集史料不认真、不全面,有的对史料的真伪判别不够,有的对史料的分析研究不够。总之,资料工作是一件严肃细致的工作,丰富翔实的史料,则是编史工作可靠的基础。

4. 重视史学理论的学习和探索

有句名言:“没有理论的实践,是盲目的实践;没有实践的理论,是空洞的理论。”历史学理论,一般指研究历史客观过程及其规律的理论,对历史主观认识的理论以及治史方法的理论。我们研究水路交通史,也涉及这些的理论。我们写史书要有论述,要从客观上,整体上通过分析水路交通历史盛衰演变过程,揭示水路交通史发展的规律。其次,我们还要对水运交通历史史实进行综合分析,认识水路交通事业的社会价值和功能,分析水路交通各个部门之间的相互关系。第三,就是关于研究撰写水路交通史的方法,包括史书、史料、论文的整理、表述、编纂方法的理论,这就是史书编纂学。

在上一轮编史工作初期,大家对水运史如何写?写什么?都心中无数。大家经过不断学习,不断实践,不断交流总结经验,从中得出规律性的认识，形成理论，又用以去指导实践。可以说，史书的编写过程，又是对水路交通史学的理论学习和探索的过程。

关于史学理论方面的参考书，20世纪80年代初，有白寿彝主编的一本《史学概论》，现在这类书已经很多。我本人在这方面也做了一点工作，写过两本交通史学理论方面的书，一本是《交通史学概论》（兰州大学出版社出版）；一本是《交通史学与海洋文化研究》（人民交通出版社出版）。可供大家参考。

5. 史书的质量很大程度上取决于文字表述的水平

我国古代许多史学家，同时又是文学巨匠，如司马迁、欧阳修、司马光等。鲁迅评论《史记》是“史家之绝唱，无韵之离骚”。

如何用文字将史书内容表述好，中国古今文史学家有很多论述。刘知几说过：“书功过，记善恶，文而不丽，质而非野”。“史之为务，必藉于文”。梁启超、白寿彝对此均有精辟的论述，归根到底一句话，“言之无文，行而不远”。

外国人写史写，也很重视文字的表述。1903年英国史学家柏瑞说过：“历史是科学，一点不多，一点不少”。同一时代，另一个史学家则强调说：“历史不仅是科学，而且也是艺术。历史的研究是科学，历史的表述是艺术。”这说明如何用文字将史书内容表述好，是一门真正的艺术。

史料是编史的基础，但史料并不等于是史书。写史书时，要对史料进行去粗取精，去伪存真，剪裁取舍，认真消化。例如蚕子吃了大量的桑叶，经过消化，吐出来的是蚕丝，这就是精华。很好地消化史料，在文字上很好地进行表述，反复修改，就能成为一本好的史书。

文字表述，首先要求确切，能准确地反映历史的真实；同时，又要求生动，有可读性；文字要朴实无华，简明扼要，语言、术语要规范，切忌语言晦涩，逻辑混乱，条理不清。

史书的文体，有其自身的特点。它与工作总结、新闻报道、文学作品、教科书等是有区别的。人类有两种基本思维,即形象思维和抽象思维。哲学是采用抽象思维,文学是采用形象思维。史学是既有形象思维,也有抽象思维。对史事和人物的表述是形象思维。对史事的论述、观点的阐述是抽象思维,即从大量历史事实中引伸出抽象的结论,以理论的形式表明对历史规律性的认识。

科学家认为,人类历史这部书是用数学语言写成的;文学家认为,历史是用白云、蓝天、紫罗兰写成的;哲学家认为,历史是由哲学观念和哲学原理写成的。史学家应该用什么语言来写历史?既有科学语言,也有文学语言,还有哲学语言,应该用一种综合语言来写历史。这就是说,对历史的撰述,要有科学家的求实态度,有哲学家的思辨深度,还要有文学家的神传妙笔。这就是编写水路交通史书在语言文字上总的要求。

20 多年来,我参加过一些史书的编写,经我手审核定稿的史志书有 100 多本,4000 多万字,去年还审改过两本史志。“苦恨年年压针线,为他人做嫁衣裳。”常年伏案,辛劳自知。其中,也很有收获,学到不少东西。在我审过的史书中,绝大多数是写得不错的,但水平参差不齐。有一本史书仅数字上的错误,就有 46 处,这是不够精心、细心的原因。编写史书必须认真细致,在文字上反复推敲,反复修改,才能成为精品。

总之,编史工作是领导推动开展起来的,史料是细心查找出来的,史稿是精心写作、反复修改出来的,这就是经验。

四、几个具体问题

(一)水路交通史的学术研究工作

编史的过程,也是学术研究的过程。研究的课题很多,水运历史上有一些重点、难点和疑点问题,应进行研究。世界史学界十分重视将历史问题同社会中提出的新问题结合起来研究,为现实生活服务。

如1985年8月举行的国际科学史大会上,有一个重要的学术报告是《一百年来道路交通汽车化及其影响》,有一个主报告和15篇学术论文,探讨汽车的发明对世界文明的巨大影响。有人说:世界现代文明,就是车轮子上的文明。我们也可以举办类似的学术讨论会,如"长江航运对中国文明发展的影响","京杭大运河建设及其在历史上的作用","中国航海与中国文明","中国海洋文化的研究"等。中国是兼有大陆文明和海洋文明的国家,古代海上丝绸之路,现代海洋事业特别是远洋运输业的巨大发展,对中国文明的发展起着难以估量的作用。还有一些具体研究课题,如古代扬水运河的考察与研究、郑和航海技术的研究,等等。过去水运史编史过程中发表的史学研究性的文章有上百篇,研究气氛很热烈。当年还办了两个刊物,以刊登各编史人员的研究性文章。今后,如能有一个刊物,可为水路交通史学术研究工作者提供发表文章的园地。

(二)重视辑录、编撰水路交通史丛书的附产品

编写"中国水路交通史丛书",这是水路交通行业的正史,在正史之外,还可以编撰、辑录、开发一些附产品,这些附产品是史书编写的延伸,也是一项重要文化的建设工作,对弘扬水路交通文化,同样有重要作用。如前面提到史料汇编,它本身就是一个独立存在的文献实体,古今不少史料汇编长期保存下来,广为流传,视为珍品。古人将整理后的史料汇编叫做"长编",司马光编《资治通鉴》时,先辑录有关资料,依次排列,并附考订,成为长编,然后再删订成书。近现代有不少史料汇编公开出版的,江苏交通厅编辑的《京杭大运河史料汇编》,内容丰富,很有使用价值,现已正式出版。除此之外,有关港航单位还编写出版过一批史书,如秦皇岛港的《秦皇岛港口史话》,大连港的《百年大连港图史》,长江航运局的《长江航运史大事记》等。这些史学产品,都有其自身的价值。在今后编史工作中,希望各编史单位重视这些附产品的整理编辑,甚至正式出版,从而使水路交通史学

宝库更加丰富，更具有多样式。

（三）志书和年鉴

关于地方志，也是在党的十一届三中全会后兴起了编写高潮。1981年成立了全国地方志协会，以后成立了全国地方志工作小组，挂靠中国社会科学院，各地相应地成立了地方志修编工作机构，制定了工作条例，开始第一轮编写地方志的工作。交通志，属于地方志中的部门志，各省交通史书和交通志书的编写，基本上是一套班子，两项任务。但在体裁上开始时有的编写人员搞得不太清楚，想一稿两用。现在我们开始第二轮水路交通史丛书的编写，在此对史与志的关系作一些阐述。

史与志的关系是："同源异体，各有特点，相互联系，殊途同归"。在写法上主要不同点：(1)史主纵，志主横。史一般以记叙过去为主，以时间为线索，纵向叙述，即所谓"以时系事"。志以事为主体，横向铺开，横排竖写，纵横结合，以横为主，即所谓"以事系时"。(2)史分期，志分类。史书在篇目上，按时间顺序安排篇章，以事件为内容安排节目。志书在篇目上，按事类分章，然后按时间安排节目。如各省的水路交通志，一般是按运输、港口、航道、修造船厂、港航监督等项分章，章以下再按时间顺序列节目。(3)史书以叙述历史为主，所谓"后代人修前朝史"。不过新史学已经脱离了这一规定。志书以记叙现代为主，不排除追叙过去，略古详今。从以往史志记叙的时间跨度看，史的跨度大，志的跨度小。(4)史有史观，有史论。志书重在记述，不重论述，观点寓于叙事之中。

2006年5月，国务院颁发了一个《地方志工作条例》，这个条例明确了地方志是资料性文献。部门志（如各省交通志）属于地方志的范畴。其著作权、出版权属于各地政府地方志工作机构所有。年鉴也是地方志工作机构的编修任务。规定地方志20年修编一次。现在各地都在进行第二轮修志工作。

过去有的地方志中的交通志（包括公路与水路）和年鉴，也有不少送到交通出版社来出版的，有一些是我审核发稿的，去年年底我还审阅过一本《山西交通志》。各地水路交通志书和水路交通年鉴编写人员，受当地地方志工作机构的指导，但地区与地区之间，横向联系不多。航海史研究会可考虑为他们搭建一个平台，定期或不定期地举行一些座谈会、经验交流会、情况沟通会，为他们之间联系交流提供条件。史、志、年鉴是一家，他们之间，应互相学习、互相交流、取长补短，共同提高编写工作水平。

（本文是2010年在中国航海学会航海史研究会第五届第二次工作会议暨《中国水路交通史丛书》编写工作会议上所作的学术讲座）

评《兰州市公路交通史》

由兰州市交通局组织编写的《兰州市公路交通史》(主编刘骏武、张俊),已由人民交通出版社公开出版发行。该书是甘肃公路交通史志丛书之一,是兰州市第一部记述交通事业发展历程的专业史,是我国省会城市至今仅见的一部交通史书。它的问世,为整个交通史学增添了光彩。

兰州市自古以来是中原通往西北地区的交通要冲,历代封建王朝都比较重视兰州市的交通建设。随着社会历史的演变,交通事业的发展有过盛衰起伏,但总的来说,是在不断前进的。兰州市的近代公路事业起步较迟,本世纪 20 年代初,始修建公路。到 1949 年,已具有一定的规模。到 1985 年,公路已达 1875.1 公里,民用汽车达 25460 辆,四通八达的公路网已经基本形成,公路交通对兰州市经济、文化等各项事业的进步,发挥着十分重要的作用。《兰州市公路交通史》充分反映了交通历史演进的轨迹,既有历史背景的材料,又有交通事业发展客观条件的介绍;既有大量运输经济方面的叙述,又有工程建设方面的记载;既阐明了生产关系的演变,又全面、系统地叙述了交通生产力的发展。纵观全书,历史发展的脉络是明晰的,主线是清楚的,这是该书的特点之一。

其次,该书篇章结构的安排,具有一定的特色。《兰州市公路交通史》所记述的历史跨度,上溯到公元前 21 世纪,下迄 1985 年,历时约 4000 年,包括古代、近代、现代三部分,是一部名副其实的通史。作者在全书篇章的安排上,既参考了一般交通史书篇章结构安排的意见,又未拘泥于一成不变的定式。将全书分为三篇九章,第一篇叙述古代道路交通和中华民国时期公路交通的发展；第二篇叙述新中国成立后公路建设事业；第三篇叙述新中国成立后公路运输事业。这种篇章结构的安排，是从兰州市交通发展以及所掌握的历史资料的实际情况出发的。兰州交通发展虽历经几千年，但兰州到汉元狩二年(公元前121年)始建立城市，史书关于交通的记载较少；近代公路发展则较晚，发展速度较慢。兰州市交通事业高速度、大规模的发展，是新中国成立以后的事情，特别是十一届三中全会以后，更取得飞速的发展。根据这一客观情况，作者遵循实事求是、略古详今的原则，对古代道路交通只写了两章，近代公路交通仅写了一章，共约5万余字，而新中国成立后公路交通史，共安排了两篇八章，写了34万余字。略其所当略，详其所当详，结构合理，笔墨集中，主次分明，匠心独具。

第三，按照历史唯物主义观点，历史进程是受生产力制约的，生产力是历史发展中最活跃的因素。写交通史，重点是应该反映生产力的演变。《兰州市公路交通史》是符合这一要求的，全书较为详尽地叙述交通设施、运力、运量发展和变化。其次，在交通历史发展过程中，有许许多多交通史事，不可能事无巨细，都加以罗列，必须突出重点，将一些主要史事、主要过程、主要方面写清楚。《兰州市公路交通史》，对交通历史上的主要史事写得是较为清楚的。如近代公路的兴建与养护，汽车业的开创，特别是对新中国公路交通发展的主要史事和主要过程，表述得条理清楚，重点突出。

第四，该书以史带论，所阐述的观点是正确的。例如，兰州市古代道路交通的发展，与丝绸之路的开通有着密切的关系，该书对此有正确的论述："丝绸之路自西汉开通之后，加强了中原同西域的物资交流，丝绸成为这条大道上的主要物资……兰州作为这条大道上的重镇，道路运输也呈现出繁荣景象。"从而阐明了兰州道路交通的发展与丝绸之路的因果关系。又例如，新中国公路交通事业发展很快，但也有过一些曲折,如"大跃进"、贯彻"地群普"方针中,公路的修建有成绩,但也存在不少问题。该书对此有如下论述:"新修的县乡公路质量差,标准低,有的修通后,又长期未用,造成了浪费……但这一时期县乡公路的发展,为后来全市公路网的建成打下了基础。"采取一分为二的方法来看待这一时期的公路修建,是符合辩证法和历史实际的。新中国成立后,兰州市城市交通的发展,经过从无到有、从小到大、从落后到先进的过程,该书在叙述大量史实之后说:"市区公共汽(电)车、出租小轿车、川流不息……为兰州市经济、文化事业的发展和振兴作出了重要贡献。"论从史出,论述得体。

此外,该书文字顺畅,图文并茂,其中有些图片十分珍贵,现代交通史料十分充实。这些也是该书的优点所在。

当然,作为一部40万言的历史著作,又是众手成书,难免有些缺点。如古代史料的收集,似觉挖掘不够;史书对史事的记述较多,论述颇感不足,特别是将兰州市交通放在一定的历史背景和地理条件下来分析,似嫌不够;附录中"领导干部名录"达12页之多,不免有冗杂之感。

总之,金无足赤,人无完人。《兰州市公路交通史》虽然还存在一些不足,但瑕不掩瑜,从总体上看,仍不失是一部成功之作。作者从收集史料到编撰成书,历时5年,夙兴夜寐,殚精竭虑,终于写成这样一部较好的历史著作,实非易事。个人深信,《兰州市公路交通史》的编著出版,必将传之久远,它将有力地促进兰州市交通事业开创出更加光辉的历史篇章。

（本文原载于《西北史地》杂志1991年第2期）

评《连云港港史》(古、近代部分)

由连云港港务局组织编写的《连云港港史》(古、近代部分)(下简称《港史》),已由人民交通出版社公开出版,发行到国内外。这部史书内容充实,篇章结构合理,语言表达流畅,论证得体,观点正确。既论述了有关经济技术等内容,又重点突出,诚为一部有重要价值的史学佳作。

连云港位于黄海之滨,古为海州地区的一个港口,形成历史可上溯至2000多年前的秦汉,以后历经沧桑。随着陇海铁路的兴建,作为有固定码头、港池的连云港也随之形成。这本《港史》充分反映了历史发展演变的轨迹,资料翔实,内容丰富,既有历史背景的资料,又有港口自然地理条件的介绍;既有经济贸易方面的叙述,又有工程技术方面的记载;还有大量的历史照片、地图和各种统计表。编著者在资料收集、整理方面看来是做了大量的工作的,这是编史工作的一项基本功,是编好史书的基础。

其次,《港史》篇章结构合理。全书分为六章:第一章,阐述连云港自然地理条件和历史发展沿革;第二章,阐述古港的形成和发展;第三章,阐述以连云港为中心的诸港的兴起;第四章,阐述连云港码头建筑和经济贸易的发展;第五章,阐述抗日战争时期日本帝国主义统治下的港口;第六章,阐述抗日战争后连云港的状况。第二章反映的是港口古代发展史,第三章以后,反映的是港口的近代史。按历史时期纵向分章,每一章中又按事件横向分节目,如第五章分为三节,第一节阐述管理体制,第二节阐述港口的工程建设,第三节阐述港口的运输生产。《港史》的篇章安排合理,清晰地反映了历史发展脉络和重大事件，正符合《中国水运史》丛书“以时为经，以事为纬，篇章分期，节目分类”的编史体例的要求。

第三，《港史》写出了连云港的特色。自然地理条件的变迁对连云港港口兴衰和码头建筑有重要影响；铁路经营的管理体制和铁路疏运为主的中转港口性质；广阔的经济腹地，腹地范围达西北、华北、华东地区的11个省（区），腹地之广，居全国上乘。

第四，历史的基本线索是清晰的。从两方面看，一方面《港史》是经济、技术史，它的主线是港口经济、技术的发展过程。《港史》中，关于航线的开辟，对外交通的发展，港口贸易的发展，地区经济的发展；关于港址的选择，港口码头的设计施工，有关这些港口经济、技术内容，都有恰如其分的阐述，线条是清楚的。另一方面，将港口发展放在一定的社会历史背景下进行考察，港口的发展过程，在古代封建社会是自然状态，在近代史上又经历了三个时期，即：半封建半殖民地港口的新创时期；日本统治进行殖民地掠夺时期；抗战后港口由恢复到衰落时期。港口近代史的盛衰起伏，是受社会历史条件所制约的过程。《港史》关于港口的经济技术发展过程和受社会历史条件制约过程的阐述，是符合历史客观实际的。因此，港口发展的基本线索是清楚的。

第五，论证得体，观点正确。《港史》是以史带论，史论结合，所阐发的观点是正确的。例如：“陇海铁路的修建和通车，对连云港的兴起有着决定作用，是连云港成为诸港中心的主要因素”。从而阐明港口和陇海铁路的关系。又如：“连云港沦陷后，日本帝国主义开始了变连云港为其殖民地港口的过程。从1939年3月到1945年8月的6年时间里，在日本帝国主义统治下，连云港的装卸生产，完全是根据日本侵略扩张政策进行的。在这期间，港口呈现畸形发展。”从而阐明了殖民地港口的性质及其畸形发展的原因。此外，关于港口码头沦陷原因的分析，港口与城市关系的阐述，有理有据，是符合客观实际的。

连云港是我国重要港口之一,它有悠久的历史,广阔的经济腹地,具有重要的战略地位。城以港兴,港为城用,港口的盛衰,对城市的发展乃至整个腹地内经济的发展,都有着密切的关系。编写《港史》,旨在存史资治,其社会功能,主要是总结以往的经验,供现实参考,为港口振兴,为四化建设服务。归根到底,编写史书,是为了开创新的历史篇章。《连云港港史》的编著出版,不仅是一项重要的精神文明建设,同时,对物质文明建设也有着重要价值。

《港史》也存在一些不足之处,如古代港史资料的收集似仍感挖掘不够,有的论述还可以深化一些。但小疵不掩大瑜。《港史》从主导方面看,是一部成功之作。

本文原载于《连云港论坛》1988 年第 2 期

史笔聚精华　书绘海港春
——评《青岛海港志》

由青岛市史志办公室组织，由寿杨宾主编的《青岛市志·港志》（以下简称《青岛海港志》），已由新华出版社公开出版，发行到国内外。该书内容丰富，结构合理，反映了青岛海港的特色，语言表达流畅，为地方方志、交通史志中有重要价值的、质量较高的史志著作。

青岛，是中国著名海港城市之一。自古以来沿海航运活动频繁，大小口岸相继兴起，明清之际，青岛沿海就有董家口、薛家岛、青岛口、金家口等十几个港口成为来往航海船舶靠泊点。最终于1892年，在现青岛港港区兴建起第一座人工码头——青岛前海栈桥，于是，出现了青岛海港发展的重大转折，以此为发轫，青岛海港开始逐步由原始靠泊地走向现在著名海港的发展历程。1990年港口吞吐量达到3034万吨，成为中国第四大海港。这条道路是漫长而曲折的，而且有它特殊的规律。本书虽属志书体裁，记述为主，以类系事，但从志书的纪实中，仍可充分反映出青岛海港发展的特点。首先，青岛市沿海分布着若干小港，经过历史的优选，海港逐步集中发展在青岛港大港的范围内；随着历史前进、经济发展的需要，港口又以原大港为基点，逐步向外扩展，于是出现黄岛、前湾等新的港区。由分散到集中，又由集中到向外延伸，并在新的社会经济条件下，形成一批地方港口，这些小港以近海客货运输为主，对青岛大港是一种补充，若干小港与大港形成众星拱月之势。这是青岛港发展演变中的特色之一。其次，海港发展的道路是十分曲折的。青岛海港一度被德国侵占,两度被日本统治,带有浓厚的殖民地色彩。青岛海港近代的建设,书中对之有如实的记述,如1901年德国人建成小港,1904年建设大港一批码头泊位和1.6万吨浮船坞。1914年日本第一次侵占青岛海港,1938年日本人第二次侵占青岛港,先后对港口发展和码头建设都投入一定资金和力量。但是,他们建设青岛海港的目的,是为掠夺中国资源,占领中国市场,是为其侵略目的服务的。近代的青岛海港还经历北洋政府和国民党政府的管辖,由于政治腐败,战乱频仍,港口发展步履维艰,到1949年,港口货物进出口量只有72万吨。第三,青岛海港的新生和大规模的发展,是在新中国成立特别是改革开放之后。本书对此记述甚详。至1990年底,青岛大港共有码头9座,码头岸线达6554米。全港各项设施都有大的发展。货物吞吐量1986年达到2801.4万吨,1990年达3034万吨,分别为1899年36.9万吨的76倍和82倍。志书是寓观点于记述中,记述的这些材料足以说明,社会主义制度和改革开放的政策具有强大的生命力。

第二,按照历史唯物主义的观点,历史进程是受生产力制约的,生产力是历史发展中最活跃的因素。写交通志书,重点应该是写生产力的演变发展。《青岛海港志》是符合这一要求的。港口生产力主要表现为经济和技术两方面,即港口货物运输和港口建设两个重点。本书对码头泊位、港口设施、港口生产、货物运输都有详尽的记述。全书20万字,关于生产力的记述超过2/3,而其中港口经济的内容,包括生产管理、运输方式、货物运输、旅客运输、码头费率,约占全书1/3。其中又对货物运输记述得十分详细,例如从货物进出口一节中,我们可以清楚地了解历年各地来港船舶类型、青岛运往各地的航线、历年外轮进出口情况、进出口贸易额、货物进出口数量。另一个重点就是港口码头建设,也占有大量篇幅。作为海港志书,将港口生产、港口建设两个重点写清楚了,就是一本好书。

第三,结构合理,层次分明。史书与志书是同源异体,各有特点。

史主纵，志主横，志书要求横排竖写；史分期，志分类，志书要求按事类分篇章；史书要求古今历史都要记述，志书则详今略古，以记述现代为主。《青岛海港志》在结构上、篇章安排上是符合志书的体裁的。全书分为五篇，第一篇海港分布，第二篇海港建设，第三篇港口生产，第四篇港口管理，第五篇港口服务，这就是将港口发展历史分为五大事类，每一事类列为一篇。篇下分章和节，章节也是事类分列，如第二篇第一章码头建设，下面分为六节，分别列出大港港区、黄岛油港、前湾港区、青岛小港、地方港、专业码头建设。然后在节以内，按时间顺序叙述事物发展的过程。如第二篇第一章第一节大港港区码头建设，从德占青岛时期开始，按照时间的推移，分阶段地一直写到1990年底。这就是说，全书采取了以事为纬，以时为经的叙述方法，既涵盖了青岛海港各类史事发展的内容，又从纵向记述每类事物发展历程。包含内容相当全面，历史脉络清晰，层次分明。

第四，资料丰富，文笔顺畅。全书20万字记述青岛海港99年的历史，有志、有述、有图、有表，资料相当丰富，内容十分充实。例如第三篇第三章货物运输，列出历年以青岛为中心的航线、青岛港货物进出口量、进出胶州湾的帆船数量，这些资料都是很珍贵的。此外，本书所述的史实、人名、地名、年代、数据、引文，经初步查阅，资料都较准确，尚未发现错漏之处。本书文字朴素、精炼、顺畅，符合志书的要求。

总之，青岛海港发展的历史虽只有99年，但其建设的内容是丰富的，所走过历程是错综复杂的。作者将其主要历程、精华部分，浓缩于20万字的志书之中，而且层次分明，条理清晰，如无生花之笔，是难以做到的。这部志书是交通志书中的一部成功之作，必将传之久远。

交通运输发展史略

交通运输的发展和人类的历史一样久远，随着人类文明的进步，带来交通运输的发展，交通运输的发展，又促进人类历史的前进。许多原始民族沿河流定居，在大的河流两岸产生古代人类的文化和统一的国家，所以早期的交通运输业以水运为主，如我国的长江、大运河，欧洲的莱茵河，埃及的尼罗河，英国的海上运输，都是当时重要的运输线。最初只有在天然水道和运河上航行的船舶，以后发展以机械为动力的内河和远洋船舶。自从19世纪30年代以后，铁路运输逐渐成为主力。19世纪末20世纪初，公路运输重要性日臻。20世纪20年代前后，又出现了航空运输和管道运输。现将世界和我国各种运输方式发展的历史简述如下。

一、铁路运输史

1. 世界的铁路运输

17世纪，英国的矿区已普遍采用木枕轨道运输。18世纪出现了铁轨，这就是铁路的萌芽。1814年，英国人斯蒂芬逊造出了第一台蒸汽机车，能牵引30吨货物，速度很慢。1825年，斯蒂芬逊又设计制造出历史上著名的“旅行号”机车，列车载重90吨，因此后人将斯蒂芬逊称作近代蒸汽机车的奠基人。英国首先使用蒸汽机车，并铺设了由斯多克顿到林顿长21公里的铁路。继英国之后，美国于1827年开始修建铁路。法国、俄国和德国分别在1828年、1834年、1835年开始修建铁路。

从19世纪末到20世纪初，由于工业的迅速发展，特别是钢铁工业的大发展,出现了持续30多年铁路大发展时期。截止19世纪末,世界铁路总长为65万公里,第一次世界大战前夕,铁路总长为110万公里,到了20世纪20年代末达到127万公里。从20年代以后,铁路发展的速度开始缓慢下来。1985年世界铁路总长为130万公里。

在19世纪,铁路技术有显著进步,到19世纪末,蒸汽机的牵引力已从500~1000公斤增加到7000~8000公斤。拖挂重量从10吨增加到50~60吨,整个列车载重达到几百吨。1879年德国的西门子公司第一次把电作为动力开动了电车,接着德国在1881年正式使用电力机车,以后又用柴油机为主的内燃机作动力机车。在铁路上还采用了电报通讯和信号装置。并出现了保证行车安全的自动制动器。

20世纪60年以后,公路、水路、航空和管道运输的迅速发展,互相争货源,出现了比较复杂的情况。有的国家大量拆掉铁路,如英国,拆掉了铁路总里程的40%,美国拆掉了5万公里左右,为其他运输所取代。有的国家有拆有建,在铁路网布局上重新进行了调整,如法国、意大利和日本,增减数目大体上相等,对运输构成影响不大。有的国家继续大量建设,如一些发展中国家,都属于这种类型。20世纪60年代以后的高速铁路的建设,标志着世界铁路发展的一个新方向。如日本于1964年,进行东京至大阪的东海道的新干线的建设,火车最高时速可达216公里,在铁路技术上达到新的水平。

铁路运输量在世界各国占有相当的比重,第一次世界大战以后,铁路的客、货运输量在各种运输方式中相对比重不断下降,但本身的绝对运输量仍然保持上升。以1949年与1975年比较,美国由7690亿吨公里增加到11401亿吨公里;法国由410亿吨公里增加到655亿吨公里;日本由299亿吨公里增加到465亿吨公里。

2. 中国的铁路运输

我国的铁路建设起步比较晚。1865 年,英国商人杜兰德在北京宣武门外修建了一段 1 公里左右的小铁路,试跑小火车,但被愚昧的清政府以“观者骇惊”为理由限期拆除了。

实际上在中国修建的第一条铁路运输线,是 1876 年(即在世界上第一条铁路建成的半个世纪之后)由英商在上海和吴淞口之间修建的轻便铁路。这条短途小铁路全长 20 公里,行车时速 24 公里,最高时速 40 公里,沿途有桥梁 15 座。建成后,由于中国官方的坚决反对,最后竟以 28.5 万两的银价买下拆除,车辆路轨等器材被弃置在上海滩头,并在上海一端的车站原址修建了一座天妃宫。中国第一条正式铁路,又宣告失败了。

中国铁路的修建长期停滞不前,这是由于腐朽没落的封建统治制度的阻碍造成的。当时清政府由翁同龢、孙家鼐和醇亲王奕譞等达官显贵组成了顽固的反对派,他们反对修建铁路的理由是:“铁路自办则库空如洗,借债则利息太重,少造无益,多造耗费”,“物价的流通而益贵,生活以便利而愈难”,“穿凿山川,必遭神谴,变更祖制,大祸将临。”其愚昧无知,达到何等程度!

1878 年开滦煤矿开掘了第一口竖井,为了运输煤炭,清政府不得不同意修建唐山到胥各庄间 10 公里长的铁路。轨距采用 1.435 米的国际标准轨距(我国以后沿用这种轨距)。这条铁路于 1880 年兴建,第二年通车。同时还造了一辆机车,在当年 6 月投入运行,这台机车用的是进口煤矿卷扬机上的锅炉,但它仍可以说是我国自己制造的第一辆机车。以后这条铁路逐步向两端延伸,成为我国通往东北地区的干线,即京沈铁路。

中日甲午战争之后,各列强为了掠夺和控制中国的资源,瓜分中国,纷纷强夺在中国修筑铁路的特权。从甲午战争到 1911 年,平均每一年新筑铁路 500 多公里。到 1911 年前后,全国已建成铁路 9600

余公里。其中绝大部分由各帝国主义国家所控制，由中国自己控制的不超过7%。

到1919年止，全国已建成的主要干线有：

京沈线（北京—沈阳）	1881~1919年
京汉线（北京—汉口）	1896~1906年
津浦线（天津—南京）	1908~1911年
沪宁线（上海—南京）	1903~1908年
京绥、京张线（北京—张家口）	1905~1909年，1919年发展到呼和浩特
东清铁路（满洲里—绥芬河）	1897~1901年
哈大线（哈尔滨—大连）	1898~1901年

其中京张铁路，是由杰出的铁路工程师詹天佑主持，完全由中国自己筹资，自己勘测设计、自己施工建成的一条铁路。这条铁路工程十分艰巨，铁路全长201公里，其中有隧道4座，长1645米，最长的八达岭隧道长1091米，桥梁2300余米，1905年开工，1909年建成。这条铁路的建成，为中国人民争了气，在中国铁路史上留下光辉的一页。

这段时期，除修建了若干条干线外，还兴建了一些支线。同时，还相应地增加了车辆，兴建铁路工厂。比较著名的有唐山制造厂、山海关桥梁厂、长辛店工厂、汉口江岸工厂、南口车辆厂。其中绝大部分一直连续到今天，成为铁路工业的骨干力量。

抗战前夕，全国有铁路不足18000公里。抗战期间，大部分铁路为日本人所占有和营运。在西南地区，先后修建湘黔线的株洲至兰田段，湘桂线的衡阳至桂林段，黔桂线的柳州至都匀段等以及滇缅铁路等。这些铁路运输不正常，时断时续，到1944年，日本人为了打通粤汉、湘桂线，西南地区铁路大都遭到破坏。在日本投降时，剩下可通车铁路里程只有1400公里。

抗战胜利后，美国为了援助蒋介石发动内战，曾经给予蒋介石修复铁路的大量资材。到解放前夕，全国共有铁路约2.2万公里。

二、公路运输史

1.世界的公路运输

早在汽车问世之前，世界各地都修建了各种道路，供交通运输之用。如在公元前3000多年为运输建造金字塔的材料而修建了大的道路。大约在公元前2000年修建了巴比伦街道，这是一条有路面的道路。公元前500年前后，修建了用以联络东西方通商用的波斯帝国国王的道路和丝绸之路。大约从公元前700年~300年，在古希腊除了军事和通商目的外，还出于宗教的目的，修建了通往神殿的道路。在古代世界的道路中，最有名的是罗马帝国的道路，“条条道路通罗马”，这句名言至今还流传着。罗马为了维持帝国的统治，道路网分布到整个欧洲和小亚细亚。道路网达到了7800公里。在道路建筑上表现了较高的技术，有的是用石灰浆砌大石板铺砌而成，重要干线宽达3.5~5米，用以通过步兵，旁边还有2.4米的骑兵跑道。以后在封建社会、资本主义社会前期，各地的道路工程都不断地有所发展和改进。

汽车的发明和发展是18世纪和19世纪的事情。第一辆蒸汽汽车，是由德国军事工程师、陆军炮兵大尉尼古拉斯·古诺经过6年的苦心研究，于1769年制造成功的。这辆木制的汽车有3个车轮，前车轮用作驱动兼转向，发动机有两个汽缸，最高时速4公里。19世纪中叶，是蒸汽汽车的黄金时代，行车时速达到了55公里。

世界上第一辆内燃机的汽油汽车是谁发明的？声明自己是现代汽车发明者不下几百人次。依照公论，是1885年德国人奔驰首先制成了汽油机的三轮汽车，汽车重254公斤，最大时速18公里。在

1885 年,德国人戴姆勒把他的单缸汽油发动机,装到自行车上,制成世界上第一辆摩托车,时速 12 公里。接着 1886 年,他又制成世界上最早的四轮汽油小客车,汽油发动机装在车身的后部,该车的时速为 15 公里。奔驰和戴姆勒被公认为世界上以内燃机为动力的现代汽车的发明者。从此以后的近一百年的时间内,汽车的研究和制造水平不断提高,结构设计日臻完善,性能越来越好。

随着汽车的发明,交通运输史乃至整个工业史,发生了日新月异的变化。公路运输成为交通运输业中的一支主要力量,公路的修筑也发生了质的变化,世界上的主要发达国家都建成了自己的公路运输网。

美国从 1893 年开始重视公路的建设,至 1914 年,通车里程达 394 万公里,到 1935 年,美国公路总长达 488 万公里。德国也以高度发达的公路建设著称于世,二战前,公路总长达 46 万公里,其中高等级路面占 3/4,希特勒曾夸口 24 小时内可在全国任何一点集中全部军队。

随着汽车运输的繁忙和汽车行驶速度的提高,从 20 世纪 40 年代起,世界各国开始修建高速公路。最早的高速公路是德国柏林至汉堡线。1942 年,德国高速公路已有 4000 公里,1975 年达 6500 公里。美国从 1937 年开始修建高速公路,到 1973 年已建成 53700 公里。日本从 1957 年开始兴建高速公路,到 1978 年建成 2200 公里。其他国家也都非常重视高速公路的建设。

2. 中国的公路运输

中国的道路运输,有着悠久的历史。秦汉时期,规模宏大的驰道和栈道建设,对于发展陆路交通,促进经济文化交流,具有重大意义。张骞出使西域之后,汉武帝又继续派遣使节往西探行,从而开辟了举世闻名的自长安西通大秦等地的"丝绸之路"。

唐代的陆上交通很发达,修筑了若干条通往边境的交通干道,著名的有大同营中道、天竺道等。当时驿道遍布全国，计有陆上驿站1279所，为政府传送邮件、贵重物品提供了方便。

道路的开辟，必然带来桥梁的建筑。建于隋代开皇年间(591～599年)的赵州桥，跨越河北赵州(今赵县)洨河之上，是现存的大型的石拱桥之一。桥梁总长为50.82米，两端桥面宽约9.6米，中部宽约9米。宋元时期，桥梁建筑技术更趋成熟，这一时期桥梁建造的数量很多，特别在宽阔水面上建造了不少大中型桥梁，形成中国历史上建桥的高潮时期。著名的桥梁有北宋时汴梁的虹桥，约建于宋神宗熙宁元年(1068年)以前，使用至北宋末年，后毁于宋金战火之中，经历了大约60年的历史。宋代建筑的洛阳桥和安平桥，是我国古代建造的两座相当著名的石梁桥。洛阳桥位于福建泉州，全长1166米，宽4.61米，安平桥位于福建晋江与南安两县界的安海镇，全长2500米，是现今古代留下来的最长的桥。位于北京广安门外的卢沟桥，建于1189～1192年，它建造得华丽、坚固，经马可·波罗的宣传，使这座名桥流传世界各地。

随着世界公路运输的发生和发展，我国的公路建设和公路运输也逐步发展起来。

我国之有汽车开始于1901年(光绪二十七年)，匈牙利人黎恩斯首次输入我国两辆小汽车，于次年在上海租界行驶。车身外形与当时的敞篷马车相似，最初按马车发给牌照，车轮为木制轮辐，实心橡胶胎。另一种说法，输入我国大陆最早的汽车，是供慈禧在颐和园游览乘坐的一辆汽车，输入年代是1902年，使用4马力的发动机，车身、车轮与前者相似。

我国大陆最早出现的民用汽车运输，是1907年外商费里查德号车行，在青岛经营至崂山的短途客运。1908年，外商环球供应公司在上海经营的出租客运汽车。以后，我国商人也陆续购买汽车经营汽车运输，最早的是1911年我国商人从波兰购进汽车2辆，经营惠远—宁远(伊宁)间的短途运输。1913年,大连开始经营市内客运,北京开始经营市内出租汽车,上海开始经营汽车货运。1914年,张家口创设了张多汽车公司,长春创办了华立自动车行;1915年2月,黑龙江出现了姜德海汽车行。

我国城市道路建设较早,而正式的沟通城市之间的公路,始于1913年。谭延闿任湖南都督,着手修建长沙至湘潭之间的长潭公路,基本上沿旧有驿道进行扩建。以后由于军阀混战,修路工程时断时续。至1921年11月,全路工程历时8年,几经周折,始告竣工。公路全长50公里,耗资90万银元。

截至1926年(民国15年),我国先后修建公路共26000余公里,大都质量较差。据不完全统计,从1908~1926年,先后成立的商营汽车运输公司或运输行,约有300余家,拥有各种客货汽车2400余辆。

1927年,国民政府定都南京,设立交通部,负责全国交通建设和运输管理工作。以后多数省在建设厅内设公路局或公路管理处,统一办理公路修建和汽车运输事宜。到1931年,全国公路通车里程达66111公里,各种汽车有41853辆。到1936年,公路通车里程增至109567公里,汽车增至62001辆,其中仅上海市即拥有汽车3万辆。

抗日战争期间,随着政治、经济重心的转移,西南、西北地区的公路建设有较大的发展。西南地区主要兴建和改善5条干线公路,有川黔线、湘黔线、黔桂线、黔滇线、川湘线等,长达3545公里。西北地区主要公路有:青藏公路(西宁—玉树),康青公路(康定—歇武),南疆公路(甘肃安西—新疆库尔勒)等。此外,还抢修了桂越、滇越、滇缅、中印等公路,成为国际运输线。其中滇越、桂越线,从1938年10月至1940年5月,共运送物资41443吨,滇缅线从1938年12月至1942年3月,共运进物资264822吨。中印公路于1945年1月通车,至1945年10月,共驶入汽车1万辆,大部分是为美军车队运输军事装备。

抗战胜利后，新建公路不多，公路汽车运输发展不大，这 3 年期间，公路汽车运输开始是恢复整顿，而后由于国民党政府发动内战，经济崩溃，汽车运输形成瘫痪状态。

至1946 年底，全国登记的汽车 35533 辆，司机 42477 人。交通部直属运输处完成客货运量如下：

1946 年：客运 4511754 人，　　448932049 人公里。

　　　　货运 348990 吨，　　104936756 吨公里。

1949 年上半年：客运 661345 人，　　43100467 人公里。

　　　　　　　货运 48136 吨，　　14791094 吨公里。

抗战胜利后，交通部设立 8 个直辖区公路工程管理局和 9 个运输处，分别办理工程建设和运输业务，一直维持到解放，逐步为人民政府所接管。

三、水路运输史

1. 世界的水运

人类利用木船和帆船进行运输，有着悠久的历史。在古代的奴隶国家内，曾广泛地利用河运和海运。

希腊在公元前 640 年，开挖了一条莱伍卡运河，该运河将伊比利亚半岛一分为二，是欧洲建设最早的一条运河。罗马帝国为了军事上的需要，先后在法国、意大利、荷兰和英国，建设了一个十分广阔的内河水道系统。

希腊利用地中海、里海发展海上运输，大规模运输粮食、木材、金属，在航海方面达到了高度的技术水平。他们在里海北岸建立了富饶的殖民地，改进船舶建造，发展了航海技术。

14 世纪到 16 世纪，是文艺复兴时期，随着工业、商业的发展，推动了内河航运和海运的发展。中国的磁罗盘已经传播到欧洲，航海事业有了飞跃的发展。1480年迪亚茨发现喜望峰;1492年哥伦布作为欧洲人首次航海到美洲大陆;1498年达·伽马开辟了印度航线;麦哲伦从1519年至1522年环绕世界一周的航海成功,这一切都是用的帆船。

在此同时,内河水运也繁荣起来了。欧洲各国充分利用莱茵河、默兹河、斯凯尔特河等,发展一个内河水道系统。这一地区大约有85%的货运量是通过内河水道进行运输的。

17世纪至19世纪,欧洲和北美的内河水运有很大的发展。法国在17世纪中叶,建成了布尔亚运河和朗格多克运河,这两条运河在工程上的成就是非凡的,布尔亚尔运河上,建筑了40座船闸。英国到1830年,建成的运河有3101公里,形成了一个广阔的内河水运网。美国在1817~1825年,建成了伊利运河,全长580公里,有82座船闸。另外连接纽约与五大湖的哈得逊运河也同时通航,从而给纽约港带来了繁荣,超过了大西洋沿岸所有的港口。

1785年,瓦特发明了蒸汽机。1807年美国人罗伯特·富尔顿提出用蒸汽机作为船舶动力,第一艘轮船克莱门号在赫得森河完成了纽约到奥尔巴尼的240公里的航行。完全用蒸汽机作动力横渡大西洋的轮船是1883年加拿大的罗亚尔·威廉号。当时远洋轮船约1000吨,用明轮产生推力,时速6~8海里。

1836年,史密斯发明了螺旋桨推进器。1839年轮船首次安装了螺旋桨。1883年,瑞典的德拉瓦尔和英国的帕森发明了汽轮机。1897年由获赛尔发明了柴油机。内燃机用于船舶,使船舶动力发生质的变化,提高了船舶的经济性和远航性能。1927年,意大利把4台7000马力的柴油机安装在3500吨的大货船上。同年意大利制造了18660马力的柴油机,安装在13000吨级的货船上,这是二次世界大战前航速最高的柴油机船。自从1955年,美国建造世界上第一艘核动力潜艇以来,各国对核动力十分重视,这是船舶动力又一次重大变革。

在19世纪,在世界上建成了三条著名的国际通航水道,即基尔运河、苏伊士运河和巴拿马运河。这三条运河在航运上都发挥着巨大作用。

基尔运河,位于德国北部日德兰半岛上,沟通波罗的海和北海,是波罗的海通往大西洋的捷径。运河于1895年建成,全长98.6公里,可供吃水9米、船宽40米的海轮日夜通航。这条运河缩短了从波罗的海到英吉利海峡685公里的距离。

苏伊士运河,位于埃及东北部,运河于1859年,由国际苏伊士运河公司利用几十万埃及劳动力进行开挖,工程持续了10年。全长161公里,于1869年建成通航。从而使西欧到印度洋之间的航程缩短了5500~8000公里,时间节省3星期左右。运河于1956年由埃及收归国有。

巴拿马运河,位于中美洲巴拿马共和国中部,是沟通太平洋和大西洋的国际水道。于1914年建成通航。全长81.3公里,全线共有6座船闸,4~5万吨级海轮可以通行。

20世纪特别是二次世界大战之后,世界的内河水运和海上运输都有很大的发展。欧洲经过多年的努力,建成了以莱茵河为中心的水道网,通航标准为1350吨,莱茵—美茵—多瑙河水道,全长3540公里,可连接13个国家,故称为“欧洲水道”。前苏联建成了伏尔加—顿河运河,莫斯科运河等连接水道,可沟通波罗的海、白海、黑海、亚速海和里海,形成了五海通航。

2. 中国的水运

我国的水上运输发展极早,许多文物、资料证明了这一点。在浙江阿姆渡出土的划船木桨,据考证已有7000多年的历史,说明我国在新石器时代已利用船舶进行水运。商代甲骨文上已有舟和帆的图形,春秋战国时期的青铜器上已有战船图。所以说,我国水运发展历史十分悠久。

春秋战国开凿的运河很多,楚庄王(公元前613~591年)时在都城郢(今湖北江陵西北)附近,开始开凿一条沟通长江和汉水之间的扬水运河,这是我国开挖最早的一条运河。

南北大运河是中国水运史上的一项伟大工程。它的建设经历了三个阶段。第一次是公元前486年,即春秋时期,吴国为了北上争霸,从现在扬州附近开凿了一条沟通长江与淮河的人工河道,称为"邗沟",成为大运河最早的一段。第二次是隋朝开皇四年(584年)至大业六年(610年),对运河进行大规模的开挖疏浚,先后修建了通济渠、山阳渎、江南河、永济渠等,形成了以洛阳为中心,北通涿郡(今北京西南的涿县),南达钱塘江,西接洛阳,全长2700公里的运河体系。第三次是在元朝至元二十年(1283年)到至元三十年(1293年),进行修建大运河的浩大工程。以北京为起点,经天津过黄河,逐段拓宽浚深,直抵杭州,全长1794公里,这就是元、明、清三代所使用的并延续至今的京杭大运河。

秦始皇统一六国后,于始皇三十三年(公元前214年)为了沟通五岭以南的交通运输,派史禄征集民工,凿通灵渠,以沟通湘水与漓水,全长33公里。这是一条越岭运河,其总体布局和具体设计都是比较科学的,在世界运河建设史上占有重要地位。

秦汉时期,海上交通已很发达。当时船舶已很坚固,可利用风帆和平衡舵,凭借季节风,可远航到朝鲜、日本、越南、菲律宾、印度及南洋各国。汉初《淮南子·齐俗篇》记载:"夫乘舟而或者不知东西,见北极则悟点"。这说明当时已具有天文航海的知识。

秦汉时已有内河漕运,到唐代,漕运有很大的发展。唐初,长安所需粮食,多从关东(冀、鲁、豫三省)沿黄河漕运入渭,每年转运不过20万石。至开元二十年(732年)以后,粮食仰给于东南,通过大运河、黄河、渭河运到京都,最多时,三年之内达到700万石。宋代建都汴梁,漕粮运输量更大,仅汴河每年运量达575万石。

指南针是我国四大发明之一。早在春秋时期,在《韩非子·有度篇》中,就有"司南以端朝夕的记载"。司南即利用磁石的原理所制造的简单的指南器具。指南针用于航海,是在宋代。据北宋宣和五年(1123年)出使高丽的徐兢所写的《宣和奉使高丽图经》记载:"若晦冥,则用指南浮针,以揆南北。"可见我国在12世纪时已经在海船上使用指南针了。这是对我国和世界的航海技术的重大贡献。

唐、宋、元三个朝代,海运十分发达。唐代海上船舶是有名的"唐舶",采用分成九舱的水密隔舱(见如皋出土的唐代木船),尤其是帆的应用灵活,能驶侧逆风。唐代时中日之间通过海上船舶,来往频繁。日本皇朝曾先后派出15次遣唐使以及许多学问僧和留学生,不避风险来到中国,唐皇朝也屡次派使者送日使归国和回访。著名的鉴真和尚及其一批有才艺的弟子于天宝十二年(753年)东渡日本,并长期居留,对传播唐代佛教、文化艺术,发展友好关系作出了很大贡献。公元842年,我国航海木帆船船长李邻德驾驶海船自宁波起程,顺我国海岸带北行经山东、辽宁到朝鲜,然后到日本。这一条航线基本上还是沿海岸航行。公元843年,我国航海商船船长李处人首次开辟了由日本嘉值岛直达我国浙江温州的新航线,全程约经6昼夜。公元859年,我国航海商船由宁波出发,乘西风直放日本嘉值岛那留浦,全程仅需3天,创造了中国航程的新纪录。我国沿海海运以元代最发达。漕粮北运,到元代曾一度以海运为主,从1282~1329年,共历47年,最盛时每年运粮360万石。开始时,船舶大者不过千石,小船300石,即40~130吨左右,以后发展成为300~1200吨的大型海船了。

明朝郑和七次下西洋,不但是我国航海史上的大事,也是世界航海史上的伟大壮举。郑和下西洋,从明永乐三年(1405年)至宣德八年(1433年),历时28年,先后七次远航,抵达30多个国家,第五次和第六次远航时都到达了非洲东海岸赤道附近地区，大大促进了各国人民的友好往来，促进了经济、文化和技术的交流。航海的船队规模很大，最大的宝船长44丈，宽18丈。第一次航海有大船62艘，有船工士卒等人员27000多人，而哥伦布航行大西洋时只有88人，分乘3只长约19米的小船；达·伽马从欧洲绕好望角到印度的航行，只有4只船，船员148人。郑和下西洋在航海上使用了先进技术，如利用罗盘导航；用计程法计算航速和航程；用测深器探测水深；用牵星板观测星辰地平高度后以计算船舶夜间所在的地理纬度；并绘制出航海地图等。这些航海技术保持着当时世界的先进水平。

我国港口发展的历史很早。泉州港在唐代就已形成，宋代、元代乃至明代，泉州港都曾经是我国重要的对外贸易港口之一。马可·波罗游记曾指出：泉州港"据商业额量说来，这是世界两大港之一"。福州、宁波、广州、天津、秦皇岛港等，都在很早以前形成了港口。长江沿岸的扬州港，唐代已是相当发达的国际贸易港，为当时经济繁荣、人文荟萃之地。

我国近代水运发展缓慢，主要是由于帝国主义压迫和封建统治造成的。1836年(道光十五年)，英国渣甸号航行于中国沿海，这是中国海上有轮船之始。鸦片战争后，订立不平等的南京条约，沿海开五口通商，外国船只可往来于上海、广州之间的中国海域。1859年(咸丰八年)，又订不平等的天津条约，内河航行权丧失，辟长江沿岸的镇江、九江、汉口为沿江对外开放港口，英国、法国及其他外国轮船从此可直入长江。1862年(同治元年)，美国开设旗昌洋行，1865年英国设立港澳轮船公司，1867年英国太古洋行设立中国航业公司，以后，日本、德、法、美国先后成立若干家航运公司。于是，沿海及长江各通商口岸尽为外国轮船势力所控制。

1865年，徐寿在安庆制造了我国第一艘轮船。1868年，江南造船厂制造的第一艘惠吉号下水。1869年福州造船厂也开始制造新船。

从此,中国自己的造船工业和水运事业逐步发展起来。

1872年(同治十一年),成立轮船招商局。同年,招商局轮船福星号往来上海、烟台、天津;永清号往来于上海、香港、汕头、广州,利远号往来于上海、厦门、汕头及天津、烟台等处,这是中国自制轮船航行中国海上之始。第二年,洞庭号、永宁号往来于长江,驳运川、汉、津、粤等地的货物,是为中国自置轮船航行于中国内河之始。

以后又先后成立了若干家私营航运公司,如大达内河轮船公司、松黑两江邮船局、三北轮船公司、鸿安轮船公司、民生轮船公司等,在中国近代水运史上都发挥过一定作用。

抗战前夕,招商局共有轮船86000余吨,全国公私营商船共有576000余吨;当时,航行我国的中外轮船,计长江有30余万吨,沿海60余万吨,远洋60余万吨,共计150余万吨,其中外国轮船约占2/3。

解放前夕,招商局逃往台湾的船舶共95艘,近25万吨。沿海和长江留下的公私营船舶,总共约为25万吨,一年完成运输量只有301万吨,港口吞吐量872万吨。整个水上运输事业处于落后凋零状态。

四、航空运输史

1. 世界的航空运输

人类能在天空飞行,这是在很早以前就有此梦想。1783年10月15日,法国人德·路泽尔第一次乘一只蒙特哥菲尔热气球升空,上升高度达26米。1783年11月21日,法国人德·路泽尔和达兰德斯乘一只直径约15米的热气球从巴黎升空,飞行距离12公里,高度约1000米,飞行25分钟安全降落,这是人类第一次乘气球升空安全降落。

1852年9月24日,德·吉泽尔乘一艘飞艇从巴黎以每小时8公里的速度飞行到特拉普斯,飞行距离28公里,飞艇装有一副由蒸汽机驱动的三叶螺旋桨,功率3马力,这是世界上第一艘有动力的载人飞艇。

1853 年,凯利研制成滑翔机,由他的车夫乘坐,从一座山上起飞滑翔,飞越一个村庄。这是历史上第一次乘坐飞行器升空的自由飞行。

1903 年,美国自行车行业的威尔伯·莱特和奥维尔·莱特两兄弟研制以功率 12 马力的内燃机为动力的双翼飞机,在美国北卡罗来纳州的幼鹰海滩,经过 4 次试飞成功,成绩最好的一次留空 59 秒,飞行距离 260 米。这是人类第一次在可操纵的、重于空气的、有动力的活塞式飞机上所作的持续的成功飞行。

此后,飞机不断改进。1910 年德国第一次用飞行器载客。1918 年 5 月,美国在纽约—华盛顿—芝加哥之间开辟了邮政航线。同年 8 月,在伦敦—巴黎之间开辟了定期航空运输线。1922 年 11 月,日本开辟了定期航空运输线。此后,许多国家开辟了航空运输线,航空运输在世界上逐步发展起来。

航空运输的运载工具是民航飞机。20 世纪 30 年代末,研制成了活塞式螺旋桨客机。20 世纪 40 年代,英国制造了"子爵号"涡轮螺旋桨飞机。20 世纪 50 年代,发明了涡轮喷气式客机。到了 60 年代初期,相继出现了第一代亚音速涡轮喷气式客机,如前苏联的图 104、美国的波音 707 等。以后由于涡轮技术不断改进,出现了第二代亚音速喷气式飞机,如美国波音 727、英国三叉戟、前苏联图 134 等。1973 年以后,出现了第三代亚音速飞机,如美国的波音 747 等。到 1976 年,英、法合制的"协和号"投入空运,以后还有前苏联的图 144,为超音速远程飞机,但载重量小,经济性差,噪音大,现在大量的用于空运的还是亚音速飞机。

2. 中国的航空运输

我们的祖先,很早以前就有飞向天空的梦想。大约在公元前 770 年~前 481 年,中国春秋时代,鲁国公输般或宋国的墨子,研制成能飞的木鸟,这是人类研究制造航空模型最早的尝试。公元 9~23 年,中国西汉王莽年间,有人"取大鸟羽为两翼,头与身皆着毛,通环引纽，飞行百步堕”。这是人类最早的人力飞行尝试。

中国最早有飞机飞行，是1907年（宣统元年）法国航空技师环龙在上海用苏姆式飞机试飞成功。1912年，民国政府成立后第二年，向法国购买了双叶飞机1架，是为中国购买飞机之始。1915年，由中国留英归国的历汝燕在上海驾驶购买的飞机公开飞行，这是第一次由中国人驾驶飞机在本国飞行。

1920年，北洋军阀时期，中国政府成立航空署，负责航空运输事宜，这是中国成立全国性的航空管理机构之始。

1926年7月，国民革命军从广东分三路开始进行北伐。8月，国民政府将航空局改为航空处，归属国民革命军总司令部统辖，组成“中山航空队”，随军助战，参加了攻克汀泗桥、贺胜桥、武昌、南昌等著名战役。

1929年，成立中国航空公司，开始时为中国独资经营，以后发展为中美合资经营，资金1000万元，开辟了沪蜀、沪平（上海—北平）、沪粤等航线。1931年，中国与德国汉莎航空公司合资开办了欧亚航空公司。

1931年4月，一架国民党双翼双座轻型侦察/轰炸机在鄂豫皖边区革命根据地迫降。驾驶员龙文光弃暗投明，参加红军。红军成立航空局，任命龙文光为局长，钱钧任航空局政委，航空局设在鄂豫边区苏维埃政府所在地新集北头的普济寺内，这架飞机命名为“列宁号”，这是中国工农红军所有的第一架飞机。

1939年9月，国民党交通部同前苏联中央航空管理局签订了中苏航空运输条约，为期10年，合资创办中苏航空公司。同年12月5日，哈密—迪化（今乌鲁木齐）—伊犁—阿拉木图国际航线正式通航，全程1413公里，使用的是美国DC-3型运输机。

在1939~1940年间，中国航空公司先后一度开辟昆明—仰光国际航线，香港—南雄的航线。港雄线曾一度是中国内地与外界联系的唯一通道,至1941年太平洋战争爆发为止,曾空运进口数千吨军火和钞票,运出钨、锡等战略物资。

1942年5月,日军攻占缅甸北部交通枢纽腊戍,彻底切断了中国同西方各国联系的中缅公路,中美开辟飞越4000~7000米的中印航线,这一航线又称为驼峰航线,使用的是C-46型运输机和C-47型运输机。由于飞机条件恶劣和日军战斗机的袭击,损失较大,每月空运货物只有数百吨。这条航线延续到1945年日本投降后始停航。1942年7~8月间,中国航空公司曾试航经甘肃、新疆至印度的中印航线。

1943年3月,欧亚航空公司改组为中央航空运输股份有限公司,隶属国民党政府交通部,由陈卓林任总经理。

1945年,国民党的中央航空公司利用川盐银行高利借出的40余万美元,从印度购回美国剩余运输机C-47型11架,开辟昆明—重庆—上海之间的复员客货运输线,从而成为当时中国航空公司竞争的对手。接着,在1946年,中央航空公司又在上海购买了美军旧运输机150架,扩大运输能力。

1946年10月,旧中国自行设计、制造的第一架中小型运输机——中运一式,在重庆市机场试飞成功。该机由设在南川丛林岩洞里的国民党军第三飞机制造厂研制。装有两台功率各为450马力的活塞发动机,翼展15.85米,全长11.05米,起飞重量4537公斤,最大航速每小时342公里。以后在1948年又改进为中运二式,性能有所提高。

1947年国民党政府在交通部属下成立了民用航空局,其任务是规划、经营和管理民用航空事业。当时交通部还设有航政司,负责政令的颁发。民航局下成立民航空运队,由陈纳德任总经理,全队有职工650人,其中美籍人员有100左右。

1949年3月,中共中央军委决定成立航空局,3月30日任命常乾坤为军委航空局局长，王弼为政委。航空局下设作战教育处，航空工程处，民用航空处，编制64人。在北京灯市口办公，这是军、民合设的航空管理机构。

新中国成立后，于1949年11月2日，军委民用航空局正式成立。从而结束了旧中国民用航空事业发展缓慢的局面，开辟了民用航空事业新的篇章。

五、管道运输史

1.世界的管道运输

世界上第一条运输管道，是美国于1865年修建的从宾夕法尼亚的皮特尔城到密勒农场的原油管道运输线。接着，1893年，美国建筑了一条成品油管道运输线，将炼油厂的成品油输送到码头上去。以后又陆续修建了一些运输管道。在第二次世界大战期间，石油消费量剧增，促进了炼油工业和石油管道运输大发展。1943年，美国从得克萨斯州到新泽西州之间，建了一条管径630毫米，长2240公里的大型原油输送管线。紧接着1944年，美国又修建了一条管径526毫米，长2400公里的大型成品油管线。到20世纪70年代，美国在管道运输中采用1万马力的燃气轮机离心泵，年输油量达1亿吨。

用管道输送天然气是很经济的。1880年，美国建造了一条无压缩机的天然气输送管道，由于仅靠天然气自身压力来输送，其输送距离是受到限制的。1947年和1949年，先后采用了离心式压缩机和燃气轮机压缩机，大大促进了输气管线的发展。1959年，美国建设了一条由路易斯安那州到西弗吉尼亚州，长1360公里的大型输气管线，全线自动控制。到20世纪70年代，采用了3万马力的燃气轮机带动离心压缩机，年输气量达到几百亿立方米。

煤炭运输，过去主要靠铁路，国外输煤管道自1949年开始问世，至今已有30多年的历史。1957年，美建造了世界上第一条管径254

毫米,长170公里,年输煤量为100万吨的管线。以后,有一些国家也陆续修建一些输煤管线。

近几十年来,管道运输发展很快,已经占有重要的地位。1976年,美国原油和成品油管道运输量已达8400亿吨公里,占全国货运总量3.5万亿吨公里的24%。目前,管道已由石油、天然气专用运输工具,向多种货物运输发展。现在大力发展的有煤浆管道、化工产品管道、氢气管道、矿石管道、集装箱管道等。

2. 中国的管道运输

用管道输送液体、气体,在我国有着悠久的历史。远在东汉时期,四川的盐井、气井的开发利用,就曾采用竹管、木管为输送管道。但以后中国的管道工业一直处于停滞状态。新中国建立以后,随着石油工业的发展,逐步修建油气管道。目前,已逐步形成我国一种独立运输体系。

六、新中国成立后交通运输业的发展和现状

1. 概述

建国以来,在党中央和国务院领导下,我国交通运输业有了很大的发展,取得了很大的成就。经过多年的建设,已经形成以铁路和江、海水运干线为主干,由铁路、公路、水运、民航、管道等5种现代化运输方式组成的综合运输体系。运输线路长度成倍增长;运输布局有了显著改善;车船和飞机等运输工具的数量分别增加了几十倍;技术装备和工艺装备有了很大加强;运输组织工作和经营管理水平有了很大的提高;交通运输的技术结构有了改进;拥有了一支具备相当高的技术水平的设计施工队伍;完成了繁重的交通建设和运输任务。对促进我国经济的发展,适应人民生活的需要和加强国防建设,发挥了重要作用。

2. 铁路

建国以来,党和国家十分重视铁路事业的发展,有计划地修建了

沟通各个地区的铁路。在几乎没有铁路的西南地区修建了成渝（成都—重庆）、宝成（宝鸡—成都）、黔桂（贵阳—柳州）、川黔（重庆—贵阳）、贵昆（贵阳—昆明）、成昆（成都—昆明）、湘黔（株洲—贵阳）、襄渝（襄樊—重庆）铁路等主要干线，初步形成了这一地区的铁路网骨架。其中成昆铁路全长1099公里，穿越大小凉山、碧鸡山和横断山脉的隧道就有427座，总长度341公里，跨越大渡河、金沙江、雅砻江以及深沟、大涧的大小桥梁991座，总长度93公里，桥隧总长度占全线长度的40%。襄渝铁路全长840公里，桥隧的长度占全线长度45%，有35个车站建在桥上或隧道里。

在西北地区，除改造整治了解放前仅有的潼关—天水一段400公里的铁路外，还修建了天兰（天水—兰州）、兰青（兰州—西宁）、包兰（包头—兰州）、兰新（兰州—乌鲁木齐）、南疆（吐鲁番—库尔勒）等铁路及青藏（西宁—拉萨）铁路。青藏铁路，是中国新世纪四大标志性工程之一。全长1956公里，其中西宁至格尔木段814公里已于1979年铺通，1984年投入营运。格尔木至拉萨段，全长1142公里，于2001年开工，2006年7月1日全线通车。青藏铁路是世界上海拔最高、在冻土上路程最长、克服了世界级困难的高原铁路。

在华东、华北、东北、中南等地区也相继修建了一些干线和支线。主要有鹰厦（鹰潭—厦门）、皖赣（芜湖—贵溪）、太焦（修文—月山）、焦枝（月山—枝城）、枝柳（枝城—柳州）、京通（北京—通辽）、集二（集宁—二连）、通让（通辽—让湖路）等干线，以及一批通往矿山、林区和港口的铁路。

建国以来到1983年，共修建新线25500多公里。正式验交的干、支线106条，21900公里，其中干线38条，16500公里，支线68条，5400公里；修建复线7601公里；修建电气化铁路2300公里。全国路线营业里程（不包括台湾省）已达5.16万公里，比解放初期增长1.3倍。铁路布局也有了很大改善。在新建铁路的同时，还对原有铁路进行了技术改造,大大提高了运输能力。到 2010 年,全国铁路营运里程达到 9.1 万公里,居世界第二位。路网密度 95.0 公里/万平方公里,复线里程 3.7 万公里,电气化里程 4.2 万公里,高速铁路里程 8974 公里。

铁路工业和技术装备在建国以后,有了很大的发展和加强。现在全路共有直属铁路工厂 67 个,其中机车车辆厂 33 个,桥梁、枕轨厂 10 个,通信信号器材厂 9 个,木材防腐厂 8 个,工程、装卸机械厂 4 个。

1982 年与 1949 年比较,铁路机车保有量增长 1.5 倍,客车增长 3 倍,货车增长 4.7 倍。近年来,国家为实现牵引动力现代化,正大力发展电力和内燃机车以代替蒸汽机车。到 1982 年底,全国机车总数中,电力机车比重已上升到 3.3%,内燃机车比重已上升到 24%,全路用电力牵引的铁路营运里程已有 1787 公里,用内燃机车牵引的铁路营运里程有 8600 公里。

目前,全国铁路使用的各型客车,包括各种座车、卧车、旅游车、餐车、行李邮政车、国际列车上的高级客车及各种专用客车,都由国内制造。2010 年全国铁路拥有机车 19431 台,客车 52130 辆,货车(铁道部属)622284 辆。

建国以来,铁路的客货运输量有很大增长。客、货运量增长情况如下表:

年　代	客运量(万人)	货运量(万吨)	客运周转量(亿人公里)	货运周转量(亿吨公里)
1949 年	10.300	5589	130	184
1983 年	104.946	116.070	1773	6634
2010 年	167609	862929	8762.18	27332.68

1983 年客货运量都提前完成国家的计划。客运量比 1982 年多运了 6058 万人次,这是 1978 年以来连续 5 年的持续增长。

货运量比1982年增加了5022万吨。各项技术指标都取得了新成绩。

1983年,铁路部门把关系国民经济全局的煤炭等重要物资作为运输的重点,优先运输。全路运输煤炭4.6亿吨,比1982年多运了2174万吨。因重工业回升,国家基本建设投资增加,生产、生活建设规模扩大,原材料、燃料及建筑材料运量大幅度增加。2010年煤炭运量突破20亿吨。

1983年,全路有4630个货运营业站,其中59%的车站有货物线和货物站台,70%的站有货物仓库,承担铁路整车装卸和零担运输业务。到2008年,全国铁路车站有5752个,其中特等站51个、一等站209个、二等站313个、三等站826个。

3. 公路运输

建国以后,公路建设发展很快,截止1983年底,公路通车里程已由1949年的8万公里,发展到93万公里,增长了11.6倍。全国几乎所有的县和90%以上的人民公社都通了公路。初步形成了一个以北京为中心,沟通各省、市、自治区的大中城市,连接各大港口、铁路枢纽,伸向广大农村的公路网。许多过去的边远山区,如今也通了公路。1950年至1954年在世界屋脊上修建的川藏公路,从四川成都出发,经雅安、甘孜、马尼干戈到西藏自治区的首府拉萨,全长2400余公里,平均海拔超过了3000米。这是中国公路建设史上工程最艰巨的一条公路,在世界筑路史上也是罕见的。到1983年底,全国已93%的公社,66%以上的大队通了公路。

到2010年底,全国公路总里程突破400万公里,达400.82万公里。公路密度为41.75公里/百平方公里。全国高速公路达7.41万公里,居世界第二位。"五纵七横"12条国道主干线全部建成。11省份的高速公路里程超过3000公里。全国有99.21%的建制村通公路,实现了"村村通"这一惠民的德政工程。

建国以来，公路桥梁建设的速度和规模都是惊人的。过去中国的桥梁多是木桥和小跨径石拱桥，河面宽的地方主要靠渡船过河。到1983年，全国已有公路桥梁12万多座，总长达300多万米，其中92%是永久性桥梁。我国的大江大河都建设了许多永久性桥梁，黄河上已修建了30多座桥梁，其中洛阳黄河大桥是中国目前最长的公路大桥，全长3400米。在“十一五”期间，公路桥梁、隧道总量持续增加。到2010年底，全国有公路桥65.81万座，3046.98万米，隧道7384处，512.26万米。特大型桥隧主要有杭州湾跨海大桥、苏通长江大桥、秦岭终南山隧道等。

公路养护工作，也非解放前所能比拟。养护队伍和养护的范围都有很大发展。1983年全国公路完好率为59.2%，其中干线公路完好率为66.8%，分别比1982年提高4.06%和3.9%。

建国以来，公路运输量有很大增长，货运量增长情况如下表：

年　代	客运量（万人）	货运量（万吨）	客运周转量（亿人公里）	货运周转量（亿吨公里）
1949年	1800	7983	8	8.14
1983年	336965	79078	1106	335
2010年	3052700	2448100	15020.81	43389.67

1983年，公路运输部门各项营运指标都完成得较好，载货汽车完好率为86.9%，载货汽车吨年产量39007吨公里，载货汽车单车年产量为184080吨公里。

随着公路通车里程的不断增长，以及汽车、石油工业的发展，汽车的数量增长很快。全国广大农村的个体运输户有很大的发展，到1983年底，全国个体和联户已拥有汽车5万多辆，拖拉机29万辆，分别占全国营运货车和全国拖拉机总数的25%和33%。这些运力补充了国营专业运输力量的不足，缓和了客货运输的紧张状况。全国几乎所有县都建立了汽车运输服务机构，90% 以上的人民公社开办了汽车运输业务。在中国，公路集装箱直达运输业务已全面展开。

近年来农村客运有很大发展，各地为适应农村经济繁荣的形势，大力建设以县城为中心的农村短途客运网，延伸通车线路，增加客车班次、站点和夜宿农村的班车，全国约有 75% 左右的人民公社通了客车班车。

为了充分发挥汽车在短途运输中的作用，交通部门发展了公路分流铁路的短程客、货运量。如河南省已开办了 20 条路线（总长 1964 公里），分流铁路旅客运输。北京市把不足 50 公里而又直接影响铁路干线和枢纽能力的短途运量，逐步由汽车运输承担起来。1982 年，全市由汽车分流的短途运量已达 80 万吨，既减轻了铁路运输的压力，货主部门也节省了一定的运输费用。

公路客货营运车辆运载能力持续增长。到 2010 年底，全国拥有公路营运汽车 1133.32 万辆，拥有载货汽车 1050.19 万辆、5999.82 万吨位。拥有载客汽车 83.13 万辆、2017.09 万客位。基本上可以适应运输的需要。

4. 水路运输

我国水运的自然条件十分优越，海岸线长 18000 多公里，海域面积 473 万平方公里。河流总长达 43 万公里，目前通航里程 10.8 万公里，其中可通机动船的 7 万多公里，通航主要河流有长江水系、珠江水系、淮河水系、黑龙江水系。我国河流水量比较充沛，年平均总水量共达 25873 亿立方米，其中长江水系总水量达 10000 亿立方米，占全国总水量的 42%。秦岭—淮河以南河水终年不冻，航运条件最好。东北地区的黑龙江、松花江冬季结冰，但亦具有较好的通航条件。

建国以后，我国的内河、沿海、远洋运输都发展迅速，为水运服务的港口码头、航道、船舶、通信导航、救助打捞、海事监管、水运工业等都有相应的发展。

(1)内河、沿海和远洋运输

水路运输包括内河运输、沿海运输和远洋运输三部分。建国以来,水运运量有很大的增长。水运客、货运量增长情况如下表:

年　代	客运量(万人)	货运量(万吨)	客运周转量(亿人公里)	货运周转量(亿吨公里)
1949 年	1600	2543	15	63.12
1983 年	27214	45099	153.92	5787.62
2010 年	22400	379000	72.27	68427.52

长江干线,航务港务由长江航务管理局负责管理,轮船运输由长江轮船公司负责经营管理;黑龙江航运由黑龙江航运局负责。以上均为交通部直属。有内河航运的省(市、区),分别设有航运局(公司)经营管理本地区的内河航运。

全国内河运输,1983 年完成货运量 32313 万吨,完成货物周转量 706 亿吨公里。2010 年完成货运量 18.86 亿吨,货物周转量 5535.74 亿吨公里。1949 年内河货运量 79% 是由木帆船来完成的,摇橹拉纤是主要动力。现在行驶在江河上的都是轮驳船,木质船舶已被更新淘汰。建国以后,开始推行拖驳运输,以后又发展了顶推运输,近年来,在长江、黑龙江等主要内河普遍推广了分节顶推运输方式。到 1983 年,全国已有分节驳 30 多万吨,每船载重量为 200～1000 吨,最大推轮为 4000 马力,一次可顶推 12000～15000 吨货物。刚解放时,长江沿岸只有 17 个港口,72 个码头,没有一台装卸机械。1983 年长江沿岸拥有 25 个港务局,200 多个站点,400 多个码头,港口装卸实现了机械化和半机械化。内河客运也有很大发展,1983 年内河客运量完成 25687 万人,旅客周转量完成了 120.04 亿人公里。近年来,个体运输发展很快,1983 年 12 个主要水运省份的个体和联户的运力,达到 140 万吨,相当于全国地方内河专业运力的 30%。他们是对专业运力的补充,从而大大促进了城乡商品的生产和流通。

我国沿海运输划分为南、北两个航区：厦门以北至鸭绿江，为北方沿海航区，厦门以南至北仑河口为南方沿海航区。沿海各省(市、区)多设有海运局(公司)，经营管理本地区的海运。

沿海运输以上海为中心，船舶可以从这里到达沿海各港口，万吨海轮还可以进入长江有关港口靠泊装卸。解放初期，沿海运输船舶只剩下 23 艘，3.4 万吨；沿海港口深水泊位仅 61 个，装卸主要依靠人力。建国以来，沿海运输船舶迅速增长，货轮正在向大型化、专业化方向发展。到 1983 年时，国内造船部门为沿海运输提供了一批 2.5 万吨级的散货船舶和 2.4 万吨级的油轮。上海海运局的船舶平均载重量，已从解放初期的 2000 多吨提高到 9000 多吨。

沿海，1983 年客运量完成 1437 万人，旅客周转量完成 31.53 亿人公里，货运量完成 7986 万吨，货物周转量完成 1104.32 亿吨公里。2010 年，沿海运输完成货运量 13.23 亿吨，货物周转量 16892.63 亿吨公里。沿海已大力开展了成组运输和集装箱运输，上海、天津、黄埔、大连、青岛等港口开辟了国际集装箱运输业务。北方、华南沿海航区已有 12 条国内集装箱运输航线，几年完成货运量 4.2 万箱。

建国前，我国基本上没有自己的远洋运输业。新中国成立后，于 1951 年与波兰建立了合营的中波轮船公司，这是解放后发展我国远洋运输业之始。在 20 世纪 50 年代，我国进出口的外贸物资靠外国船只运输。1961 年中国远洋运输公司正式成立。4 月，第一艘远洋客轮"光华"号首航印尼；随后，中国自己建造的"和平"和"友谊"号货轮相继航行于缅甸、斯里兰卡以及西非几内亚等国。中国远洋船队开始建立时，只有船舶 4 艘，2.26 万载重吨，以后逐年增加。进入 20 世纪 70 年代后期，远洋船队得到迅速发展。我国经营国际航运业务的主要企业——中国远洋运输总公司已拥有一支包括杂货船、油船、集装箱船、散货船、滚装船等多种类型船舶的船队。为了实现船舶现代化,近年来该公司又在国内外订造了一批全集装箱船、成品油船、多用途船等各类新型船舶。中国远洋运输总公司设在北京,上海、广州、天津、青岛、大连设有远洋运输公司。1980 年以来,中国远洋运输总公司分别与江苏、浙江、河北等省成立了合营远洋运输公司。此外,还有与外国合营的公司,如中波海运公司、中坦(坦桑尼亚)联合海运公司、中斯(斯里兰卡)联合海运公司等。1983 年时,我国远洋船舶的航线已遍及世界 100 多个国家和地区的 450 多个港口。1982 年远洋运输客运量为 90 万人,旅客周转量为 2. 35 亿人公里,货运量为 4800 万吨,货物周转量为 3977. 22 亿吨公里。现在中远集团已拥有商船 800 艘,5600 多万载重吨,远洋航线覆盖全球 160 多个国家和地区的 1600 多个港口,船队规模居世界第二,在《财富》世界 500 强企业中排名第 327 位。2010 年,远洋运输完成货运量 5. 81 亿吨,货物周转量 45999. 15 亿吨公里。

(2)港口的发展

我国的港口特别是沿海港口,都有很大的发展。我国在 20 世纪 50 年代, 沿海主要修复和改建了上海、天津和青岛等老港,并新建了湛江等少数港口的深水泊位。长江主要建设了裕溪口煤港。

20 世纪 60 年代以来,我国外贸进出口运量大幅度增长,沿海港口码头不足已成为国民经济发展中突出的薄弱环节。1973 年国家决定扩大港口通过能力,大力建设沿海港口。经过 10 年来的努力,建成了一批散货、杂货、石油、客运码头,以及供油供水等港口设施,沿海港口面貌已有初步的改变,现已有码头泊位 300 多个。1983 年沿海和长江港口共有深水泊位 153 个,有年吞吐量 10 万吨以上的商港 410 个(不包括台湾省)。其中有大连、秦皇岛、天津、烟台、青岛、连云港、上海、南通、张家港、宁波、温州、福州、马尾、泉州、厦门、汕头、黄埔、广州、湛江、北海、海口、八所及蛇口共 23 个港口对外开放。所在各口岸设有船舶检验、商品检验、海关检验、外轮代理、外轮理货、外轮供应、燃料供应等机构。

2010年底,全国港口拥有生产用码头泊位31634个,其中,沿海港口生产用码头泊位5453个,内河港口生产用码头泊位26181个。全国港口拥有万吨级以上泊位1661个,其中,沿海港口万吨级以上泊位1343个,内河港口万吨级以上泊位318个。全国港口10万吨级以上泊位196个。

2010年底,全国亿吨以上的港口有22个,其中,沿海16个,内河6个。

2010年,全国港口完成货物吞吐量89.32亿吨,其中沿海港口完成56.45亿吨,内河港口完成32.88亿吨。

沿海主要港口各个时期货物吞吐量如下表:

单位:万吨

港　口	1952年	1965年	1978年	1982年	2010年
大连	151	1057	2864	3402	31400
营口	18	29	33	27	22500
秦皇岛	181	478	2219	2870	26300
天津	74	549	1131	1287	41300
烟台	26	98	458	616	15000
青岛	175	448	2002	2084	35000
连云港	46	265	594	806	13500
上海	656	3194	7955	8976	56300
宁波	—	—	—	371	63300
广州	47	470	1050	1513	41100

(3)航道建设

建国初,内河通航里程仅73600公里,通航机动船舶的只有24200公里,绝大多数河流处于天然状态。到1961年,内河航道里程曾达到过17.2万公里，比建国初期增加了1.3倍。此后，由于闸坝碍航等原因，通航里程有大幅度减少。截止1980年尚有10.8万公里，仍比建国初期多47%。2010年底，全国内河航道里程为12.42万公里。其中，长江水系64064公里，珠江水系15989公里，黄河水系3477公里，黑龙江水系8211公里，京杭运河1439公里，闽江水系1973公里，淮河水系17246公里。

建国以后，我国进行了一些航道工程的建设，主要的有京杭运河苏北段工程、川江整治工程、连江渠化工程等。1958年至1960年进行的京杭运河苏北段的建设，仅用了三年的时间，建成了能通航2000吨级驳船队的404公里航道，并先后建立了10个船闸和相应的水利设施，从根本上改善了航行条件，通过能力比以前扩大了10倍，达到2000至2500万吨，对减轻津浦铁路南段的运输压力，以及对灌溉、防洪、排涝等都起到了一定的作用。改革开放后国家又将京杭运河的建设列入重点工程。1982年进行淮安至宝定段的中埂切除工程。江苏省动员了24万人，完成了1076万立方米的土方任务。航道的宽、深、弯曲度均达到二级航道标准，为航运提供了良好的条件。

继1982年完成运河中埂切除工程后，1983年重点进行了徐州至扬州的不牢河段的疏浚工程。这段工程从蔺家坝至大王庙，全长72公里，是京杭运河续建工程的重要组成部分。主要工程包括：河床二级航道标准加深加宽（4×60×800米），万寨、双楼、徐州三港的建设和解台、刘山两座一线船闸引航道的拓浚。工程从1983年11月27日全面开工，1984年1月10完工，1984年2月恢复通航。这段运河的通航，对苏北地区工农业生产的发展，产生深远影响。

5. 民用航空运输

我国1929年开始有民用航空，直至1949年，运输总周转量合计只有2亿吨公里。1949年11月，国家成立民用航空局，1950年8月开始运输。1962 年 4 月,中国民用航空局扩编为中国民用航空总局,分设北京、沈阳、上海、广州、成都、兰州六个大区民航管理局,下辖各省、市、自治区民航局及航空站。

建国以来,民用航空运输发展迅速。客运量 1979 年为 298 万人,1983 年发展到 391 万人。货运量 1949 年为 2 万吨,1982 年为 11.5 万吨,增长了 5.75 倍。1983 年国际航线旅客运输量为 43.5 万人。其中:中日、中美、中英、中法等航线运量增长较快,中苏航线运输也有好转。共有航线 199 条,航线里程 368733 公里,其中国际航线 21 条,航线里程 151285 公里,通往亚、非、欧、美洲 18 个国家 21 个城市;内地至香港地区航线 7 条,航线里程 9601 公里;国内航线 171 条,航线里程 207847 公里,通往 29 个省、市、自治区(除台湾省外)的 83 个城市,形成了以北京为中心的国内航空运输网。航空运输在整个交通运输中的比重逐年增加,航空运输安全、快速、舒适、经济的优点,也越来越被人们所注意。

我们民航已与 40 多个国家签订了航空运输协定,与 180 多个国家和地区的航空公司建立了业务联系。1971 年 11 月,国际民航组织第 74 届理事会通过决议,恢复我国在该组织的合法席位。

我国民航机群不断扩大,拥有大、中、小型 20 种飞机。用于国际航线和国内主要航线的机种有波音 747、波音 707、伊尔 62、三叉戟、伊尔 18 等;用于中短途航线运输的有安 24、子爵号等;用于专业飞行的有运五、立二、伊尔 14、云雀、安 30、双水獭、贝尔 212 等飞机。我国自行设计制造的运 7 型民航运输机,商务载重 4.7 吨,载客 48 ~ 52 人.已投产使用,性能良好。运八型飞机正在试飞中。

为适应民航事业的发展,国家逐年投资新建、扩建和改建了 80 多个民用机场,其中大型机场有北京首都机场、上海虹桥机场、广州白云机场、乌鲁木齐地窝铺机场、杭州笕桥机场、天津张贵庄机场、合肥骆岗机场、哈尔滨闫家岗机场等。其中首都机场,是我国现代化的飞机场,从1974年开始扩建,至1981年全部完工,历时7年。新修建的西跑道长3200米,宽50米,厚38厘米,承受重量350吨,可供目前世界上最大的波音747、DC-10、协和号等型飞机起降,对原有的东跑道进行了延长改造,道长3800米、宽60米、厚42厘米,承受重量500吨,比西跑道承重能力还大150吨。

各个航空站和各条航线上建立了比较完善的通信、导航、气象系统,在航班起降密度较大的主要机场装有航路监视雷达和着陆雷达,配合各高空和中低空指挥室指挥飞行,机场气象台提供较准确的气象预报。

民航部门有自己的飞机维修体系。北京维修基地和上海、成都修理工厂都有比较先进的维修设备和技术水平较高的工程技术人员,能够承担伊尔18、安24、伊尔14、立二、运五等飞机的机身大修和发动机翻修。各地民航局分别设有机务维修队,负责国内外航班飞机过站的检修和停场检修。

到2010年底,全行业完成旅客运输量2.68亿人次,旅客周转量359.55亿人公里。货邮运输量563.0万吨,货邮周转量178.90亿吨公里。全行业运输飞机在册架数达到1597架。全国共有颁证运输机场175个,年旅客吞吐量100万人次以上的机场有51个,年货邮吞吐量1万吨以上的机场有47个。全国共有定期航班航线1880条,里程共有398万公里。全国共有运输航空公司43家,其中国有控股35家。全行业累计收入为4115亿元,利润总额达434亿元。全行业人员达110万人。民用航空业是新中国成立以来,我国发展最快的行业之一。

6. 管道运输

管道运输是随着石油工业的发展而兴盛起来的。首先在玉门油矿内建设了集输管道。1958年,克拉玛依油田开发后,又建设了克拉玛依到独山子炼油厂两条并行的输油管道,全长300公里,管径150

毫米，为我国自行设计建设的第一条大口径管道。

20世纪60年代以来，大庆等十几个油田相继开发，输油管道迅速发展，先后建成了大庆到大连和秦皇岛两条管道，长2000公里；胜利到临邑、黄岛、辛店、济南和仪征等几条管道，长2000多公里；华北到北京、秦皇岛和沧州、临邑等管道，长500多公里；河南濮阳到临邑和魏岗到荆门、潜江到荆门等几条管线，长800多公里。东部地区管网已基本形成。西北的新疆、长庆等油田也建设了一些长距离的管道。如由克拉玛依至乌鲁木齐的克乌线。这些管道，把原油产地与炼油厂、港口和用户紧密连接起来，成为原油产、运、销的桥梁和纽带。

输油管道的建设，改变了原油的运输结构，促进了水运事业的发展，大大减轻了铁路运输的压力。在原油总转运量中，铁路运输由1966年的65.9%下降到1983年8.5%；水运由8.8%上升到26.8%，管道运送由25.3%上升到64.5%。现在全国所产原油的90%是由管道输送出去的，总运量达1.5亿吨，周转量达510亿吨公里。

输气管道，主要分布在四川省。四川是我国主要的天然气基地，首先修建了巴渝线，又相继建设了连接长寿、泸州、自贡、成都、绵阳、赤水、安边、威远等城市的天然气管道。到1983年底，四川的天然气干支线，共有2800多公里，南环管网（连接川南、川西南油气田）已基本形成。此外，大庆、胜利、大港和中原油田的伴生气，也相应地铺设了一些输气管道。

经过30多年的建设，到1983年，我国已拥有输油气管道12000多公里，其中输油管道6800多公里，能力1亿多吨/年；输气管道4300公里，能力100亿立方米/年；成品油管道1500公里，能力2500万吨/年。全国有制管厂8座，生产螺旋焊管能力12万吨/年。管道事业已有拥有一批具有一定水平的科研、设计机构。已拥有在不同条件下每年铺设500～1000公里管道的机械化施工队伍。近年来已在研究和探索固体物料输送管道和浅海、海底油气管道技术。截止2009年末，全国油气管线里程达到6.91万公里，全国油气管道运输量45598万吨，油气运输周转量2022亿吨公里。我国近80%的陆上原油、20%的成品油和95%的天然气都是由管道运输的。

水路交通

SHUILUJIAOTONG

发展中的中国水运事业

内容提要

本文主要介绍中国水运业的现状和发展的概貌。具体包括:中国水运业的概况;建国以后水运业的成就;水运经济的改革;水运业的薄弱环节和光明前景。文章的内容,从纵向看,包括从建国初期到现在35年发展的全过程以及当前达到的水平;从横向看,包括远洋运输、沿海运输、港口、内河运输,以及与运输配套的设施的发展面貌。读者通过本文,可以对中国水运业有一个全面的了解。

一、中国水运业的概况

在我国960万平方公里的国土上,流域面积在100平方公里以上的天然河流有5万多条,总长43万余公里,湖泊900多个,大多终年不冻,目前内河通航里程达10.9万公里。海域面积473万平方公里,大陆海岸线长18000公里,岛屿5000多个。优良的自然条件,四个现代化的宏伟目标,为我国水运事业的发展提供了可能性。

我国从事远洋运输的主要企业——中国远洋运输总公司,下辖上海、广州、青岛、天津、大连5个公司。还有与波兰合营的中波轮船股份有限公司,与坦桑尼亚合营的中坦联合海运公司等。从事沿海运输的有上海、广州海运管理局。从事长江干线航务管理和运输的有长江航务管理局和长江轮船总公司。从事黑龙江、松花江干线运输的有黑龙江航运管理局。各省、市、自治区凡有水运条件的也有自己的航运企业。我国沿海有大连、秦皇岛、天津、烟台、青岛、连云港、上海、宁波、温州、福州、泉州、厦门、汕头、广州、黄埔、湛江、北海、蛇口等20多个对外开放港口,还有营口、八所、海口、三亚等港口开展外贸进出口业务。在长江干线上有南通、張家港、南京、芜湖、九江、武汉、城陵矶、重庆等港口对外开放。交通部直属航务航道工程建设单位和航务勘察设计单位有4个航务工程局,4个主要从事疏浚工作的航道局及北京水运规划设计院和4个航务工程勘察设计院。中国海难救助打捞总公司在上海、广州、烟台设立了分支机构。交通部系统还有水运工业企业500多个。目前,全国水运部门已拥有170多万人的职工队伍,固定资产原值约110亿元。所有这些,为我国水上运输事业的发展打下了坚实的基础。

我国外贸物资运量中90%是通过海上运输的,一般运输费用占外贸进出口总额的7%~10%。远洋运输和沿海运输的大宗货物以煤炭、石油、铁矿石、钢铁、粮食、木材、化肥等为主。因此大力发展海运事业是十分必要的。

我国内河运输没有很好发展起来。“滔滔长江向东流,两亿人民都发愁,”就是指长江没有充分开发利用。因此,大力发展内河运输是势在必行的。

从各种运输方式货运量及其比重,各种运输方式货物周转量及其比重表中也可以看出,水上运输占有不容忽视的地位,是我国交通运输业中的重要组成部分。1983年全国水运部门完成客运量2.7亿人次,比解放初期增长16倍;完成货运量4.5亿吨,比解放初期增长16.7倍。

二、35年来水上运输业的成就

解放前夕,我国本来就非常薄弱的半殖民地半封建性质的水运事业,又遭到严重破坏,轮驳船被国民党政府劫走70%~80%,只剩下30来万吨,其中70%属几百家私营轮船业所有。个体木帆船300

来万吨,是当时水上运输的主力。航标混乱,港湾航道阻塞。远洋运输几乎完全控制在帝国主义手中,我国自有的为数极少的远洋船舶,也被国民党政府劫走或破坏殆尽,全国解放时,远洋运输业是一片空白。

建国以来,我国水运事业经过35年的建设,已初步建立了以港、航为中心的并包括通信导航、港务监督、船舶检验、航务工程、海难救助、拖航打捞、修造船工业以及航行水域的环境保护等各种配套设施的综合体系。

1. 远洋运输

中国远洋运输公司成立于1961年4月。当年挂五星红旗的远洋运输船舶只有4艘。其中客轮2艘,5000吨级货轮2艘。进入60年代以来,中国开始在自力更生的基础上,有计划、有步骤地建立和发展自己的远洋船队。进入70年代,随着外贸事业的日益发展,运力与任务的矛盾越来越突出。70年代初期,周恩来总理提出:要改变外贸运输主要依靠租用外轮的被动局面。从此,我国远洋运输船队进入了一个大发展的时期。每年约以八九十万吨的增长速度向前发展。到1981年我国远洋船舶已发展到800多万载重吨,20年增长了40多倍,承运对外贸易中我方派船运输量70%以上。目前,我国海员驾驶着自己的轮船乘风破浪,已航行到世界100多个国家和地区的469个港口。1983年远洋运输完成货运量4273万吨,货物周转量2127亿吨海里,不仅基本上扭转了过去外贸运输主要依靠租用外轮的被动局面,而且可以承揽部分第三国货载,成为我国发展对外贸易的主要力量。

目前,我国远洋船队的技术状况有很大的改善。加快了船舶汰旧更新的步伐,在购买新船及购买70年代造的旧船的同时,有计划地对一些船舶进行技术设备更新。除加强船舶保养工作外,十分重视吸取国外的先进技术和管理经验。在通信导航、船舶修理、船舶自动化等方面，与国外著名厂家建立了广泛的技术合作。我国远洋船队的技术构成也有明显的改善，除杂货船、散装船、油轮外，还增加了全集装箱船、半集装箱船、滚装船、载货驳船（子母船）、液化品船等新型和特种船舶。1983年我国国际定期班轮集装箱航线在原有的基础上，已增加到15条，其中，中国—日本、中国—美国、中国—西北欧、中国—澳大利亚、中国—西非、中国—波斯湾等集装箱航线比较活跃，集装箱运输量有较大增长。中国远洋运输公司完成的集装箱运输量约达13万标准箱，为1982年的183.7%。其中，承运中国外贸进出口集装箱货物占90.6%。

近几年，国际航运市场萧条，航运同业竞争激烈，运价大幅度下跌。为了适应新的形势，我们改善经营管理，改进经营作风，为货主提供运费低廉、装货及时、到货迅速、质量优良的服务，并积极开展船舶出租业务。我国不以打入国际航运市场为满足，正不断地探索新型管理方法，向船队现代化，经营现代化迈进。

2. 沿海运输

我国沿海运输以上海、广州为中心。交通部直属的上海海运管理局和广州海运管理局，主要承担国内沿海跨省长途客货运输。近几年来，也有部分船舶承担外贸运输。另外，沿海省、市、自治区，也有各自的海（航）运局主要从事本地区内的沿海运输和外贸运输。

我国沿海运输线是南北走向，是南北大宗物资运输的大动脉，主要担负着从大连出口到上海、江浙和华南地区的石油、粮食、木材等重点物资运输；上海到青岛、大连的百杂货运输；特别是从秦皇岛、青岛、连云港出口到上海华东、华南地区的能源运输，是一条非常重要的运输线。1983年交通部直属水运单位完成近4000万吨煤炭运输中，沿海运输约占50%以上。因此，沿海运输对于保证上海、华东和华南地区工业用煤以及人民生活用煤都发挥着极其重要的作用。

沿海运输注意到开辟新的运输业务和改善经营管理。如上海海运管理局在1982年恢复了上海到福州的定期客货班轮航线；1983年12月份，上海海运管理局和广州海运管理局开辟了分别对开的上海—广州客货定期班轮航线，1984年7月1日又开始增加挂靠厦门港。这是目前我国国内水运最长的客运航线，对于减轻铁路运输的压力和促进东南沿海的经济交流将起积极作用。广州海运局是经济效益较好的企业，他们加强与货主、港口和船舶的联系，合理调度，提高了经济效益。以天津往广州运盐为例，现在每个航次已由过去的30天缩短到20天，甚至18天，一个航次盈利几万元。

沿海集装箱运输也有不同程度的开展。例如1981年开辟了上海—大连，上海—青岛，上海—烟台，大连—烟台，大连—南通的海、江集装箱运输。1982年又开辟了上海到福州集装箱航线，上海到青岛航线上开辟了邮件集装箱运输。华南沿海的集装箱运输于1972年和1976年进行了试点，当时借用铁路的集装箱在广州—汕头航线运行。1977年广州海运局根据试点情况，结合本单位的船舶和港口装卸机械的特性，逐步摸索经验，最后设计出一种高2米、长1.8米、宽2米、容积5.9立方米、载重1.45吨的大体积箱型。几年来在广州、汕头、海口3个港口之间运行效果良好。这是华南沿海因地制宜开展集装箱运输的一种做法。

目前，我国自行设计、自行建造的各类大、中、小船舶，相继投产营运，其中有5万吨级的散货船、5万吨级油轮、3000吨级和7500吨级的客货船，已成为沿海运输的重要力量。1983年我国沿海运输完成客运量1400万人次，旅客周转量17亿人海里，分别比解放初期增长23倍和34倍；货运量8000万吨，货物周转量596亿吨海里，分别比解放初期增长17.7倍和35倍。

3. 港口

我国年货物吞吐量在10万吨以上的港口约有410个（不包括台湾省）。其中，沿海港口约有58个，内河港口约有352个，交通部直属沿海港口15个。

建国初期,沿海主要港口码头泊位仅有233个,其中万吨级泊位只有61个。50年代主要修复和改造了上海、天津及青岛等老港。1954年,我国自行设计、自行施工,到1957年,建成了有一批大、中、小泊位及相应配套设施的湛江港,成为华南两大港口之一。60年代,外贸海运量增长较快,码头泊位不足的矛盾已经暴露。1972年底我国深水泊位只有89个,泊位不足的矛盾更为突出。1973年初,周恩来总理发出"三年改变港口面貌"的号召,使我国港口建设进入了一个大发展阶段,港口投资大幅度增加。1973~1975年新建、改建码头泊位58个,到70年代末建成了50个万吨级泊位,新增吞吐能力1亿吨。到1983年底交通部直属沿海主要港口的码头泊位拥有量336个,其中万吨级海轮深水泊位达到154个,就是说三年大建港以来的11年间共建成投产使用的深水海轮泊位65个,比前20多年建成深水泊位的总和还多一倍多。比刚解放时增加了93个,增长了1.5倍。其中,包括建成一批高效率的专业化码头泊位,如大连鲇鱼湾油港建成了10万吨级和5万吨级的原油泊位;青岛港黄岛建成了5万吨级和2万吨级的原油泊位;为宝钢配套的北仑港建成了10万吨级装矿石泊位和2个5万吨级的卸矿石泊位;还有1983年投产的秦皇岛煤码头一期工程,建有一座5万吨级和一座2万吨级全长547米的码头,5个装卸机械系统组成的整套自动化流水线,每天可装1万吨级船舶3艘,全年增加煤炭装船能力1000万吨。与此同时还修建了许多通往港口的公路、铁路和管道,提高了港口后方的疏运能力,并进行了航道和港池的疏浚,使各港口的水深都有了增加。如长江口(长170公里,最宽的地方达90公里)航道,水深由-5米挖深至-7米,航道底部拓宽为250米,3万吨级船舶每天可乘潮进出。1983年交通部直属沿海主要港口货物吞吐量完成24952万吨,比解放初期增长了16倍。沿海主要港口历年货物吞吐量如下表:

沿海主要港口货物吞吐量

单位:万吨

时间 港口	1952	1965	1978	1980	1982	1983	1983 年为 1952 年的倍数
总计	14400	7181	19834	21731	23764	24952	17. 3
大连	1510	1057	2864	3263	3402	3520	23. 3
营口	180	29	33	24	27	34	1. 9
秦皇岛	1810	478	2219	2641	2870	3057	16. 9
天津	740	549	1131	1192	1287	1506	20. 4
烟台	260	98	458	506	616	650	25. 0
青岛	1750	448	2002	1708	2084	2183	12. 5
连云港	460	265	594	739	806	858	18. 7
上海	6560	3194	7955	8483	8976	9190	14. 0
宁波				326	371	483	
汕头	350	181	153	176	206	210	6. 0
黄埔	470	470	1050	1210	1513	1601	34. 1
湛江	120	220	947	1075	1139	1140	95. 0
海口	160	64	76	72	88	109	6. 8
八所		99	307	278	343	372	
三亚	30	29	45	38	36	39	13. 0

这些年,我国的港口布局也得到了改善。不仅开辟了防城、北仑、石臼所等新港,而且老港的建港范围也扩大了。建国后,老港的建设虽有很大的发展,但长时间内基本上还是在老港区内进行扩建。现在,这种状况有了重大的突破。

解放前,沿海港口的机械化装卸能力相当低。卸煤出舱,水平搬运,全凭体力。从早干到晚,累死累活,每个工班只能完成3吨左右的工作量。建国后,逐步改用船吊、岸吊等固定和流动装卸机械,每个工班效率提高到 8 吨。后又采用高效专用装卸机械，装卸效率比 50 年代初提高了几十倍。目前，我国沿海主要港口机械化装卸程度约为 90% 左右，大大减轻了装卸工人的劳动强度。

内河港口，经过 30 多年的建设，也有一定发展，特别是长江港口发展得更好一些。如长江 25 个港口中，年吞吐量 1000 万吨以上的有南京港、武汉港；500 万吨至 1000 吨的有南通港；200 万吨至 500 万吨的有安庆、芜湖、九江、马鞍山、高港、江阴、重庆、城陵矶、黄石、镇江等港。

4. 内河运输

建国初期，我国内河航道里程仅有 7 万多公里，当时完成的年货运量为 2500 万吨，机动船舶所占比重相当低，木帆船占总载重吨位的 93%。

建国后，内河航道的通航里程，最高年份达到 17.2 万公里。后因闸坝碍航，加上自然淤积，航道有所缩短。1983 年仍达到 10.9 万公里，比解放初增长 48%。在航道开发整治方面，对长江重庆至宜昌航段，从 1954 年以来，进行了较大的整治，整治主要险滩、礁石 100 多处；炸礁疏浚工程量 400 多万土石方；设置 600 多座能昼夜导航的信号标志，并实现了全部航标电器化；设置了 20 多个船舶通行信号台和 6 个雾情揭示台；针对水位急剧变化的特点，建立了水情、水位情报传递网，大大改善了航道条件，千吨级的轮驳船可以昼夜通航，四季通航，大大提高了长江上游的通过能力，比解放初期约提高了 7 倍多。京杭运河是世界上开凿较早，里程最长，工程最大的人工运河，全长 1700 多公里，至今已有 2400 多年的历史，曾经是联系我国南北经济、文化的一条纽带，在历史上作出过重大的贡献。但清末和国民党统治时期，不重视对运河的治理，运河几乎淤塞阻绝。解放后人民政府对运河进行了大规模的疏浚和整治，使古老的运河得到了新生。运河的苏北段从蔺家坝到都天庙，全长 404 公里，经过改直、加宽和中埂切除，逐步建成能通航 2000 吨级的驳船队。对珠江下游航道浅滩进行了炸礁疏浚。各省也分别对所属航道进行不同程度的整治，如广东的连江，山东的白马河，湖南的攸水、渌水等都进行了初步的整治。

解放初长江航运非常落后，长江航运局年货运量只有 232 万吨。经过 30 多年的建设，长江航运面貌有了较大变化。到 1983 年经营长江干线航运的主要企业——交通部直属长江航运管理局完成货运量 5238 万吨，比解放初增长了 21.6 倍，同时拥有 25 个机械化半机械化的港口和 1 亿 7000 多万元产值的水运工业，还有与运输生产相关的辅助设施和生活设施。长江运输和其他内河运输一样，以推行拖驳运输为主，同时正在推广分节驳顶推船队运输，最大的分节驳船队为 3 万载重吨。目前，长江轮船总公司的拖驳和顶推运输完成货运量和周转量都已占到这个企业总完成量的 90% 以上。定线、定船、定班的专线运输已占这个企业总运输量的 60% 以上。

5. 其他方面

与此同时，与港、航相配套的各种水上运输设施，也都有了相应的规模和发展。我国救助打捞业，解放初只有 1 艘船，现在已拥有各类新型打捞救助船舶 100 多艘。30 多年来，救助难船 960 多艘，打捞沉船 1090 艘，在近海和远洋成功地拖运大型钻井平台、巨型油轮和浮船坞等 660 多艘次，其中，在国外拖航 160 艘次，有力地支援了我国水运事业和沿海石油的开发。

在船舶的通信导航方面，目前已广泛使用具有较先进水平的单边带通信系统，部分船舶已开始应用卫星导航。

在水运工业方面也有很大发展，特别是 70 年代以后，明确了水运工业"修造并举，以修为主"的方针，调动了广大职工的积极性，促进了水运工业生产的发展。现在我国做到了江船江修，海船海修，基本上满足了沿海船舶和长江船舶修理的需要，并且逐步扭转了远洋船主要在国外修理的被动局面。1983年全国交通系统水运工业总产值完成10.5亿多元,其中修船产值2亿多元。中国除有修造船厂外,还有上海和广州等4个较大的港口机械修造厂,以及上海、南京2个航标厂,为水运事业提供了相当的物质装备基础。

在船舶检验技术方面,已进入国际先进行列。最近几年,已同10多个国家验船机构签订了相互代理营运中船舶检验合作协议,并同6个外国船级社订有对新建船舶进行联合检验或代理检验的合作协议。同时,已建立起一支拥有800名验船师的验船队伍,其中有部分验船师被派往20多个国家和地区,对船舶及其船用产品进行检验。

专营设计、施工的中国港湾工程公司拥有300多名经验丰富的专家、工程师,33000名工作勤奋、业务熟练的技术工人。该公司设备精良、实力雄厚,设有4个筑港公司、4家疏浚公司和一家设计公司,在马耳他、香港、澳门等地设有分支机构。除承担国内各大港口及航道工程的设计施工外,还承担国际上的港口、码头、航道疏浚、船坞、滑道、房屋建筑等工程。该公司为马耳他设计施工的30万吨级干船坞于1980年9月交付使用,许多国家的领导人和外交官员都相继去参观,表示赞赏。该公司重合同、守信用、技术强、质量好、纪律严明,以增进与各国人民之间的友谊为宗旨,为繁荣世界经济做出了努力。

总之,建国以来,我国水运事业发生了可喜的变化,取得了巨大的成绩。在发展规模和发展速度上,都是解放前无法比拟的。

三、水运经济将逐步改革

党的十一届三中全会以后,我国交通运输事业进入了一个开创新局面的时期。正深入探索如何从中国的实际情况出发,创出一条具有中国特色的社会主义的交通运输发展道路,探索如何尽快地把交通运输搞通、搞活、搞上去,更好地为我国四个现代化事业服务。

在我国广袤的土地上,2/3 是山区,1/3 是平原,各地自然条件不一,而且生产力比较低下,这就决定了我国的交通运输必然具有多层次、多形式、多渠道的特点。以往那种集中得过多过死,独家经营,人为分割等做法,不利于交通运输的发展。应从中国的实际情况出发,改革管理体制,落实"有河大家行船,港口为所有船舶服务",打破条块分割,鼓励跨地区、跨部门的联合经营,实行一系列"两条腿走路"的方针。一方面要加强统一规划和统一行政管理,使全国交通运输建设切实做到有计划地协调发展;同时,亦应避免权力过分集中,充分调动地方和企业的积极性,使他们能够在统一计划指导下,因地制宜地发展运输事业。

在新项目的建设上,国家注意调动各方面的积极性。抓好重点港口建设,同时积极支持地方建设中、小港口,鼓励货主自建码头,实行谁投资、谁经营、谁受益的方针。在坚持自力更生的原则下,按照互利、互惠的精神,继续引进外资。几年来已利用外资先后建起了秦皇岛煤码头,和正在石臼所新建煤港及上海、天津、黄埔的集装箱泊位,效果良好。

在缓和农村客货运输的紧张状况,促进农村的社会分工和商品经济的发展,扩大富民途径上,国家支持农民个人或联户从事运输业务。1983 年我国个体农民和联户购买小型船舶 1 万多条,使农村运输形势开始发生新的变化,有利于商品流通,活跃农村经济。

在提倡以国营运输为主体,集体运输为辅助,个体运输为补充的多种运输形式上,过去,我国水上运输是独家经营,别无分店,现在鼓励多种运输经济形式并存,搞活经济,调动国营、集体、个人的积极性,树立对立面,开展社会主义的竞争。现在多种运输经济形式的轮船公司相继成立,如扬子江轮船公司、深圳船务公司、重庆民生轮船公司、汕泰轮船股份公司,等等。这些公司有的是公私合营,有的是中外合营的。

在打破部门所有、地区分割、按运输经济特点组织生产上，我国水上运输由于人为的分割，造成省际间不能互通，干支间不能直达，江海间不能相连，南北海域不能互航，造成中转倒载，增加运输成本，严重地影响了水运经济效益的发挥。目前，省际间的水上运输已全部取消了各种限制和繁杂的过境手续，实现了合理的直达运输。长江干线的管理体制实行了港、航分管，成立长江航务管理局管理长江主要港口、航道、航政等；成立长江轮船总公司专门经营运输业务。沿江各省的船队均可由支流进入干线。不久前，云南、四川的船队从长江上游直达上海和江浙地区，这是建国以来少有的情况。由于打破了部门所有、地区分割，跨部门跨地区的各种形式的联运和联合经营得到了迅速发展。

在扩大企业自主权，发挥职工的积极性上，以往，我国对水上运输业统得过死，没有把企业作为一个单独的经济实体，特别是在分配制度上，捧“铁饭碗”，吃“大锅饭”，搞平均主义，以至束缚和削弱了企业和职工的积极性，缺乏内在的动力和外在的压力。目前，正在进行简政放权、政企分开的试点和进一步扩大企业自主权，建立岗位责任制以及在分配问题上探索真正符合社会主义按劳分配原则的新途径。可以预料，将会出现一个“有河大家行船，有码头大家停靠”，一家管，大家办，国营、集体、个人一起上的新局面。

把智力开发作为我国水运现代化的基础工作来抓，迎接“第三次浪潮”的挑战，这已引起我们高度的重视。当前，中国水运科研部门和大专院校，其设备和研究能力虽有一定的基础，但在人才开发、设备完善、机构健全、改进管理方面还存在相当多的问题。不改革，我们就会在新技术革命中落伍。我们要为科技人员的知识更新创造条件，要提高广大职工的文化和科学技术素质，积极开展以节能和提高经济效益为中心的科学技术的研究和推广运用工作，尽快地使科研成果转化为生产力。我们将密切注意世界有关科技发展的现状和趋势,积极开展对外经济技术合作,认真学习和研究外国交通运输的科学管理方法和一切适合中国的好经验。

四、薄弱环节

我国水上运输事业虽然取得了可喜的成就和很大发展,但由于原有基础落后,它的现状在整个国家经济中,仍然是十分突出的薄弱环节,不能适应国民经济和对外贸易发展的需要。同时,缺乏统筹安排,运输结构和布局不合理,主要表现在:

1. 港口吞吐能力不足

近年来,沿海港口能力处于超负荷状态;同时,外贸船舶到港不平衡系数大,造成压船、压车、压货的现象时有发生。港口能力不足,首先表现在泊位的数量少,特别是深水泊位更少。第二、缺少高效率、专业化的码头泊位。第三、集装箱码头不足,大量适合集装的货物未能采用集装箱运输。第四、港口疏运能力低。多数港口的疏运主要靠铁路,每年都要采取临时性紧急措施,消除港口紧张或阻塞现象。

长江干线港口,除了几个主要港口进行了程度不同的建设外,多数港口仍很落后,不能适应客货运输和沿江各省外贸口岸开放的需要。

2. 内河航运十分落后

许多水运条件优越的河流,至今未能很好开发,大多处于自然状态。航道标准不统一,没有形成统一标准的内河航道网。特别是兴修水利和水电忽视通航的需要,造成碍航闸坝多,以至货物运输中转倒载多;加之大多数内河港口利用天然岸坡装卸,机械化程度很低。不能很好体现内河运输量大、运价低廉的优点。

煤炭运输特别是卸煤能力和外贸物资进出口疏运,以及旅客运输仍相当紧张，某些方面仍然是发展国民经济的制约因素。

五、发展前景

以上问题和薄弱环节，还需要经过较长时间的努力，方能很好解决。党的十二大提出了在本世纪末力争使我国工农业年总产值翻两番的战略目标，并把交通运输列为经济建设的战略重点。这为我国交通运输的发展提出了明确的任务和展示了光明的前景。根据中央制定的前10年主要是打好基础、积蓄力量、创造条件，后10年开创一个新的经济振兴时期的战略部署，水上运输前10年应根据我国经济布局和运输自然资源条件，鼓励航运，支持航运，统筹规划，合理布局，为调整运输结构，逐步建立各种运输方式协调发展的综合运输网打好基础。

“六五”计划是实现前10年发展目标的基础。国家对交通运输“六五”计划确定，重点是加强港口和内河航运建设，特别是加强海轮码头的建设和技术改造。

在这期间水上运输的发展，主要依靠现有企业进行技术改造，努力提高运输效率和经济效益，迅速提高沿海港口通过能力，相应地增加船舶运力，积极发展远洋和沿海运输。要充分利用内河水运，使运输结构日趋合理，水运优势得以发挥，以适应整个国民经济建设事业发展的需要。

“六五”计划期间，要进一步把港口建设搞上去。发展港口既要大力建设新港口、新泊位、又要加强原有港口的技术改造，大幅度地提高港口吞吐能力。“六五”期间，我国将在大连、秦皇岛、天津、青岛、石臼所、连云港、上海、黄埔、湛江等15个港口建设一批深水泊位。其中包括秦皇岛、石臼所港的煤炭装船泊位，北仑、湛江港的矿石装卸泊位等。经过5年的建设，全国沿海港口将增加吞吐能力1亿吨。

“六五”期间，要加强内河航运管理和规划建设工作，着手解决内河航道碍航闸坝问题。重点是继续进行长江干流、京杭运河和西江等内河航道建设。

“六五”期间,长江干流通过技术改造,扩大浦口、武汉和枝城港的煤炭转运码头,提高长江港口煤炭装船能力。扩大黄石、武汉、九江、芜湖等港口,改建、扩建客运码头,发展客运。建设武汉、南京、上海等港口分节驳锚地。

京杭运河,主要是疏浚江苏徐州至扬州段航道,增设复线船闸,扩建煤港等,提高船舶通过能力,使徐州至扬州段的运煤能力增加一倍。

西江主要是整治广西贵县至广州 575 公里航道。争取“七五”计划期间使千吨级驳船队由贵县港直达广州。

正在进行建设的昌江渠化工程、湘江航道工程、钱塘江沟通工程亦在加紧进行。

1981 ~ 1985 年,还将更新增加沿海船舶、远洋船舶、长江轮驳船,共 600 多万吨;增加客货轮 6 万多客位,增加现有航线客轮班次,增辟新的客运航线。到 1985 年,水运轮驳船货运量预计将比 1980 年增长 16.4%;货物周转量预计将比 1980 年增长 12%;沿海港口吞吐量预计将比 1980 年增长 19.6%。

“七五”计划和后 10 年的设想将适应我国工农业年总产值翻两番的要求。继续加快港口、内河航道建设,增加船舶运输工具,不断改进船舶技术性能和船舶类型的构成,积极采用推广集装箱运输、成组运输、散装运输和分节驳顶推运输船队等先进的运输方式,适应新技术革命的要求,加速技术进步,争取水运有更快更大的发展。

我国是发展中的国家,国家大、人口多、底子薄,即便到 2000 年,水运有了很大的发展,但总的水平与世界先进国家相比仍然会有不小的差距。但我们有信心,有能力,争取在不太长的时间内,把我国内河和海运事业搞上去。

(本文的英译稿原载于英国《运输》杂志 1987 年第 7 期)

附：刊载于英国《运输》杂志 1987 年第 7 期的英文译文

The development of water transport in China

By WEI QIYU

ABSTRACT

This article gives the general picture of the present situation and development of water transport in China. It outlines the size of the problems, the organizations concerned and achievements since 1949. It contains, on the one hand, the description of the whole development of transport by this mode from the founding of People's China to the present, and, on the other hand, the introduction of ocean-going and coastal shipping, ports, inland water transport and other equipment. The paper describes the economic reformation of water transport now being undertaken, the shortcomings at the present time and our vision of the future.

---

§ 1. THE GENERAL PICTURE

Within the territory of China, covering an area of 9.60 million square kilometers, there are more than 50000 natural rivers each with a catchment area of more than one hundred square kilometers. Most of them are ice-free rivers all the year round. At present, about 109000 km of these rivers are being used for inland navigation. We have about 900 lakes and a coastline of more than 18000km. There are more than 5000 islands or islets along the coast.

The Ministry of Communications is centrally responsible for policy and development of water transport. The main state enterprise for ocean-going transport is the China Ocean Shipping Company, with five sub-companies in Shanghai, Guangzhou, Qingdao, Tianjin and Dalian. We have two Companies in cooperation with foreigners: the Chinese Polish Joint Stock Shipping Company and the Chinese Tanzania Joint Shipping Company. The Shanghai Bureau of Maritime Transportation and the Guangzhou Bureau of Maritime Transportation are responsible for coastal navigation.

As for inland waters, the Changjiang Bureau of Shipping Cooperation and Changjiang Shipping Company are responsible for river transport along the main line of the Changjiang, and the Heilongjiang. Navigational Administration is engaged in transport along the heilongjiang and Songhuajiang. Most provinces, municipalities and autonomous regions have their own transport enterprises, where water conditions are suitable for navigation in their districts.

There are more than twenty ports opening to the outside world and developing import and export trade with foreigners. There are also many important ports open to foreign ships on the main line of the Changjiang river. These ports are listed in the Appendix.

For design and construction works in connection with harbour engineering, there are four engineering bureaus and four design institutes situated in Tianjin, Shanghai, Wuhan and Guangzhou, all directly subordinate to the Ministry of Communications. The Institute of Planning and Design for Water Transportation of the Ministry of Communications is in Beijing. For salvage work, the China Salvage Company controls three sub – companies situated in Shanghai, Tianjin and Guangzhou. There are also about 500 enterprises, distributed in various districts, under the control of the Ministry of Communications.

At present, there are altogether 1.70 million workers and staff in all water transport departments, and the fixed assets are valued at about 11.0 billion yuan(3.2 yuan = 1US $).

In the import and export trade, nearly 90% of various materials and goods is transported by sea. Transport costs represents 7% ~ 10% of the total value of materials. Most of the goods transported by ocean – going and sea-going vessels are coal, petroleum, iron ore, steel, provisions, wood and fertilizer.

The Changjiang is the greatest river in China, and is world famous, but it has been said that it surges forward wastefully to the east. How to develop the resources available for water transport so that it can make its proper contribution to industrial and agricultural production and distribution is an urgent problem.

Water transport already carries a significant share of traffic. Table 1 compares it with other transport modes.

§2. THE FIRST 35 YEARS

On the eve of liberation (1949), the water transport industry was virtually destroyed. 70% ~ 80% of all ships and barges wer seized by the Kuomingtang. Most of what remained belonged to several hundred private owners. Just after liberation wood junks, totaling three million tons, were the main means of water transport. The navigation marks were very poor, and most harbours and waterways were blocked. As to ocean – going traffic, most of the ships were controlled by foreigners and the rest were destroyed or taken by the Kuomingtang. So what we had was only a blank piece of paper.

The following pages describe what has been done to develop water transport since the founding of The People' s Republic of China.

2.1. *Ocean – going transport*

The China Ocean Shipping Company was set up in 1961. At that time only four Chinese ships (two passenger and two 5000-ton cargo ships) set sail for other countries under the five-star flag.

We began gradually establishing and developing our own ocean-going ships on the foundation of self-reliance. In the seventies, owing to the swift development of import and export traffic in our countuy, the conflicts between shipping capacity and the volume of cargoes became increasingly acute. In 1973 the late premier Zhow En Lai said, "We must end this passive situation of depending on chartering, and begin to build our own ships." We then started building our own ocean-going ships, reaching 800000 tons per year. In 1978 our ships carried 36 million tons of cargo (134 billion ton-sea miles). By 1981 our own ocean-going ships amounted to 8 million tons gross deadweight, about forty times the figure twenty years before. Now we may carry more than 70% of all import and export traffic in our own ships, and we serve nearly 500 sea ports in more than 100 countries. In 1984, we transported 49 millions tons of various goods by our own ships (230 billion ton-sea miles). Now, not. only have we put an end to the passive state of hiring foreign ships, but we also contract freight from third countries. Our own ocean-going fleet has become an important force to develop our foreign trade.

We are speeding up the renewal of old ships and equipment and bringing in new ones. We are putting stress on maintenance of all ships, and watching the development of technology and management experience of other corntries. We have established widespred technical cooperation with foreign firms on ship repairing, automation, communications and navigation aids. The classification of our ocean-going fleet has also improved notably. We have supplemented the general cargo ships, bulk carriers and tankers with many other new ships, such as full and semi-container ships, roll-on, roll-off, barge-carrying and liquid-cargo ships, and ships for special cargo. In 1983, we opened up in all fifteen international scheduled container lines weth other countries or districts; lines to Japan, America, north-west Europe, Australia, Hongkong, West Africa and the Persian Gulf were developed vigorously. In 1984 the China Ocean Shipping Company reached a volume of 220000 standard containers, about 90% in foreign trade, an increase of 66% over 1983.

In recent years, international trade has been in a period of depression, with acute competition between operators and transport rates dropping sharply. To meet this situation, we have made even greater efforts to improve management and administration and, at the same time, to provide good service for cargo – owners, to maintain our reputation for reliability in dispatch and delivery at competitive prices; and sometimes wee lease out our ships. We are not satisfied with merely entering the international navigation markets. We are constantly seeking the newest management methods appropriate for a modern fleet.

2.2. *Coastal shipping*

Shanghai and Guangzhou are the centres for developing coastal shipping. The Shanghai Bureau of Maritime Transportation and the Guangzhou Bureau of Maritime Transportation undertake the trans-regional long-distance domestic transport along the coast. In recent years, many ships belonging to other departments have been approved to take part in this traffic. Moreover, all coastal provinces, municipalities and autonomous regions may have their own vessels transporting passengers and goods within a defined district.

The direction of our coastal route is mainly from south/north. The major cargoes transported from Dalian to Shanghai, Jiangsu or Zhejiang and further south are petroleum, provisions and timber, and from Shanghai to Dalian or Qingdao are mainly general cargoes. There is also an important line for transporting coal from Qinhuangdao, Qingdao and Lianyungang to Shanghai or the southern districts of China. In 1984, various departments directly subordinate to the Ministry of Communications transported 170 million tons of goods, of which about 40% was by coastal shipping. This illustrates the importance of coastal shipping in ensuring the necessities of industrial and domestic coal for Shanghai, eastern and southern China.

We have opened up new shipping traffic and improved management and administration. The Shanghai Bureau of Maritime Transportation restored the scheduled passenger and freight line from Shanghai to Fuzhou in 1982. In December 1983, the Shanghai Bureau of Martime Transportation and the Guangzhou Bureau of Maritime Transportation jointly opened up a new scheduled line between Shanghai and Guangzhou, and from July of 1984 they began to call at Xiamen. This is the longest passenger line in the Chinese domestic water transport. With those measures the burden on railways has been greatly lightened and the industrial and agricultural exchange between south China and eastern China has been actively built up. The Guangzhou Bureau of Maritime Transportation is a particularly successful enterprise. By keeping close links with cargo-owners, port authorities and shipping operators, as well as by good service, it has gained more profits than others.

Container traffic has also been developed over the last few years. In 1981, we opened up Shanghai-Dalian, Shanghai-Qingdao, Shanghai-Yantai, Dalian-Yantai and Dalian-Nantong lines. In 1982, we opened another line from Shanghai to Fuzhou. For the coastal shipping in south China, we conducted tests at selected points (1972 – 1976). In the beginning we used railway containers for water transport between Guangzhou and Shantou. In 1977, according to experience from tests and taking into consideration the characteristics of ships' and ports' handling machines, the Guangzhou Bureau of Maritime Transportation adopted a special configuration of containers for use on domestic services: 2 metres high, 1.8 metres wide and 2 metres long, with a volume of 5.9 cubic metres and a loading capacity of 1.45 tons. We have adopted these containers for the Guangzhou-Shantou and Guangzhou-Haikou lines for many years, with good results.

By 1985, large numbers of ships of all sizes, designed and built by our own industry, had been brought into operation, including bulk carriers and tankers of the 50000 – ton class. In 1983, we achieved 14 million passenger trips or 1.7 billion passenger-sea miles (respectively 24 and 35 times the figures in the earlier period of liberation) and 80 million tons of freight or 59.6 billion ton-sea miles, 18.7 and 36 times the figures just after liberation.

2.3. *Ports*

In our country there are 410 ports with a yearly freight turnover not less than 100000 tonnes (not including Taiwan). Of these ports, 58 are sea ports and the rest are on inland waterways. Fifteen of the sea ports are directly subordinate to the Ministry of Communications.

Just after the founding of People's China, there were only 233 berths in all coastal ports, of which only 61 berths were of the 10000 ton class. In the early fifties we repaired and reconstructed some wharves for the old ports of Shanghai, Tianjin and Qingdao. In 1954, we commenced building a new port in Zhanjiang composed of a group of large, medium and small wharves, with complete sets of facilities and equipment, which became an important port in south China. Up to the sixties, owing to the rapid development of our import and export trade, the conflict between the growing traffic and the number of berths became increasingly acute. In 1972, only 89 deepwater wharves could be used for berthing and our late premier Zhow En Lai stated early in 1973, 'We must have a new look at harbour construction within three years.' Since then we have started harbour construction works on a large scale. The government assigned a vast sum of investment to this construction and from 1973 to 1975, altogether 58 new wharves or rebuilt wharves were under construction. Up to the end of the seventies 50 new deepwater berths capable of taking ships of more than 10000 tons each were put into operation, with turnover capacity increasing to 100 million tons. At the end of 1983, the main coastal ports directly subordinate to the Ministry of Communications owned altogether 336 berths, in which deepwater water berths of 10000 tons amounted to 154: the 65 deepwater berths built in eleven years represented more than twice that built in the twenty preceding years. Amongst those new wharves, some are specialized marine terminals with a higher level, such as the Nianyuwan petroleum berths in Dalian, including some berths of the 100000 – ton and 50000 – ton class (shown in fig. 2). In Qingdao we have built some petroleum berths of 50000 tons and some of 20000 tons. For the supply of raw materials to Pao – Shan Steel Complex, we selected Beilungang as a transit port for loading and unloading ore materials. We have built one ore – loading berth of the 100000 – ton class and two of the 50000 – ton class.

For the port of Qinhuangdao, we completed the first stage of construction in 1983 including one coal wharf of 50000 tons and another one of 20000 tons, with a total length of 540 metres, and five sets of mechanized cargo-handling systems, fitted with automatic assembly lines. Now the loading capacity of coal is suitable for three ships of 10000 tons a day, increasing the volume of coal export by 10 million tons a year. In the meantime, many highways, railroads and pipelines leading to the port were constructed, thus forming a complete transport network. The navigation channel and harbour basin were deepened also.

To promote freight capacity the harbour basin or channel has been deepened for many ports. For instance, the navigation channel of the Changjiang estuary, with a length of 170 km, has been deepened from 5.0 to 7.0m, and the bottom width of channel has been widened to 250 m so that a ship of 30000 tons may now pass through the channel on the tide. In 1983, freight handled by the coastal ports directly subordinate to the Ministry of Communications was 249.52 million tons, nearly 17 times the figure just after liberation. Figures for the main coastal ports over the years are shown in table.

The distribution of our sea ports has been improved in recent years. As well as enlarging our old ports, we have opened up some entirely new ones, such as Fangcheng, Beilun and Shijiusuo, along the coast since 1982.

Table Freight handled at the main coastal ports (thousand tonnes).

Ports	1952	1978	1980	1982	1983	1983/1952
Basu		3070	2780	3430	3720	
Dalian	1510	28640	32630	34020	35200	23.3
Haikou	160	760	720	880	1090	6.8
Huangpu	470	10500	12100	15130	16010	34.1
Lianyungang	460	5940	7390	8060	8580	18.7
Ningpo			3260	3710	4830	
Qingdao	1750	20020	17080	20840	21830	12.5
Qinhuangdao	1810	22190	26410	28700	30570	16.9
Sanya	30	450	380	360	390	13.0
Shanghai	6560	79550	84830	89760	91900	14.0
Shantou	350	1530	1760	2060	2100	6.0
Tianjin	740	11310	11920	12870	15060	20.4
Yantai	260	4580	5060	6160	6500	25.0
Yingkou	180	330	240	270	340	1.9
Zhangjiang	120	9470	10750	11390	11400	95.0
Total	14400	198340	217310	237640	249520	17.3

Before liberation, the technical competence of mechanized cargo-handling systems was very low. For example, the transhipment of coal from ships' holds relied entirely on the workers' physical strength. The productivity of each man-shift was only 3 tons, though they worked themselves to the bone. This has been changed since liberation. In the early stage, by utilizing ship gears or fixed or moving cranes on shore, the productivity of cargo-handling rose to 8 tons per man-shift. We then began to use improved specialized equipment for cargo-handling, with an efficiency more than ten times that of the fifties. Now, about 90% of cargo-handling is fully mechanized.

2.4. *Inland water transport*

In the early period of new China, the navigable length of waterways was 70000 km, and the yearly volume of traffic was about 25 million tons. There were few motor-driven boats; nearly 93% of all vessels used sails.

The greatest navigable length reached 172000 km some years after liberation, but owing to the building of river dams and serious silting, the total length has declined to 109000 km.

For river regulation works emphasis is placed on the main line of the Changjiang from Chongqing to Yichang. We have carried out regulation work on a large scale, with more than one hundred locations of shoals and reefs cleared up, and the total earth moved by reef blasting and dredging was more than 4 million cubic metres.

At the same time, we have taken measures to help navigation, including 600 sets of signal marks, completely electric-powered day and night, twenty signal stations, and six fog indicators. In view of the rapid fluctuation of the river depth within the reach, we have set up a new information exchange system for transmitting data of water flow and depth measurements. Now the navigable conditions for the upper reaches of the Changjiang are greatly improved, and the passenger-freight liners pass over the difficult watercourse day and night at all seasons. The traffic capacity is nearly eight times what it was before liberation.

Jing – Hang (Beijing to Hangzhou) Great Canal is a world famous inland canal. It was excavated by hand about 2400 years ago. Its total length was more than 1700 km, forming the longest artificial canal in the world. Years ago this canal was used for economic and cultural exchange between north and south China, making great contributions to humankind in history. But in the Qing Dynasty and in the period dominated by the Kuomingtang, the canal fell into serions disrepair. The central government of New China commenced dredging and regulation work on a large scale and gave this old canal new life. At present, from Lingjiaba to Zhenjiang, situated in the northern half part of Jiangsu Province, the navigation channel with a length of 404 km has been straightened, widened and deepened. Many newly built, modern-ized navigation locks are in operation and the canal can now take barge fleets carrying 2000 tons of goods.

Many other provinces are striving to improve the navigation conditions in their own districts, such as the Lianjiang in Guangdong, Beima River in Shandong, and the Yanshui and Lushui in Hunan.

Transport business in Changjiang was low just after liberation. The yearly volume of traffic of Changjiang Bureau of Shipping Cooperation was only 2. 32 million tons. Improved management and navigation conditions transformed the situation. In 1983, the major enterprise Changjiang Bureau of Shipping Cooperation, directly subordinate to the Ministry of Communications, carried 52. 38 million tons of freight traffic, nearly 23 times the figure before liberation. Now this enterprise is in control of 25 river ports, fully mechanized or semi-mechanized, with 170 million yuan output value. The formation of barge transport along the Changjiang is similar to some other inland waterways, with barge tows as the main means, and at the same time we are spreading a new way of transport by integrated barge trains. At present the greatest integrated tows can take 30000 tons of cargo. The volume of traffic transported by barge tows and integrated tows belonging to the Changjiang Shipping Company is more than 90% of the total amount of freight transport on the river.

The inland riverports in our country have been developed steadily since liberation, especially the ports along the Changjiang. Of the 25 ports along the Changjiang there are two, Nanjing and Wuhan, whose yearly turnover exceeds 10 million tons; of the rest, Nantong has reached 5 – 10 million tons and Anging, Wuhu, Chongqing, Jinjiang and Zhenjiang, 2 – 5 million tons.

2.5. *Miscellaneous*

There was only one salvage boat just after liberation; now there are more than 100. During the past thirty years we have rescued 960 ships from wreck and salvaged more than 1000 sunken ships. Along the coast or on the open sea we have towed 660 giant off – shore platforms, tankers and floating dry docks, about 160 being for other countries.

As for ship's communications and navigation instruments, we use advanced single – beam communication systems, and some ships have satellite equipments.

When we started large scale ship – building (after 1970) we adopted the policy of rpairing ships and building ships simultaneously, with emphasis on repair work. Now we repair river vessels in inland shipyards and sea-going vessels in sea ports. This aims at meeting the needs of all sea-going and inland water vessels, putting an end to the passive situation of having our ocean-going vessels repaired in other countries. Many enterprises directly subordinate to the Ministry of Communications are distributed on the waterfront of Changjiang, and they will undertake repair work for all medium and small ships navigating the Changjiang. In 1984, the gross output value of all state enterprises in water transport was 1200 million yuan, of which more than 200 million yuan was ship-repairing. There are four port equipment manufacturing plants in Shanghai and Nanjing.

In regard to inspection of ships and ships' stores, we have joined the international ranks. In recent years, we have signed cooperation agreements with more than ten foreign countries, including the UK, USA and France. We have also reached agreements with the authorities in six countries for combining inspection or acting as agents in the case of new ships. We now have a strong team of nearly 800 experienced engineers on this work in China and elsewhere.

The China Harbour Engineering Company is a specialized agency for harbour design and construction and has more than 3000 highly experienced specialists and engineers, as well as nearly 30000 skilled workers. It has four harbour construction sub-companies and four dredging sub-companies, as well as a specialized design institute, under its charge. In Malta, Hongkong etc. we have set up new sub – companies. With excellent equipment and abundant funds, the company may undertake any design and construction works in relation to harbours and waterways, including terminals, navigation channels, dry docks, shipways and auxiliary works. A dry dock for repairing and building 300000 – ton tankers (fig. 3) has been built for Malta (1980). Many foreign leaders have visited this dock, and expressed their admiration of it. This company has won the confidence of its customers by its reliability and the high quality of its products. We are trying to do our best to promote further mutual understanding and friendship between the peoples of all countries and make a contribution to the economic prosperity of the world.

§3. RECENT POLICY REFORM

The considerable achievements described so far in this paper are, however, not enough. Since the third plenary Session of the Chinese Communist Party's 11th Central Committee (1979), our transport policy has entered a new stage. We are investigating in depth how we can develop socialist transport enterprises so that transport can better serve the needs of modernization in agriculture, industry, national defence, and science and technology.

Of our vast territory about two – thirds is mountainous and only one – third is plain, and the natural conditions of various districts are quite different. Productive capacity is still at a low level. We therefore decided to develop by way of 'multi – levels, multi – forms and multi – methods'. We now understand that our previous normal practice of concentrating everything inflexibly in state – run enterprises and then establishing many management organizations is no longer the best way for transport business. We must reform the administrative system and develop new policies. For water transport our aim is that 'any ship may sail in any river, and any port may serve it'. We should put an end to artificial restrictions and encourage cooperation across districts or across departments. In brief, we must implement a policy of 'walking on two legs', that is, the enterprises run by the central government should be in balance with those run by local authorities or individuals. In future the state will give effective leadership so as to speed up the development of transport business in a planned and coordinated way, while avoiding excessive concentration of power in the central government. Localities or local enterprises may bring every positive factor into play and develop their transport business in line with local conditions.

On the construction of new projects, the central government may still pay attention to some key ports, while many other medium or small ports are to be constructed by the localities, if necessary with central government support. Furthermore, cargo – owners may be encouraged to build their own terminals under the policy of 'He who invests, operates and gets profits'.

Keeping the principle of self – reliance will help to attract foreign investment on a mutually beneficial basis. The coal wharf at Qinghuangdao already mentioned used Japanese investment, and many other terminals, such as the coal wharves in Shijiusou, the container berths in Shanghai, Tianjin and Huangpu, are similarly under construction.

To improve rural transport and stimulate the development of a commodity economy, as well as to raise the standards of living of the peasants as quickly as possible, the state will support individual peasants or combined households taking part in transport business. In 1983, individual peasants and combined households bought more than 10000 small cargo boats. This greatly improved water transport in rural districts, made for much better distribution of commodeties, and generally benefits the rural economy.

It was proposed many years ago that, with state-run enterprises in the main role, collective enterprises should also play an important part and individuals might fill the gaps. But this policy was not carried out very well over the years and water transport was run by state enterprises without exception. Thes situation is being changed. Collective enterprises and individuals will be encouraged to bring their initiative into full play. Transport enterprises will take many forms in a mixed economy. We shall create further variety to encourage mutual competition. Many shipping companies, such as the Yangzhijiang Shipping Company, Sengzheng Shipping Cooperation and Santai Shipping Stock Company, have been set up since 1983. The last cooperates with a company from Thailand.

In the past, owing to man-made isolation there were many obstructions to the smooth flow of goods. Through traffic could not be carried between province and province, between main rivers and branches, between sea and river, nor even between north sea and south sea. All goods had to be transhipped or redelivered at unnecessarily high cost. All those restrictions and the tedious requirements for transit cargoes imposed by various provinces have been abolished, and a reasonable through traffic now flows. On the main line of the Changjiang the management system has been reformed. For clear division of duties relating to the ports and navigation business, the Changjiang Bureau of Shipping Cooperation is in charge of the construction of ports, waterways and navigation facilities, while the Changjiang Shipping Company provides the transport services conveying passengers and goods. Furthermore, all provinces along the Changjiang. may have their own vessels sailing freely from the branch rivers to the Changjiang Several fleets belonging to Yunnan and Sichuan run from the upper reaches of the Changjiang directly to Shanghai, Jiangsu or Zhejiang.

Our attitude towards responsibilities and decision-making in the water transport business used to be excessively rigid. Enterprises were not considered as accounting units. Especially on distribution, we substantially followed a policy of equalitarian-ism, with the result that everybody fell into the habit of 'holding an iron bowl and having the same meal from a big pot'. Without exception, the initiative of the enterprises and enthusiasm of workers was greatly fettered and weakened by lack of internal incentives and by external pressures. Now we shall simplify administration, expand the decision-making power of local authorities, separate the political leadership from business management, carry out a system of personal responsibility, in line with the principle of socialism: 'to cach man according to his work'. This way everyone, including state enterprises, collective enterprises and individuals, will work together for the development of water transport.

For meeting the challenge of the third industrial revolution, it is important to develop intellectual resources, as a foundation for modernizing water transport business. Although some scientific institutes, colleges and universities have some advanced equipment and considerable technical personnel, we still face considerable difficulties on the development of individuals, the improvement of equipment, the perfecting of organizations and the promotion of management methods. It is time to reform, or we may fall behind the ranks of technical revolution. Scientific and technical personnel must be enabled to renew their knowledge, promote the cultural and scientific quality of the widespread workers, and apply scientific and technical research in our production, in particular to the reduction of energy consumption and improvement in efficiency. This involves close attention to the new scientific and technological developments and achievements in the world and, at the same time, efforts to promote economic cooperation and technical exchange with foreign countries.

§4. CURRENT DEFICIENCIES

Although we have made a great step forward for the development of water transport, its original foundation was too weak and it is still the soft underbelly in the whole national economy. Such a situation is far from meeting the needs of our domestic traffic and foreign trade. Looking at the situation, there are these main deficiencies in addition to the major problem of improving economic efficiency:

4.1 *Coastal*

In recent years the throughput of coastal ports has constantly been overburdened. This, combined with the unbalanced arrival times of foreign ships, means serious demurrage of ships, trains and cargoes. The deficiency in port capacity showed itself in the following ways. First, the number of berths, especially deepwater berths, was inadequate to meet demand. Secondly, there was a shortage of efficient and specialized berths. Thirdly, the container berths were not enough to meet the needs of the container trade. And, lastly, the efficiency of dispatch was still low. In our ports dispatch is mainly dependent on the railways and emergency measures have been needed every year to reduce congestion.

4.2 *Inland*

We have many natural rivers with excellent conditions, but they are not sufficiently developed. Specifications for an inland water transport network have not yet been drawn up. Many hydraulic projects have been built across rivers, but owing to lack of navigation locks or lifts, cargoes or passengers must be transhipped there. Many inland ports remain much as they have always been, with a low level of mechanization. Thus, water transport with its large carrying capacity and low freight rate cannot show its full potential.

On the main line of the Changjiang, some larger ports have been reconstructed to some degree, but the others are still in a backward condition. They cannot play the part they should in transport development and the external trade of various provinces.

4.3 *Transport capacity*

The transporting of coal, especially the unloading of coal, and the transporting of materials and passengers is still inadequate, with the result that the development of the national economy has been impeded.

§5. PROSPECTS

It may require a long time to substantially overcome all these deficiencies. The Party's Twelfth congress (1982) proposed that we should make every effort to attain the goal of quadrupling the nation's gross annual value of industrial and agricultural production by the turn of this century and that, at the same time, the development of transport should be considered as a strategic task for the national economy. According to the policy set by the central government we should consolidate the foundations of transport ,build up our strength and create favourable conditions within the first ten years, and then initiate overall socialist construction for the later ten years.

The Sixth Five – Year Plan (1981 – 1985) is the foundation for the development of water transport in the first tan years. According to this Plan, primary emphasis has been placed on the construction and technical reconstruction of major ports, especially the key coastal ports, and inland waterways.

In this, the development of water transport has been mainly dependent on the existing enterprises to carry out technical renovation in order to meet the needs of the overall development of our socialist economy. This has involved work to enhance the throughput capacity of coastal ports, to increase ships' carrying capacity, and to expand ocean-going and sea – going transport business.

In this period we have constructed and are constructing more than 100 new deepwater berths in the following coastal ports: Dalian, Qinhuangdao, Tianjin, Qingdao, Shijiusou, Lianyungang, Beilungang, Shanghai, Huangpu and Zhenjiang, in which the key projects are coal-loading wharves in Qinhuangdao and Shijiusou, and ore loading and unloading terminals in Beilungang and Zhanjiang. (We have described some of these earlier in this paper). Cargo handled in coastal ports and harbour rose from 198.34 million tons in 1978 to 275.5 million tons in 1984.

The Plan has also put emphasis on the development of the main lines of the Changjiang, the Great Canal and the Xijiang. For the main line of the Changjiang the coal wharves in Puke, Wuhan and Zhichenggang have been reconstructed to promote the coal loading and unloading capacity. Further, the passenger wharves in Huangshi, Wuhan, Jinjiang and Wuhu have been enlarged and improved. Road steads for integrated barges have been constructed in Wuhan, Nanjing and Shanghai.

For the Great Canal, dredging Works from Xuzhou to Yangzhou have been carried out, and the lockage capacity increased by building double locks. Some coal wharves are being reconstructed along the canal. The coal – carrying capacity from Xuzhou to Yanghzou doubled from 1981 to 1985.

Regulation of the Xijiang is also in our Plan. It runs from Guixian to Guangshou, with a total length of 575 km. According to the Plan, a fleet of 1000 – ton barges will use this river. Stepped development of the Chongjiang (in Jiangxi Provinces) and regulation of the Xiangjiang (in Hunan Province), as well as the link – up works of the Qiantangjiang are all under rapid construction.

From 1981 to 1985, new ships have been added to the coastal, ocean-going, and main lines of the Changjiang, with a total tonnage of more than six million. Passenger ships are also being increased, providing 60000 more berths, and at the same time we will increase the number of runs and open up some new lines. It is anticipated that in 1985 the volume of barge traffic will increase by 16.4% over 1980, the volume of turnover by 12%, and the total tonnage of cargoes transported through the coastal ports will be 19.6% higher.

For the Seventh Five – Year Plan (1980 – 90), we aim to develop water transport to meet the needs of quadrupling the nation's gross annual value of industrial and agricultural production by the year 2000. This will need intensifying the work described in this paper and keeping pace with the development of new technology in the hope of making further improvements.

Our country is a developing country with a vast territory and crowded population, but still poor. Even if we achieve considerable success in the development of water transport up to the end of this century, we shall still have a long way to go. But we have confidence that our industry is on the right course to play its full part in the expansion of our country's prosperity.

世界的内河水道和水道工程

本文译自《大英百科全书·运河和内河水道》部分，它全面系统地介绍了世界各国的内河水道和运河发展的历史过程；水道工程的设计、施工和维护；世界上主要水道运输网的现状、经营管理及其在经济上的重要意义。这对了解世界内河水道的情况和发展水平是颇有帮助的。

尽管空中和陆上运输工具在技术上不断进步，内河水道仍然起着重要的作用，并且在许多地区实际上还在发展。本文将追溯从古至今运河建设的历史，叙述建设和营运管理上所使用的工程技术，以及全世界主要内河水道和水道网。

内河水道运输，可以利用天然通航河流，或渠化通航河流（包括疏浚和护岸工程），以及称之为运河的人工水道。许多内河水道是多用途的，除供航运外，还可供灌溉、排水、供水和水力发电。由于陆上地形的起伏，特别是水位的变化，许多河流要进行治理，以达到充分通航，从而使得船舶可从一个水位行驶到另一个水位。主要的治理方法是采用船闸，它的发展，对工业革命和现代化工业社会，都作出了重要的贡献。

对各类货物，特别是散装货物，如谷物、煤炭和矿石，内河水道运输较之其他任何运输方式仍然是比较经济的。因此，采用最新的助航设施和牵引方式的现代化的内河水道，横穿北美、欧洲和亚洲的大片大陆，在经济上起着日益重要的作用，就不足为奇了。

一、历史

古代的大多数天然河流的改善工程和人工水道的建筑,是为了灌溉的目的。在公元前7世纪,亚述国王森纳查里布曾建筑了一条长80公里(50英里)、宽20米(66英尺)块石衬砌的渠道,以便将新鲜的水从巴维亚引到尼内韦。根据当地幸存下来的一块金属板的记载,这一工程包括一个石砌的长300码(274米)的渡槽,其建设时间为1年零3个月。这一工程还采用了令人惊奇的先进技术,它包括一个具有泄水闸门的堤坝,用以调节贮存的水流。腓尼基人、亚述人、萨摩人和埃及人,都建筑了精心设计的运河系统。在这一时期中,最为壮观的运河可能是纳赫拉文运河,宽为400英尺(120米),长200英里(335公里),为相邻的萨马拉至阿尔库特提供了全年的航运,其水源是从底格里斯河筑坝拦蓄后流过来的。已知在巴比伦曾建筑了许多精心设计的运河,在埃及,曾筑坝控制尼罗河的洪水,并在其流域建立了一个广阔的灌溉系统。波斯国王达卢斯曾在公元前5世纪开挖了一条从尼罗河到红海的运河。为了进行军事运输,罗马人在法国、意大利、荷兰和英国,认真建立了一个十分广阔的天然河流控制和运河系统,高卢军团渠化了罗纳河的一个河口,以保护其海外的供给线。在公元1世纪,罗马执政官马库斯·利渥斯·德鲁苏斯,在莱茵河和伊萨尔之间开挖了一条运河,以宣泄莱茵河过剩的水量。同时,罗马的将军科巴罗以一条23英里长的运河,将莱茵河与默兹河连接起来,以避开由德国通向海岸的多风暴的北海航线。罗马人为了开垦英格兰的沼泽地区,用一条25英里长的运河将肯姆河与乌塞连接起来,用一条25英里长的运河将威塞姆河与内尼连接起来,用福斯渠道将威塞姆河与特伦连接起来,这些运河至今仍在使用。

在欧洲和中东以外,在公元前3世纪至公元1世纪,中国人建筑了令人钦佩的运河。突出的有广西的灵渠;长安(今西安)至黄河的运河;以及河南省的汴渠。此后,是最为宏伟的南北大运河的建设,运河的第一段600英里,是在公元610年建成通航。这条运河可将长江下游和淮河的粮食,运往开封和洛阳。这些运河比降平缓,大约每隔3英里有一个用石头和木材作闸座的单闸门,闸座上有垂直的沟槽,用人力牵引绳索开启和关闭木闸门,以便蓄水和泄水,从而控制运河的水位。少数精心设计的闸门是用绞盘提升的。在水位过大而不宜设置这样一种简单设施的地点,便建筑两面的滑坡道,将船舶拖拉通过这一过船斜面。

1. 中世纪的复兴

在欧洲,运河的建设,曾在罗马帝国衰落之后,一度出现衰退,随着12世纪商业的发展又复苏了。内河航运有相当的改善,人工水道也发展了,在建设中在水力磨房的堰坝处和沿着水道一定距离内,设置水闸或冲泄式船闸。这种船闸能突然开启,泄出一股急流,将上游船舶带出浅水区。由于商业上的推动,低地国家(指荷兰、比利时、卢森堡等——译者注)利用斯凯尔特河、默兹河和莱茵河的河口沼泽区的排水渠,发展成为运河系统;中世纪时,这一地区大约有85%的运输是通过内河水道的。

由于船舶运输存在着必须由人力或绞车将船舶拖过堰坝这一障碍,因而发展了具有闸室的船闸,使船舶可以从一个水位上升到另一个水位。虽然早在公元1180年,在布鲁日通海运河上的达米,曾经使用过一个原始形式的船闸,但第一个现代化带有闸室的船闸,可能是在1373年建于荷兰的弗雷斯韦克,它位于起自乌得勒支的运河与莱克河的交汇点。两个船闸之间有一个闸室,水位则由交替升降的闸门来控制。这种系统在14世纪得到普遍推广。到15世纪,由于增加了闸门以控制闸室内外通过泄水阀的水流(泄水阀可设于闸门上或船闸侧),从而使闸门系统得到很大的改进。

商业上的需要,迅速促进了运河建设。德国(1391~1398年)的斯持克尼兹运河，由英尔勒湖到吕贝克湾长 21 英里，有 40 英尺（13 米）落差，用 4 级梯级控制。这条运河以后向南延伸到易北河的劳恩堡，形成了一条从波罗的海至北海之间的连接线。为了克服从最高点至劳恩堡 15 英里（25 公里）内 42 英尺的落差，建有两级大型船闸，每闸可容纳 10 条小船。

意大利，是中世纪的欧洲另一个主要商业发达地区，也同样对水道技术作出重要贡献。纳韦格略大运河是作为提契诺河的入口而建筑的（1179～1209 年），从阿比亚特格拉索至米兰 15 英里（25 公里）之间，有 110 英尺（33 米）的落差，用泄水阀门控制水位。为了便于从采石场运输大理石以建筑米兰大教堂，将运河与旧有的一条护城河连接起来，这在意大利也是首次建筑的带有人字闸门的厢式船闸，取代了早先的吊升闸门，用以克服水位差。

中国在运河建设上可能领先于欧洲。在 1280～1293 年间，建设了由淮安到北京长 700 英里的南北大运河的北段。其中一段跨过山东省的丘陵地带，实际上这是第一条越岭运河。越岭运河不同于单向水流的运河（坡降指向一个方向），水位是先升后降。在黄河以南 100 英里范围内，连接一系列的湖泊。黄河处的地形升高 50 英尺，为了解决因闸门运转时损失的水量，两条小河进行部分改道，将水量引至越岭运河的越岭地点。

2. 16 世纪到 18 世纪

人字门船闸（具有两扇闸门，当关闭后，形成一个朝向上游的角度）的发展，宣告了 16 世纪至 17 世纪广泛建设运河时代的开始。这一时代所渠化的天然河流和建筑的人工运河，标志着全欧洲水道网的发展持续了若干年。

法国

在法国，建筑了布尔亚尔和朗格多克运河，前者连接了卢瓦尔和塞纳河，而后者，也叫杜米迪运河，将图卢兹与地中海连接起来。这两条运河在工程上的业绩是非凡的。布尔亚尔运河(完成于1642年后)升高128英尺(39米)达到一高地,高地上为运河最高河段,长3.75英里(6.2公里);然后下降266英尺,到达蒙吉尔的诺宁。它共有40座船闸,其独一无二的特点,是在诺宁到罗尼下降的斜坡段一个梯级中,设6座连续船闸,有65英尺(20米)落差。150英里(250公里)长的朗格多克运河,将比斯开湾与地中海连接起来,途经加龙河和奥德河十分崎岖不平的地带。这一运河开工于1666年,竣工于1981年,从加龙河的图卢兹起32英里(54公里)范围内,升高206英尺(61米)到达最高点,共设有26座船闸,然后在115英里(190公里)范围内,经过74座船闸下降620英尺(185米)。贝齐埃尔附近建筑一个有8座连续船闸的梯级,在这一梯级的上游6英里(10公里),有一个长180码(165米)的隧道;有三座大型渡槽跨过天然河流,将若干条小河进行改道,用涵洞集中在运河下穿过。十分值得注意的技术成就,是在最高点的一个复杂的供水工程,它包括唯一的水流改道工程和贮水工程。

佛兰德(欧洲中世纪的伯爵领地,包括现今比利时的东佛兰德省和西佛德省,以及法国北部部分地区——译者注)

在佛兰德的运河系统,包括一条从布尔塞尔到鲁普尔河上的威廉布罗克运河,使原有航程缩短了一半,运河长18.5英里(30公里),有4座船闸。另一条44英里(70公里)长的运河,从布鲁日至帕西切德尔、纽波特、邓克奎,以后又延伸至奥斯坦德,在邓克奎与奥亚河连接,并在河口的格拉夫斯林建设了一个大型潮汐船闸。在佛兰德的突出成就,是建于伊普雷至波松运河上的波松船闸,此闸位于伊塞河旁边。在4英里(6公里)河段落差20英尺(6米)中,只设1座单级大型船闸。第一次在这座船闸旁设置带有水下泄水阀门的水池,当船闸工作时,水池可以减少损失的水量。当船闸泄空,水池可容纳池水量的1/3,闸室灌水时,水又送回到闸室中。

德国

在德国,15 英里(25 公里)长的腓德烈—威廉越岭运河,完成于1669 年,从施普雷河的诺伊豪斯,用两级船闸升高 10 英尺(3 米),然后从最高点的西面下降 65 英尺(20 米),到达奥得河的布里斯科。随着 1746 年连接易北河和哈维尔河的普劳运河开发通航,在德国这一地区的一个广阔的内河水道系统终于形成了。沿哈维尔到利普长度为 25 英里(42 公里)的芬诺运河(奥得河的一条支流),早已建成使用,但由于洪水的影响和不重视维护而衰落,直到 1751 年才得到恢复。17 世纪末和 18 世纪初,在普鲁士的布兰登堡大选举团和弗雷德里克一世时期,由于商业和政治上的原因,易北河、奥得河和威悉河 3 条大河都用运河连接起来,建设工程还包括为罗马帝国所属的众多的国家和小公国输送赋税的道路。在低地国家,由于战争和政治上的考虑,以及在荷兰与比利时之间关于港口的竞争,妨碍了运河的建设。例如荷兰就强烈反对建设一条莱茵—默兹—斯凯尔特运河,害怕贸易物资转移到安特卫普港。

英国

在英国的运河上,直到 16 世纪才建筑了第一座船闸。运河时代的准确时间,应从 18 世纪由詹姆士·布林德利工程师负责建设从沃尔斯莱到曼彻斯特的布里奇沃特运河开始,这是一条运输煤炭的运河。正式通航在 1761 年,并于 1776 年延伸到默西河。它的成功,促进了一个运河建设高潮时期的到来,从而建成了一个内河水道网,它为工业革命服务,对英国的繁荣作出了贡献,并比铁路时代早半个世纪。铁路时代开始于 19 世纪中叶。大特鲁克运河建立了一条横跨英格兰的航运线,它将默西河与特兰特河连接起来,开发了英格兰的中部地区,并为出口到欧洲市场的物资提供了水上运输。接着,由塞文运河和格洛斯特及伯克利轮船运河(从塞文河的沙普内斯至格洛斯特),将泰晤士河和布尔斯特尔河连接起来。因为运河系统连接伦敦、布里斯托尔海峡、默西和洪堡,伯明翰市成为运河的中心,从而促进该城的成长和工业的繁荣。克里多尼亚运河横跨苏格兰,沿着大峡谷连接一连串淡水湖泊,这条运河建于1803~1822年。

36英里长的曼彻斯特轮船运河,是运河时代以后建设起来的少数运河之一。这条运河于1894年开始通航,可使远洋船只从默西河河口直达曼彻斯特。

技术的发展

着大量运河的建设,运河施工方法和使用管理技术都得到发展。用以克服水位变化的船闸、斜面升船机和垂直升船机都发展起来了。例如,在利兹—利物浦运河上的宾格勤,建筑了一个连续船闸的梯级。在1788年,在希洛普郡的凯特勒丘陵区,建筑了一座斜面升船机,牵引拖轮从一个水位到另一个水位。升高约225英尺(67米)的最大斜面升船机,位于布德尔运河上康沃尔的霍巴特大斜坡上。垂直升船机采用水作平衡重,7个这样的设施连续建筑在西部大运河上,位于柴郡的安德顿的一个垂直升船机,以后改用电力操纵,一直使用到20世纪。最为壮观的斜面升船机,是建筑在美国的莫里斯运河上(这条运河连接赫德森河和德拉华河)。为了克服到达阿勒格尼分水岭900英尺(265米)的高差,这座斜面升船机的前端建有22座船座,斜面以1:10~1:12的纵坡下降到底部的水池中。79英尺(22米)长、载重30吨的驳船经由在铁轨上行驶的承船车往上牵引,当船闸闸室放空后,船舶就放在承船车上了。在重力作用下,驳船进入底部水池中,当水位调平后,驳船平稳地浮起来。反向运转时,用滚筒和绞车将船舶拉上去。

3.19世纪

欧洲

在欧洲,运河时代开始于17世纪末并持续到18世纪。法国居于领先地位,通过进一步沟通一些不连接的航道,将其国内水道联成一体。在法国北部,有3.5英里的圣康坦运河,在1810年开发通航,它把北海斯凯尔特和利斯河系统,经索姆河与英吉利海峡连接了起来;经瓦兹和塞纳河与巴黎和勒阿弗尔连接起来。在法国内陆,中央运河连接卢瓦尔(在迪戈宁)与萨乌尼(在查朗),完成了第一条从英吉利海峡横跨内陆到地中海的航线;萨乌尼和塞纳河又进一步与法国北部连接,从而取得从巴黎到里昂的更为直接的航线;莱茵—罗纳运河,于1834年通航,提供了一条直接由北至南的航线;此时桑布尔河—瓦兹运河将法国运河系统,经由默兹河与比利时水道网连接起来。到19世纪末叶,法国进行运河系统的标准化,以便在运输过程中船舶无需倒载。其最终结果是在本世纪开始至第二次世界大战之间,运输量翻了一番。

19世纪初工业的发展,特别是将煤炭从蒙斯和沙勒罗瓦运往巴黎和法国北部,从而促进比利时扩建其内河水道。比利时在新开凿的运河和扩建的运河中,有蒙斯—康迪及波来罗特—安托宁运河,它们连接埃恩河和斯特尔特河;对桑布尔河进行了渠化;1827年,维尔布罗克运河向南扩展,与沙勒罗瓦—布鲁塞尔运河连接;不久以后,开辟了坎彭航线为安特卫普港服务,并与默兹河和斯凯尔特河连接起来。当纺织品贸易在根特建立起来后,需要更便利的水上运输,1827年,经特尔纽泽到根特的轮船运河的开发通航,提供了一条通往海上的捷径。荷兰扩建了他们的运河,使之为欧洲大陆北部的工业区服务。1850年,开辟了马斯特里赫特—列日运河,使得原材料和钢铁从默兹和桑布尔工业区经水运运往整个荷兰。1824年,开发了一条长的轮船运河,它绕过因泥沙淤积而阻碍航运的艾斯米尔段,于特塞尔港通到北海。以后,又建设了一条通向艾莫伊登的更短的运河。

在斯堪的那维亚,建设了新的运河以利于运输木材和矿产品。在1832年,新的耶塔运河建成了,运河由波罗的海到斯卡格拉克海峡,横跨瑞典全国,全线有 63 座船闸。政治气氛并不利于在欧洲中部建筑运河,但是构成莱茵—美茵—多瑙河运河线的一段的路德维希运河,还是在 1840 年开辟通航了。在此同时,普遍采取改善内河航运的步骤,以加快运输速度,为运输大量货物提供了可能性。对多瑙河由恩斯芒达至塞平的 144 英里,进行了整治,在匈牙利开挖了法兰齐运河,以连接多瑙河与蒂萨河。经由伏尔加河、涅瓦河连接波罗的海和里海的一个全国性俄罗斯运河系统,于 1718 年形成,并可以通航。1804 年开挖了贝雷辛纳与德文纳之间的运河,一条更为直接的航线建立起来了。到 19 世纪,俄国集中力量从事其主要河流的连接工程,主要河流有:伏尔加河、第聂伯河、顿河、德维纳河以及鄂毕河。

在希腊,突出的工程上的成就,是开挖一条穿越科林思地峡通航深水轮船的开敞式运河,以连接爱琴海和爱奥尼亚海。罗马帝国统治者早在公元 1 世纪,首先企图开挖这条连接线,开挖的竖井下沉,重新开挖又全部沉下去了。这条长 4.8 英里(6.3 公里),宽 81 英尺(25 米),中心断面处有 27 英尺(8 米)深。运河有 280 英尺(86 米)几乎是在垂直的岩石峭壁下穿过,于 1893 年开始通航。

美国

在美国,运河的建设开始较晚。在 19 世纪初,仅建筑了 100 英里的运河;但是到 19 世纪末期以前,却开辟了 4000 英里的运河通航。由于车辆运输是困难的,速度慢,运输大批量商品运费高。水运是开发内地的关键,但是水道又受阿勒格尼山脉所阻。要绕过这条山脉,需要由海路向北,经过圣劳伦斯河和大湖区,或往南经过墨西哥湾和密西西比河。第三条可能的线路是通过赫德森河,经由莫哈克河谷与大湖区连接起来。1817 ~ 1825 年,由纽约州建设的伊利运河,起干赫德森河的奥尔巴尼,止于伊利湖的布法罗,长 363 英里(580 公里),有 82 座船闸。这一工程一开始就获得高度成功,为中西部大草原开辟了通道，草原生产的物资可向东运往纽约，回程往西又可带回大量的制成品，从而给纽约以显著的地位，超过大西洋沿岸其他所有港口。香普兰运河建成于1823年，直到1843年才完成香普兰运河，从而有可能经由里奇柳河通往圣劳伦斯。在此同时，加拿大建筑了韦兰运河，以连接安大略湖和伊利湖。它建成于1829年，建了40座船闸，以克服尼亚加拉河326英尺（98米）的高差，才使得通往密执安湖和芝加哥成为可能。不久，圣玛丽的福尔斯运河，连接了休伦湖和苏必利尔湖。在1834年，建成了一条位于费城和匹兹堡之间的运河，它连接萨斯奎哈纳和俄亥俄河，长369英里（630公里），从而提供了一条绕过阿勒格尼山脉的往南去的运输线。这条运输线的一个特点，是有水路和铁路联合运输，即其中37英里（59公里）是由铁路转驳，斜面升船机升高1399英尺（413米）达到最高点（海拔2334英尺，689米），然后下降1150英尺（340米），到达山的另一侧的约翰斯敦，从这里再走105英里（170公里）经过68座船闸到达匹兹堡。到1856年前，一系列的运河将这一运河系统与伊利运河连接起来。

在此同时，于1803年由路易斯安那购置的密西西比河的控制权给予了美国，这条河流成为经由新奥尔良和墨西哥湾运输中西部生产物资的主要水运线。运河的发展包括伊利略—密执安运河，它连接了大陆上的大湖区和密西西比河两个大的水道系统。运河于芝加哥进入密执安湖，芝加哥原只是一个村庄，运河引起它的爆炸性的成长。这几条运河最后与伊利运河、韦兰运河、圣劳伦斯河连接起来，建成了一个综合性的内河水道网。

铁路的冲击

随着19世纪铁路的发展，运河作为货物运输支配者的地位就江河日下了，特别在美国和英国是这样。在欧洲大陆，这种冲击的影响则比较小，因为大的天然河流已被人工水道连接起来，构成了一个国际性的水运网，船舶运输不需倒载，因而运输上是经济的；地形也比较有利，运河能行驶的船舶较大，且船闸的障碍较少。而在其他地方，运河就难以与铁路竞争。水运在单位运载量和运输速度两方面都受到限制；水运船舶小，速度慢，而且水运分散而不能一体化。而铁路则可成为全国性的一体化的系统，能为广大范围提供运输服务，且十分机动灵活。运河存在的不利条件，是因为它们本身不能一船到达终点，大都依靠中途运输公司中转。虽然，经运河运输的货物有的比铁路便宜，但这一优点也逐渐被铁路所取得。要想使内河水道发展并现代化，能经营较大的船舶，要想减少影响运输速度的船闸数量，要想提供更多的服务内容，所有这些，需要有一定规模的投资，而这些投资能否回收是值得怀疑的。铁路通过大幅度降价以扩大运河的困难，迫使许多运河公司将资产出卖给他们。在英国，在19世纪40年代到50年代，1/3的运河成为铁路所有，许多公司最后也关闭了。在美国半数运河废弃了。铁路成功地排除了竞争者，并几乎取得了运输上的垄断地位，这种地位一直保持到汽车时期的到来。

基尔运河

在19世纪，可以看到建设了3条世界上极为著名的运河——基尔运河、苏伊士运河和巴拿马运河。基尔运河通航船舶的吨位大于其他运河很多倍。曾经企图开辟一条从波罗的海至北海的航道，从而避开卡特加特海峡和危险的斯卡克拉克海峡。瓦金斯曾采取将船放在滚筒上使之越过10英里的基尔分水岭的水陆接运法，直到1784年才建成从基尔湾到艾德湖的艾德运河。大约过了100年之后，为了通过大型船舶，包括通过德国海军的新军舰，对基尔运河进行加宽、加深和取直，缩短了从英吉利海峡到波罗的海几百英里的距离。从位于北海的布龙斯比特尔船闸到基尔湾的哈尔特奥船闸，行程59英里(95公里)。运河越过平坦的地区，但也有一个独有的特色，在伦特斯堡为了使桥梁具有通过最大型船舶所需的净空，铁路在跨过运河主要跨度之前，通过一个高架桥盘旋越过这一城市。

苏伊士运河

苏伊士地峡是明显地可以提供一条从地中海到印度洋的海上捷径，而不必绕过非洲的海上航线。这条捷径在古代就开挖过，几经兴废，大约到公元8世纪最终被阻塞而废弃了。以后曾有多次测量和设计，但都一事无成。直到1854年，在埃及工作的法国外交家费迪南·德·莱塞普斯，说服埃及总督塞义德·帕夏同意一个初步的特许权，去建设一条越过这一地峡的新的运河。以后的报告建议在苏伊士和佩卢松湾之间开挖一条不设船闸的开敞式运河。开始时的特许权，于1856年同意由一个国际财团支持的苏伊士运河公司所取代，特许权为从运河开始通航算起为99年，规定在此以后归属埃及政府。运河成为一条国际性水道，所有时间对所有船舶都不歧视。除这条轮船运河之处，该公司还承担了开挖从尼罗河的布尔克到伊斯梅利亚的淡水运河，此运河有一条支线延伸到苏伊士，可通行小型轮船。这一工程持续了10年，克服了政治上、财政上、施工物资上的许多困难，运河于1869年11月17日建成通航。最后建成的运河长为105英里(169公里)，是一条连接地中海和红海的无闸水道。从北面塞得港起，运河穿过曼扎拉湖的咸水沼泽区，这段运河与淡水运河平行。大约离塞得港30英里(50公里)处，在1949年和1951年之间建筑了一段7英里(12公里)长的侧线运河，可使护航舰队通航。大约在运河1/2处进入提姆萨湖，并经过伊斯梅利亚。然后运河经苦湖到达运河南端位于红海上的港口——陶菲克港。此处，距苏伊士城只有几英里。建成后，又几经改善，从原来200英尺(60米)宽，最大水深24英尺(7.5米)，到1954年扩宽为水面宽500英尺(150米)，水深33英尺(10米)处宽为196英尺(58米)，主航道水深达45英尺(13米)，最大吃水37英尺(11.3米)的轮船可通过这一运河

(1975 年以后又进行扩建,可满足吃水 16.1 米的轮船通过——译者注)。

这一运河不管有多少政治上的纷争,仍保持通航。1956 年埃及将运河实行国有化,1967 年阿拉伯国家与以色列的战争使运河堵塞,在 20 世纪 70 年代初,运河恢复通航。

巴拿马运河

在苏伊士运河取得成功之后,德·莱塞普斯被巴拿马地峡所吸引,在那里曾提出许多设计方案,以开挖一条连接太平洋和大西洋的运河,航行无需绕过美洲的南部。莱塞普斯曾建议开挖一条经尼加拉瓜湖的开敞运河,但由于施工困难迫使他放弃了这一设计,而赞成一条经巴拿马的高水位设闸运河。建设中出现了新的问题,特别是在施工人员中出现了热病,使已经开挖了土石方 78000000 立方码的建设工程停止了下来。此时美国对继续进行这一工程有兴趣,但是政治上的困难和主权问题使情况复杂化。英国和美国所订的条约承认美国具有专有权,去建设、控制和管理这一穿过巴拿马地峡的运河。但当时巴拿马是哥伦比亚的领土,哥伦比亚参议会拒绝批准和美国所订的条约。经过一番反抗之后,独立后的巴拿马与美国签署了一项条约,同意美国永久使用、据有和控制这一运河区(1977 年,美国和巴拿马签署了新的运河条约。从 1977 年 10 月巴拿马开始参与管理运河,到 2000 年,巴拿马将全部收回这条运河——译者注)。

虽然工程原来开始于 1904 年,由于对运河将要建筑的形式的争论,使工程进展很少,直至 1906 年,最后采纳了高水位设闸方案。对这一决定主要是约翰·F·史蒂文斯作的,他是运河的总工程师和总设计师。运河完成于 1914 年,全长 51.2 英里(85 公里)。运河在加勒比海利蒙湾的大港湾区的起点处,通过加通船闸升高到海拔 80 英尺(22 米),到达加通湖,在湖的北边设加通船闸和大坝,在湖的南边设佩德罗—密克尔船闸和大坝,以保持湖区的水位。然后运河通行经盖亚尔特大开挖区，这是越过大陆分水岭的航道，在佩德罗—密克尔船闸和米拉弗诺斯湖之间的水位维持在海拔 54 英尺(16 米)，船舶从这里的船闸下降以后，经巴尔博亚港入口处进入太平洋。加通湖面积为 166 平方英里(450 平方公里)，是运河的一个组成部分，而且是运河主要供水的来源。运河全线最小水深为 37 英尺，宽为 300 英尺。航道全线有 23 个转角或航向变化 23 次。船舶在正常航行时以其本身的动力通过运河，只有在船闸中靠电动机车牵引。

二、现代化的水道工程

内河水道受到地理上和自然上的限制，这种限制对于施工、维护和使用管理上的工程技术问题，都有影响。

内河水道在地理上所受的限制，与可适应不规则自然地形的公路、铁路和管道是不同的。水道为一定纵坡所限，当纵坡改变方向时，最高处的供水池要有充足的水源，河谷水池又需要有设备，以排除多余的水。

主要的自然上的限制，是船舶在水中运行的速度，不可能超过公路上的汽车和铁路上的车辆。因为运输上的经济性基于单位运输量(1 人 1 小时内运输 x 吨 y 英里)，内河水道单位吨产量必须比铁路、公路高，才能与铁路，公路进行竞争。

因此，现代化的水道工程，发展方向应是所提供的航道能适合航行较大型的船舶，并减少船闸中的迟延，或者减少夜间和其他自然条件的影响，以加快运输速度。对于这样的航道和与之相联系的工程，是应在设计中尽可能减少航道的维护费用，通过增加机械化程度，使工作船舶、船闸、码头和其他水道工程设施的营运费用减到最低限度。

1. 基本类型的特征

内河水道基本上可分为三类。每一类都有其特殊的问题。三类是：天然河流、渠化河流和人工河流。

天然河流的航行，受到冰冻、干旱或洪水等季节性因素的阻碍，这一些条件决定着航道的演变，并有可能形成浅滩。当自然障碍减少到最低限度时，注意力主要应按照原已确定的航线，去维持好航道，包括稳定河岸和河床，支汊的排除，大的弯道的裁直，从而获得一条沿着天然河流具有均匀断面的航槽。

渠化河流的航行靠建筑船闸，船闸形成了一系列的梯级，梯级间的长度由河流的自然坡度和每一船闸间的高差所决定。结合船闸通过船舶的要求，需设有堰坝和泄水闸，以通过多余的水。现代化的渠化河流，如罗纳河和莱茵河等，在深水船闸处设水力发电机，设有比较长的人工引航道。为防止河岸冲刷需进行护岸，对某些土质的河床，应进行防护，以防止水流渗漏的损失。

人工运河的航行，可以脱离天然河流的河谷，经过丘陵和分水岭，沿着人工航槽越过天然河流及其支流。河岸有时还包括河床，需要防护，以防止侵蚀和渗漏。人工运河线应选择可提供较快航程的长的水平回水区(两闸之间的回水区)，所需的船闸群，可以是有一闸室的船闸，使船舶直接进入另一级，或者是在两闸之间插入一个短距离的蓄水区。当出现大的水位差时，可以建筑垂直升船机和斜面升船机。贮水的水库必须提供给最高处水池足够的水量，以补充过闸用水和蒸发用水。其他水库设于较低水位处，当遇到大量运输活动时，能供给频繁过闸所需的用水。假如其水量不足于补偿其损失，需采用水泵将水从低水位抽到高水位处。

2. 航道

航道设计

天然河流和渠化河流与人工水道不同，不需要有防渗措施，防止侵蚀的护岸工程也只是少量的。加宽航槽，对大的弯道裁弯取直，有利于航行。对整个航道都取直是不合适的，因为对河流虽经修整，但河流有趋向弯曲的自然特性。对航道局部加宽用移动式挖掘机，挖掘的泥土抛在岸上，或者直接筑成冲积堤或者运到别处。当加深和加宽地点岸上机械达不到时，需要有浮式设备，挖出的泥土装在自卸泥驳上运到抛泥点，或者经由输泥管道用泥泵输送到岸上去。

人工运河应提供的航道过水横断面，至少 5 倍最好 7 倍于满载船舶的浸水断面。对于岩石航槽，如科林思运河，航槽横断面可以是矩形的，但是正常的横断面应是梯形的，渠底和水面宽分别为船舶宽度的 3 ~ 4 倍和 6 ~ 8 倍，而航槽的深度应足以使航行船舶所排开的水从船体下边流过去。

航道施工

由于大型挖掘机械的发展，给运河施工带来了方便（如用于圣劳伦斯河航道施工）。20 吨铲斗移动式铲斗机，更适合采石场和露天煤矿的采掘；一般航道施工欢迎比较通用式的轨道机械。具有大型充气轮胎的铲运机和自卸汽车，可较快地行走在崎岖不平的地面上，并较快地将挖掘的泥沙筑成河堤或其他填筑物。

必须防止通过河底和河岸的渗透造成水的损失，必须对堤岸和可能遇到的渗漏土层进行防护。最初是用一层胶质黏土上覆砾石保护层，以后发展了其他材料，如电站的粉煤灰，有时可用作水泥的掺和料，再如膨润土、沥青材料、聚乙烯薄板或混凝土等。

水道上的桥梁、渡槽和隧道

运河常常要在道路、铁路、河流或其他运河的上面或下面通过。在这些跨越处建筑各式桥梁，有时是道路和铁路越过河流，有时是运河穿过道路和铁路。虽然有活动式桥，但大部分是采用固定式桥。在英格兰的韦弗河上有 4 座悬吊式的在趸船上旋转的活动桥，以使主要道路跨过这条水道。

运河跨过河谷的渡槽，开始是用重型的砖石结构，以支撑整个建筑物，包括渡槽内的黏土衬砌。以后发展用螺栓拴紧的铁制槽底的渡槽，从而提供了一个较轻的不漏水的航槽。现时实际上是用沥青密封的混凝土结构的渡槽。

运河通过山岭和分水岭,开始是建筑小的砖砌隧道,船舶前进只用人力拖拉,或用撑篙,或用腿推船前进(船员仰卧在船舱,用他们的脚抵住隧道以顶推船前进)。以后隧道中设置了纤道。

护岸工程

在自然河流或者渠化河流上的横断面,相对说来是比较大的。河岸的侵蚀,可用抛筑块石或自然生长的芦苇或柳树加以保护。

尺度较小的人工运河,通行船舶时将产生严重的冲刷,进行一定的防护(护岸工程)是必要的。斜坡河岸易于防护,可采用块石紧密铺砌,可用柳条扎成梢捆,或用沥青毡。比较永久性的防护工程,可打钢板桩或混凝土桩,桩要打的紧密,互相搭接或互相连锁,为了防止撞击损坏,在水线以上可用水平防护设备,水线以下用抛石。在开挖时,可用戗道(上下坡之间的一条水平地带)使岸坡稳定。戗道的宽度视土壤的性质而定,一般取6~10英尺。当堤岸很长时,设安全闸门,在出现意外决口事件时,能使水流损失尽量减小。

纤道

开始是供畜力牵引船舶,在法国许多运河上采用的纤道供机械和电力牵引车使用,直至1969年普遍使用动力船舶之后,才停止使用这类设备。但纤道仍然有它的用途,除可供某些局部地方使用机械牵引车外,还为运河检查和维护人员提供有价值的通行道。

3. 船闸

在渠化河流和人工运河上,水道上包括由拦蓄建筑物形成的一系列的水平河段,船舶则经通航船闸越过这些堰坝。船闸主要包括有两侧固定的闸墙和首尾两端活动的闸门所形成的矩形闸室,还有可供充泄水的设备:当船闸充水后水位与上游取平时,开启上游闸门使船舶过闸,然后关闭上游闸门,泄出闸室的水;当闸室水位与下游取平时,再开启下游闸门。闸室充泄水用人力或机械进行操纵泄水阀门。在小的运河上,泄水阀门可设于闸门上,在较大的运河上,泄水阀门则位于建在船闸结构中的涵洞上,涵洞经闸墙或闸底通入闸室。涵洞和口门的大小,决定闸室充水和泄水的速度,口门的数量和位置决定水在闸室内扰动的程度:设计中应力求得出以最小的扰动获得最大速度。闸室的尺度取决于在本航道上航行的或将要航行的船舶的尺度。运输密度大的河段,可能需要设能容双排船或多排船的宽闸室;在长的船闸中可设中间闸门,让个别船只通过。

船闸的尺度各地是不同的,从英格兰小而窄的运河上闸室长 72 英尺(21 米),宽 7 英尺(2 米),到欧洲的通过 1500 吨船舶,尺度为 650×40 英尺(240×24 米);密西西比河和俄亥俄河航行顶推船队,船闸尺度为 1200×110 英尺(360×33 米)。

在渠化河流上,现有的趋势是船闸比较深,特别是它们成为水力发电坝的组成部分的时候。在罗纳河上的敦查—蒙德拉戈船闸的深度为 80 英尺(24 米);葡萄牙的杜罗河在 20 世纪 70 年代之初,就发展了水力发电和航运,其卡拉帕特船闸的深度为 114 英尺(35 米)。

在人工运河,保住水是主要的问题,运河水深通常不超过 20 英尺(6 米):为减少水的消耗,可由船闸侧面设节水池,这种水池可靠近船闸,如莱茵—美茵—多瑙河水道的班贝船闸,也可与闸墙结合设置水池,如多特蒙特—埃姆斯运河的亨利切堡船闸(1879 年)。

船闸应位于可提供视线和航行上没有障碍的好的引航道之处。船闸通过运量大或便于推(拖)轮工作,需要有适当的导航器,既可作为船舶等待过闸的停泊处,也可在船舶慢速进出船闸时,为防止河水冲击提供掩护。

闸门

活动的闸门必须有足够的强度,以抵抗水位差所引起的水压力。一般大多数是采用有两扇门的人字闸门,两扇门的总宽度大约应超过船首宽度的 10%。开闸时,两扇门藏在闸墙的凹进部分;关闸时,闸门旋转60°,形成V字形相交于船闸中轴线处,并面向上游。人字闸门只有在两边水位相等时才能开启。

小的运河闸门,可在闸旁设置伸出的操纵杆,用人力操纵;大的运河船闸则用水力、机械或电力操纵。在英国的韦弗通航运河上,用水力操纵的上下游水位差为10英尺(3米)的闸门,已经有100年的历史了。

对垂直闸门的起吊,可用绞车或设于闸门上部门架上的齿轮装置,可以在有水压力下操纵;当闸门离开闸槛,水即进出闸室,补充或者取代涵洞的供水。闸室水流扰动是难于控制的,闸门上部的门架对船舶的桅杆和其他上部结构起了限制作用。

闸门旋转藏入闸墙的凹进部分的弧形闸门的采用,取决于闸址的地理特性和对水道运输上的要求,卧倒闸门下落进入船闸前池的凹进部分,横拉闸门通过轨道进入闸首的门库。

船闸设备

嵌入闸墙的爬梯,可作为船舶和闸边之间的通道,在出现意外情况时它也起重要的作用。

闸边的系船柱,供缆绳系住船舶,以抵抗船闸工作时出现扰动,使船舶稳定。系船柱装在闸墙凹进部分,是又一种系泊手段,以抵抗船闸输水时的纵向波动。浮式系船环设在深水船闸中,也设置在闸墙的凹进部分,它可随船升降,从而不断调整缆绳。船闸的每一端设有标志,当船闸中无船时指引候闸船舶可否进闸,或指引船舶进入多排船闸中的一座船闸。设于中心位置的控制室,由一人按控制板上的电钮,以全面进行闸门、泄水阀门、标志操作。各邻近船闸间的电话和无线电通讯,可为操作者提供情报,使他能为预期要到达的船舶做好准备。在20世纪70年代初,法国就针对船舶通过一系列船闸的自动化行驶问题进行试验,每一船闸的各种操作,从一开始起,就是连续自动化的,直至船舶离开船闸为止。

船闸旁边的道路

一条游艇单程通过一座深水船闸,这一操作是浪费的,如果和大的船舶一起过闸,由于大船行驶引起的波浪的冲击,又可能是危险的。小划子通常装在一个轻便的平车上,绕过船闸用人力推过去;较大的游艇可装在有支架的承船车上,通过船闸旁的轨道用机械拖过去。

在德国曾采用过有 30~80 英尺(9~24 米)高差的过船斜槽,使小划子和划艇通过。虽然安装这种过船斜槽比闸旁铁路轨道的费用要高,但它还是比较流行。划子进入引航道,推动电按钮,斜槽首部闸门升起,水流带着划子进入斜槽并沿斜槽下降,用导向叶板使小船保持在斜槽的中心线。小船上行时,由上往下流的水使船保持浮运,但需人力往上拖拉。

垂直升船机

船舶可浮在一钢制水槽或钢制水箱中,由垂直升船机运送于上下两水位之间,这种升船机可代替几个船闸。垂直升船机可由高压水压机,淹没式浮体或用齿轮式平衡重操纵。带有两个水箱的水力升船机,曾于 1875 年建于英国的安得通,升高 50 英尺(15 米),过船 60 吨;1888 年这种升船机还建于法国的莱斯—福廷内斯特,升举船舶为 300 吨;建于比利时的拉卢维埃尔,升举船舶为 400 吨;1905 年,类似的升船机建于加拿大的彼得搏罗和基克费尔德。浮体式升船机于 1899 年建于德国的亨利切堡,升高 46 英尺(14 米),过船 600 吨;1938 年建于德国的马格德堡,升高 60 英尺(18 米),过船 1000 吨;1962 年在马格德堡又建设一个新的升船机,过船为 1350 吨。

在 1908 年,重建安德通升船机时,采用了平衡重式升船机。每一船箱分别用一系列重的物和缆绳进行平衡,并用电力驱动齿轮。这一方式于 1932 年在德国的尼德菲洛采用了,该升船机升高 117 英尺(35 米),过船 1350 吨。

斜面升船机

在18世纪,已建设了斜面升船机,它是在上下两水池之间用畜力和重力通过轨道运送小船,以后采用蒸汽机驱动。在美国的德拉华和赫德森河之间的运河上,建筑了一系列的斜面升船机,在水箱中运输的船舶为80吨;在英格兰的福克斯顿建设了60吨类似的升船机,为10座船闸的旁路。

在欧洲曾建3座升船机。即比利时的罗奎尔斯,可通过1350吨船的斜面升船机;在法国圣路易斯—阿尔兹维莱,曾建造可通过300吨船的升船机;在俄国的克拉斯诺亚尔斯克,曾建起可过船1500吨的升船机。罗奎尔斯和克拉斯诺亚尔斯克的升船机纵向运送船舶,斜面相对说来较缓,其坡度分别为1∶21和1∶12,而在阿尔兹维莱,当地地形只允许有1∶2.5的陡坡,要求横向运送船舶。罗奎尔斯的斜面升船机升高为220英尺(66米),可代替17座船闸;阿尔兹维莱升船机升高150英尺(45米),这里也取代了17座船闸。克拉斯诺亚尔斯克升船机,从叶尼塞河下游水面登上水电站大坝,升高330英尺(98米),在大坝顶部有一个转向台,船箱拉上转向能后转向38°,再进入第二个斜面,下行到坝上游的水面。

4. 内河水道的船舶

在早期,天然河流向上航行,依靠船帆,建设了渠化河流和人工运河后,采用拉纤和畜力牵引。以后,发展了机械牵引,现局部地区仍使用于无动力的船舶。

蒸汽机和稍后的柴油机拖轮,提高了航行速度,特别是在湖泊和河口范围内。用动力驳拖带一至多艘非动力驳(非自航的),适用于有足够闸室的河流上,若用于人工运河上,将使上述的过闸操作加倍(或3倍),因而是不经济的。除了局部的驳运(装货、运输、卸货),或者进行航道维护工作外,非自航驳船在人工运河上很少使用。

为了与高度机动灵活和高速度的公路运输进行竞争,内河水道必须从发展大吨位船舶上找出路,因此,需要扩大航道和船闸。其结果,本世纪初期营运比较经济的 300 吨驳船,已为 1350 吨或更大的船舶所代替。

在北美,运输工作者将非自航驳船集中起来,将同类型的驳船编列成排,系绑在一艘动力船的侧面或前面。这些无动力的且各自无人操纵的驳船的船队,就是我们所知的多少不大合理的顶推船队,动力船就是推轮。这些船队的营运,在天然河流中显示出很大的优越性,它们的发展已经证明,在某些渠化河流上支出大量投资以扩大船闸的闸室,以避免由于解队多次过闸时间上的浪费和过闸费用的增加是合理的。在欧洲,顶推船队顶推的驳船通常不多于 6 艘,而在有 700 英里长的深水航道没有一座船闸的密西西比河上,一个顶推船队由一艘 9000 马力推轮顶推 40 艘驳船,合计为 4 万吨,船舵和各种设施是全天 24 小时工作。在俄亥俄河,原来为 600 英尺长的闸室加长到 1200 英尺(355 米),代替了原来的两次过闸。

顶推船队沿着弯道行驶(如在摩泽尔河上),当需要时,可在船队的侧面配备轻型的动力船,必要时开动,使船队能灵便行驶。同样的动力船也可将从顶推船队分解后的驳船分别送至码头,反过来,也可由码头送至推轮处进行编组。这种动力船还可以用来拖出港池中的无动力驳船,以及用于短距离内顶推自卸泥驳,由挖泥区送至抛泥区。

5. 水道维护

自航并装有回声测深仪的检查船,是水道中经常勘测所必需的。在天然河流和渠化河流上,要承担枯水和洪水的测量,特别要注意航道位置的测量:横断面回声测量,能提示航道的变化,并能标出浮标和水尺重新安设的位置,以及疏浚后浅滩的变化;纵断面回声测量,通常能满足确定人工运河浅段长度的要求。

在水道维护中,挖泥设备是一个花钱的项目。用链斗挖泥船进行重要的疏浚工程,用吸扬式挖泥船或抓斗式挖泥船对重点地段进行局部补挖,需要有自卸式泥驳,以便将挖出的泥土沙石运往抛泥地点。这种泥驳要有足够的数量,以使运输周期尽可能缩短,因此要有能保证挖泥船充分工作所需的最少的自卸泥驳和拖轮。

对护岸工程,需要经常给予注意:需要专用船只以运送打桩架和轻型起重设备,需要其他工作船用以搅拌混凝土和进行一般的工作。

闸门的更新是一项重要的维护项目,正常地进行计划,以保证有一个每年更换所需的预备的闸门数量;为了运输和就地起吊闸门,需要有用以装设重型起吊设备的专用船舶。

潜水员进行水下的验查和修复工作,虽然不戴面罩的轻型潜水已经在某些潜水工作上发展使用,但对工作时间长的,仍需采用戴头盔的潜水。两种类型的潜水都需要配有专门船员和设备的专用船舶,以便为潜水员服务。应配备有水泵和重型起吊设备的抢救船,用以清除航道中的障碍物,或者用以起吊沉船。用拖轮拖带工作船,因为许多工作项目是时停时用的,而采用自航船是不经济的。干船坞或船台滑道、修理工厂、装配车间、焊接机以及其他专用设备,通常集中在管理机关附近,这些都是现代化水道维护系统的一部分。

三、内河水道系统

1. 管理

现代内河水道的发展,大都是由各国政府负责实施的。相反,早期运河建设主要是由私人企业承担的,而多数比较古老的运河随后又由国家接管和管理,或由其代理机构进行管理,并进行综合性的治理。代理机构常常是独立的委员会,包括有关国家在内的国际委员会则管理着国际水道的通航事宜。在美国,水道基本上属于联邦政府,具体的开发工作,则由美国陆军工程兵团承担,但是州政府和许多地方当局也参与许多地方水道的管理工作。州际商业机构负责对跨州的运输公司进行管理,并要求各公司公布他们的费率。对于一些多目标的重要的水道工程,则建立公共公司去承担建设工程和负责经营管理。

在欧洲和苏联,以天然通航河流和渠化河流为主的,并由人工运河连接起来的国家水道网,是由政府负责发展,政府负有财政上的管理上的职责。英国从 1948 年 1 月 1 日起,将大多数运河收归国有,并由英国水道管理局进行管辖。

欧洲的主要水道,早已成为国际水道,对所有船舶可以自由航行 对待所挂各国国旗一视同仁。主要的管理机构有莱茵河航运中心委员会、多瑙河航运委员会、摩泽尔河渠化委员会。还有一些国与国之间的双边协议。由于战争和随之而来的政治因素,常使得自由航行中断。一个临时的莱茵河委员会在 20 世纪 70 年代初期开始进行工作。在 1953 年奥地利条约签字后,建立了一个新的多瑙河委员会,从而在整个河流上的自由航行,完全得到恢复。由于一系列的欧洲国际组织的创立,特别是通过欧洲经济共同体、欧洲经济委员会、欧洲经济合作和发展组织、欧洲理事会,对各国间内河水道的发展和航运的管理,取得更高水平的合作。

在北美,从 1909 年起,美国－加拿大国际联合委员会开始工作,负责边界水道全面管理。圣劳伦斯海航道是加拿大与美国一个合作工程项目,在加拿大是由圣劳伦斯海航道局经营管理,在美国是由圣劳伦斯海航道公司经营管理。

按照 1903 年巴拿马运河协定,巴拿马运河开始由美国负责管理,并置于军队监督之下。美国与巴拿马的关系处于经常紧张状态下,到 1964 年,美国同意谈判关于现有运河和建设一条新的开敞式运河的新的条约。以后,两国同意 1903 年的条约应由一项新的条约所取代,新条约承认巴拿马对运河区的主权。

由苏伊士公司负责建设和管理的苏伊士运河,其国际地位经常处于纷争、平静和出现其他问题。直到 1904 年,按照英法协议,1888 年君士坦丁协定所确立苏伊士运河是一条国际性水道,无论战争与和平时期,都完全开放通航,才得到实现。1956 年,英国在这一地区的地位结束了,并从运河区撤走军队。埃及政府对运河资产实行国有化,承担了运河的经营管理,但 1967 年的战争,使运河无限期的关闭了。运河于 1975 年 6 月重新开放。

2. 主要内河水道和水道网

欧洲

第二次世界大战结束后,欧洲内河水道的运输发展,通过各种国际当局的合作,扩大水道的尺度并接连成水道网,水道网的最小通航标准为 1350 吨。由于莱茵河、摩泽尔河及其支流,控制着德国的水道系统,为荷兰和比利时的水道系统提供了出口,并与法国的水道网相接,因此主要的改善工程,集中在国际性的莱茵—美茵—多瑙运河和南北航线的诺德—萨德运河上。后者在汉堡上游约 20 英里处,离开易北河然后往南,在 20 世纪 70 年代中期,在沃尔斯堡附近与中德运河连接,总长 71.5 英里(120 公里),缩短了汉堡与鲁尔之间的航程 134 英里(220 公里)。

连接莱茵河与北海的莱茵—美茵—多瑙河水道,提供一条穿过德国连接东西欧之间的交通线,于 1981 年通航,全线通航 1350 吨驳船。沿美茵河到达德国的班贝格,航线再向前为人工水道,其中包括到达迪特法尔特的一段雷格尼茨运河,然后沿阿尔特米河到达克尔海姆,在此连接多瑙河,在乔切斯廷越过奥地利的边界。班贝格至尼恩贝格运河段长 43 英里(70 公里),完成于 1970 年,其中包括有 7 座船闸共升高 268 英尺(80 米)。所有船闸长均为 650 英尺(189 米),可通过 1500 吨级的船舶。法国多瑙河航道改善工程,开始于 1965 年,包括位于卡奇里特并正好在帕苏上游的一对船闸。在奥地利,建筑了可通过 1350 吨船的 4 对船闸,并计划修建其他一些船闸。

1970年，位于南斯拉夫和罗马尼亚边界上查尔达普（铁门滩）大坝的建筑，开始对通过这一危险水道的航行条件进行改善；它与巨大的水电站的建设结合起来。为便于通过铁门大坝，开始建筑两座船闸，每闸有两个闸室，闸室长1017英尺（310米），宽112英尺（34米）。船舶从北海港口上溯至贝尔格莱德、维也纳和欧洲中部的航行时间，大约可由100小时减少到15小时，而运输量由现有每年1200万吨预计可增加到5000万吨。

将近5000英里的法国内河水道网，基本上是以天然河流为基础，但是许多通过能力较低的运河将提高到1350吨标准。其主要的发展是与德国合作进行的并在70年代中期完成的一项计划，把途经渠化的罗纳河和莱茵河的北海—地中海水道提高到上述标准。由于阿尔萨斯的大运河已有4座船闸，建设了在斯特拉斯堡与胡宁格之间的一条横向运河（这一设计在1956年作过修改），和莱茵河上留下来的4座大坝，同时建筑了相应的短运河和4座船闸，其中3座船闸具有两个闸室。随着位于里昂下游的埃杜阿德—赫里奥特港的兴建，罗纳河的渠化工程开始了，渠化工程包括12座船闸和大坝工程。为瓦朗斯和蒙特利马尔服务的两个新港也接着进行施工。这一渠化工程计划1976年完成，那时北海—地中海航线将开始通航，而罗纳河是这一航线中的主要部分。马恩—莱茵水道也进行了改善，它将提供一条连接巴黎盆地和阿尔萨斯—洛林工业区的重要的国内贸易航线，最大的改善工程是取代位于孚日山峰顶的一侧的23座旧有船闸。在拉奇库特，建筑了一座升高32.5英尺（10米）的船闸，以取代老运河6座船闸和一个弯曲段；在分水岭的另一侧，开了一段新运河以取代17座船闸，以前通过这些船闸需要8~12小时。在这一段新运河建有一座圣路易斯—阿兹维莱斜面升船机，水位差146英尺（44米），水平距离422英尺（125米）。升船机的两个承船箱每一个可承运一艘350吨驳船。承船箱有32个轮子运行在4条轨道上，用两套各14条钢丝绳将承船箱与两个混凝土平衡重连接。在与塞纳河相连的东部和北部航线上,也进行了改善工程。社—诺德运河于1965年竣工,瓦兹运河上一个狭窄段拓宽了,并建筑两座船闸,可通过去巴黎的船队。

在荷兰,以大的天然河道为基础的为鹿特丹港和阿姆斯特丹港服务的广泛的运河系统,只需要较少的现代化工程。但是为避开马斯(默兹)河,在鲁尔蒙特和马斯特里赫特之间,于1935年建筑了朱连纳运河,第二次大战后又进行了改善。1936年开航的特文特运河,改善了与东部工业区的交通条件。战后最重要的一项工程是建筑阿姆斯特丹—莱茵河运河,从而提高了阿姆斯特丹作为莱茵河运输的转运港的作用。从阿姆斯特丹至登赫尔德建设了北荷兰运河,它越过荷兰北部把伊杰塞尔梅与埃姆斯河口连接起来。为了使鹿特丹与安特卫普之间的距离缩短25英里(40公里),而建筑了斯凯尔特—莱茵运河。

以波河流域为基础的意大利内河水道网,被阿尔卑斯山将它与欧洲水道网分割开来,但是它仍然达到了较高的航道标准。

在斯堪的那维亚,有两条大的商业上的人工水道。第一条是特罗里特运河,从哥德堡往上连接耶塔河、维纳恩湖、芬兰湖和若干连接运河。第二条是芬兰最南端的塞马运河,使塞马湖大量水道系统通海,这一运河在第二次世界大战中进行了重建。苏芬战争之后,这一运河的一部分割让给苏联,但到1963年又租回给芬兰,然后对这一运河继续进行现代化,建筑了8座大型船闸取代了原有28座船闸,于1968年重新开放通航。

在苏联,水上运输在这个国家的经济中发挥着重要的作用。在第一次世界大战之后,它的主要河流——第聂伯河、德维纳河、顿河、维斯杜拉河和伏尔加河——连接成一个广阔的水道网,从而使得波罗的海至黑海和里海之间直接通航成为可能。连接黑海与波罗的海有3条水道系统,其中最重要的是第聂伯河与维斯杜拉河的支流布洛河之间的连接线,此线经由普里皮亚特河和皮纳河,和一条长203公里的运河与西布格河的支流穆哈维茨河相连接。这一水运系统是连接西欧和苏联水道系统唯一完整的内河水道,可通向里海和黑海。当莱茵—多瑙运河和奥得—多瑙运河完成后,将提供第二条航线,它经由第聂伯河的支流别列兹纳河,涅曼河的支流维里亚河,以及一条长21公里从拉脱维亚到达里加的运河。第三条通向波罗的海的连接线:是从第聂伯河经过立陶宛和波兰,这条线路经由涅曼河的支流萨劳河,里皮亚特的支流贾苏达河,以及一条长54公里的运河。在苏联水道网中,其他重要连接线有伏尔加—顿运河,长101公里,完成于1952年;莫斯科—伏尔加运河,完成于1932~1937年,长128公里,由伏尔加向南于莫斯科流入莫斯科河。建筑于1931~1933年的白海运河,起于白海之滨的别洛莫尔斯克,通过渠化的维格河,跨过维格湖和一条短运河,在奥涅加湖的北端到达帕文兹,穿过该湖,再经过渠化的斯维尔河,拉多加湖和涅瓦河,到达南部的终点列宁格勒。这一水道系统全长140英里(225公里),减少了从列宁格勒至阿尔汉格尔之间海上航程2100公里(4000英里),通过19座船闸上升到最高点的高程为海拔335英尺(100米)。苏联水道进一步的发展主要是在遥远的亚洲地区,那里将西伯利亚鄂毕河与叶尼塞河用运河连接起来。并建筑了卡拉库姆斯克运河,它起于黑龙江—达里亚河的克尔基,并将继续向西延伸到达里海。

北美

美国和加拿大的内河水道网,是建立在这个大陆上现有大的通航河流上,并由几条主要运河连接起来。此外,发展了一些沿海岸(与海岸平行的被保护的航线)水道,以减小沿大西洋海岸航行的危险并缩短航行距离。整个美国内河水道系统,包括海岸被保护的航线，约 25000 英里（41000 公里），其中一大半的水道最小水深为 9 英尺（3 米）。最大的水道系统是密西西比河及其庞大的支流系统，该河从新奥尔良至明尼阿波利斯通航里程 1800 英里。这一系统经由密执安湖、伊利诺斯河连接圣劳伦斯海航道，并经由纽约州驳船运河（伊利运河）和赫德森河连接大西洋海岸。两条沿海岸水道是大西洋沿岸水道和墨西哥湾水道，前者是从波士顿、马萨诸塞延伸到基韦斯特、佛罗里达，其中有不少航段是潮汐水道或在外海。墨西哥湾沿岸水道包括沿岸几条大型有掩护的航道，并有若干条河流交汇，从而为通向港口提供短距离的水道。有一条潮汐轮船运河到达新奥尔良，这比经由密西西比河三角洲要顺直和安全得多。太平洋沿岸运河尚未能与国家水道网相连接，但是，两条重要的大型工程的开发（即萨克拉门托深水轮船运河和哥伦比亚河），将为太平洋至爱荷达州的刘易斯顿，提供了 500 英里以上的通航河流。

圣劳伦斯运河于 1959 年建成通航，这项工程早在加拿大处于殖民地时代就曾设想过。一条连续的深水航道，是开发北美内陆一条有显著作用的航线，但是天然的障碍（如位于蒙特利尔北部的拉钦险滩），阻碍这条航道工程的实现。这一条水道的建设，需要在美国和加拿大之间达成协议，这是困难的。1912 年，加拿大政府决心去改善韦兰运河达到水深 27 英尺（8 米），并建设船闸长 800 英尺（236 米），宽 80 英尺（24 米），但由于第一次世界大战，这一计划直到 1932 年才实现。虽然两国曾同意搞一个联合工程，其中包括在国际间的急流段建一个水力发电站，但直至 20 世纪 50 年代初期，在美国和加拿大之间才最后达成协议。加拿大政府承担将蒙特利尔至伊利湖段的航道标准，提高到 27 英尺的通航水深，而美国同意实施其他工程，包括越过位于长滩下游的巴尔哈特岛—康沃尔电站大坝的船闸和运河。这一协议的达成，使扩建通海航道工程于 1954 年开始。这条可通远洋船舶的深水航道，从大西洋到美国心脏地区的大湖区的末端，总长度达2300英里(3830公里)。

通过蒙特利尔港之后的第一个船闸，是圣兰贝船闸，升高15英尺(4.5米)。到达拉普里里盆地，再前进8.5英里(14公里)，到达第二个船闸——科特·施特·卡查塞林船闸，它再升高30英尺(9米)到达圣路易斯湖，然后绕过拉钦险滩。此后，航道行经博哈诺斯船闸，它升高41英尺(12米)，经过13英里(21公里)的运河，到达圣弗朗西斯湖。再行经30英里(50公里)，这一海航道越过国际边界，到达贝特兰德H·斯尼尔船闸，上升45英尺(14米)，到达维利—顿德罗运河。它再由德韦特D·艾森霍韦船闸升高38英尺(12米)进入圣劳伦斯湖。离开这一湖的西端，这一海航道绕过伊罗夸伊节制坝，往前再经过千岛到达安大略湖。

从安大略湖到伊利湖，有8座船闸升高326英尺(98米)，水道长28英里(45公里)，经圣玛丽—福尔斯运河，升高20英尺(6米)，使水道进入苏必利尔湖，这就是这条海航道的终点。

印度次大陆

在亚洲，在20世纪中叶以前，天然河流通航的丰富潜力没有得到发展，虽然河流构成一种主要的运输方式，但只有少数通航的运河，而且也未能形成水道网。到20世纪70年代，印度河流域在进行开发，而且有了一个国际合作的规划，去发展湄公河和恒河—布拉马普特拉河系统的内河水道运输。

3. 经济意义

即使现有内河水道系统现代化和进行新的建设工程需要大量的投资，但是，当运输的货物如矿产品、木材和农产品等，其时间因素不是很重要时，水上运输仍然具有较强的竞争能力。如同19世纪的运河对美国中西部的发展作出的贡献一样，圣劳伦斯通海轮航道也给大湖周围地区带来工业发展的活力。随着改善航运的投资的增加，北美沿河的经济也得到发展。在苏联,由于把大的河流连接起来提供畅通的航线,而使广大地区出现类似的发展情况,包括较远的亚洲部分。

在欧洲大陆,欧洲交通运输部长会议(EC-MT)8个成员国的经验表明:从1964~1968年整个内河水道的运量从385000000吨增长到472000000吨。而德国1938年时内河水道上货物运量为90000000吨,到20世纪60年代末,仅德意志联邦共和国一年的运量达230000000吨;另外东德还运输12000000吨。在这十年初期运量仍在增长,如莱茵河通过货物运输量从1963年的187000000吨增长到1969年265000000吨。许多欧洲国家都有此经历:苏联在其145000公里航道上,1963年运输239000000吨,1969年运输了322700000吨。

由于各种运输方式工作系统不同,要判断水运与其他运输方式相比较的经济性是困难的。例如,在很多国际河流上,不征收航行税。水运费用主要是经营管理的费用,它在一定程度上低于其他运输方式的总费用。这一情况部分地说明美国20世纪50年代和60年代的事实,水运每吨英里的费用实际上保持不变,或者还稍有降低。运输公司的合并和技术的发展,也对价格的稳定起一定作用。

在西德,曾经计算过,每一马力在公路上可运输150公斤(330磅),铁路可运输500公斤(1100磅)。水运则可运输4000公斤(8800磅)。据说,水运的运输费用为公路的1/6,为铁路的2/3。其他运输方式与水运进行比较,由于水运的永久结构物(如运河和船闸等)作为公用投资常不计算在成本之中,而铁路,由私人投资取得铁路权,其费用已反映在运输费用之中,所以这样的比较是不合理的。水运不是没有其困难之处。例如,20世纪60年代的欧洲,出现运输船舶过剩,并反过来影响水运的收益,但到70年代,这一问题大体上得到解决，其中有国际上所起的部分作用。

总之，可以说，水上运输真正的优越性在于可保持和发展现代技术，特别是可采用能够拖带50只驳船共80000吨的功率强大的拖轮；拖轮中途加燃料可以全天工作；当拖轮在河流中航行时，驳船可解拖或系拖；自动化装卸可使船舶进出港时间减到最小。水运在20世纪60年代和70年代明显的复苏是否能继续维持下去，仍待进一步观察。一个主要的探讨课题是载驳货船，它类似铁路平车载运汽车，可以将驳船从内河港口越过海洋，运往国外内陆的目的港。

（本文原载于《港工技术》杂志1983年第1、2、3期）

世界运河的建设

编者按:本文译自《美国大百科全书》,扼要地介绍了世界各国运河的建设概况,包括我国运河在世界运河发展史中的重要地位和其作用。

运河,是用以改善和扩大天然水道网的航道。建设运河通常是为了便利运输。但是从一开始,它们就具有多目标的用途,包括洼地排水、农田灌溉,促进经济发展,以及改善交通运输。

运河为重要的交通运输线提供了有价值的联通捷径。多数运河连接主要的河流和湖泊,其余运河可为河流提供较好的入海通道,而不需要通过泥沙淤积的河口和港湾。运河项目中除了运输之外,还包括主要的水电站和强大的水的控制与分配项目,这样的工程也日见增加。

运河的分类,一般是以通航船舶的大小而定。小型的地方性运河,仅能航行 100 ~300 吨小船,或浮运小的木筏,水深仅 0.9 米。主要的驳船运河,水深 1.8 ~2.7 米,苏联和美国的有些驳船运河,水深可达 3 ~3.6 米。这些运河能航行 1350 ~2000 吨级的船舶。有的运河水深可达 7.6 米以上,可以通航海轮。

运河也可分为开敞运河和设闸运河。开敞运河的高程沿运河没有多大变化。著名的苏伊士运河就是这类运河,它的水位就是海平面。设闸运河包括许多现代化的水道,设有船闸或其它转运设施,以便沿程作为升降船舶之用。

一、早期的历史

古代的运河　运河的建设已有几千年的历史。最早的运河建于中国、巴比伦和埃及，它们大体上都是多用途的水道，而其最初的目的，很可能是为了排水和灌溉，用于运输很可能是附带的。随着这些地区内经济的繁荣，政治结构和政治权力的扩大，建设了更多的著名的水道，以利于发展贸易，并有利于加强帝国的权力和效能。中央政府的集权效能越高对运河兴趣就越大，这个关系，在中国历史上、罗马时代和欧洲中世纪都可以明显地看到。

似乎还有相当多的资料足资证明：运河系统的兴废与生产发展和具有市场观念的农业国家（或海洋国家），或者以牧业为主的帝国（或内陆为主的国家）的盛与衰之间，存在着联系。波斯和罗马帝国就是很好的例证，由于两个国家性质和领土范围的变化，他们相继经历了运河兴建和对运河忽视两个时期。

中国　历史已经记载了有关内河水道系统所进行的重要工程，这些工程早在公元前5世纪至6世纪就发展成为中国的大运河。当汉武帝时（公元前109年），曾建设从北方渭河流域至南方汉水的运河（原作可能有误—译者注）。至隋代（公元581～618年），黄河至长江的运河系统形成了。到公元8世纪，据称，大运河长达960公里，每年货运量达200万吨。公元984年，对这一条历史性的运河进行了疏浚。元世祖忽必烈（死于1294年）由于完成了南北大运河工程，而经常受到后世称赞。此时，大运河包括天然河流的改善和人工水道共长1700多公里。在中国对大运河的兴趣在各个世纪中不断地起伏，在18世纪中，运河仍发生作用，到19世纪便普遍衰落了。

中东　在底格里斯—幼发拉底河流域的运河，约有几千年历史。巴比伦帝国复兴的神圣统治者尼布查德尼扎，据说大约在公元前600年，在肥沃新月形地区恢复了运河系统。对水进行了仔细的管理，从而有可能使得这一地区成为一个繁荣的牧业和农业经济地区。

尼罗河和红海之间连接线的重要性,早已为人们所认识,这一工程的历史渊源早已湮没无闻了。波斯国王达卢斯在公元前510年曾提出重建这一水道。在公元前4世纪统治埃及的普图莱密斯,以及罗马帝国的君王特拉詹(大约在公元53~117年)都曾倡导并努力开挖在地中海与东方之间的这一捷径,以适应贸易的需要。然而,风沙不断地阻挠在这一水道上所开挖的工程,人们的兴趣和努力也就逐渐松懈了。

希腊和罗马 以贸易为主的城市国家深知维持莱伍卡运河(始挖于公元前640年,运河将伊比利亚半岛一分为二,现在是与希腊大陆分开的一个岛)和挖通科林思腰部运河而获得海上贸易捷径的价值。罗马帝国也曾将它的工程技术带到了科林思运河的建筑工程上,在埃及和北非,对水进行了小心的管理,使许多沙漠荒凉地区得到挽救。在意大利本土,在伦巴第平原和在奥斯蒂亚进行港口的扩建,一个位于台伯河上靠近罗马的港口建成了。在法国,福萨、玛丽安娜改善了从罗纳河到地中海的航行条件(公元前102年)。在英国,对埃克塞河进行渠化,并建设了从特伦特河至林肯郡的福斯—戴克运河,这条运河穿越威塞姆河。

中世纪 随着罗马帝国行政管理权力的衰落,灌溉和航运的渠道也相应地衰废了。然而,中世纪的欧洲虽饱经侵略者的蹂躏和罗马帝国统治崩溃后政治上的分散管理,其人工运河仍然保持下来。德国领导人奥多塞在公元5世纪,建筑了一条从门通至拉文纳附近入海的水道。据说,沙勒曼曾主张在莱茵河和多瑙河之间开挖一条连接线。在英国,素负盛名的亨利一世在12世纪曾浚深了福斯—戴克运河。由于商业在公元1000年以前开始复苏,低地国家成为发展水道天然的中心。在西班牙,穆尔斯建筑了格拉纳达运河,在15世纪末叶,由于费迪南德五世再次征服这一地区之后,这条运河就废弃了。伦纳多·达·文奇于1482年被委派作为工程师，规划并指导了米兰运河的建设工程。

贸易时代 贸易时代是随着文艺复兴而出现的，从而显著加快了对运河的兴趣。中央集权的民族国家的出现，工业和商业的发展，欧洲人视野的扩大，都为运河建设工程的复兴作出贡献。荷兰、比利时（现名）、意大利等，都已深知建设内河水道的重要性。瑞典的第一条短的运河水道完成于1606年，法国人在1605年至1642年之间，建筑了布里亚尔运河。法国政治家让·巴普蒂斯特·科尔贝尔曾提出了一个雄心勃勃的关于法国内部改革的计划，计划中包括的项目有奥尔良运河（完成于1692年）、朗格多克运河（又称两海运河，完成于1692年），这一运河途经加龙河和奥德河将比斯开湾和地中海连接起来。朗格多克运河当时曾被描述为罗马帝国之后的最伟大的工程。这一工程沿线需要设置若干渠道、隧道、水库和闸门，以通过崎岖不平的台地。

虽然德国、俄国、东南欧主要是依靠河流，但他们对运河日益增长的意义也不无触动。连接易北河和奥得河的一条水道从1745年开始。彼得大帝建设了波罗的海和里海（途经伏尔加河）的连接运河，这一水道于1718年开始通航。他还提出开挖伏尔加河和顿河之间的运河，但未能立即完成。在英国，于伊丽莎白一世统治时代的1566年，约翰·特鲁曾致力于对渠化的埃克塞河进行改善，1742年将北爱尔兰的纽瑞与洛夫·尼夫连接起来，但最主要的还是集中对广大天然河流的改善，到1750年，欧洲大陆的运河和改善了的内河水道已经有了相当的发展了。

二、运河时期

欧洲 近代重要的运河时期，开始于1761年，此时，英国布尔奇沃特公爵建设了（由詹姆斯·布林德利设计）一条从沃尔斯利至曼彻斯特的运河。它的成功,促进了其他无数运河的建筑。与欧洲大陆由政府规划、建设、维护的运河相比,英国私人资本建筑和管理运河所花的费用,时常是很小的。工业革命与英国内河水道建设的密切关系也是明显的。到1830年,英格兰和威尔士已有运河3101公里,经过改善航行条件的河道有2111公里,还应加上苏格兰和爱尔兰的水道。水道改善的类型有:设闸运河、开敞运河和渠化运河。横跨全国的运河的实例有肯尼特至阿文、泰晤士至塞文大尤尼恩、利兹至利物浦、福雷兹至克莱德,以及喀里多尼亚运河。

在1815年以后,运河建设在欧洲大陆的法国、德国、意大利、低地国家、俄国和斯堪的那维亚等国家又复兴起来了。开始晚的起因,很大程度上是由于法国大革命和拿破仑时期的干扰,工业革命进展缓慢,以及在德国、意大利和俄国有效率的行政部门出现得比较迟的影响。法国在1830年以前,增加运河900公里,到1848年为止,又增加了2000公里。

在斯堪的那维亚,丹麦于1777年至1784年,在北海和波罗的海之间建设了第一条运河。瑞典开发了一个广阔的运河系统,以运输木材和矿产品。瑞典十分著名的水道是耶塔运河(完成于1832年,1877年~1887年改建),它起于波罗的海,止于斯卡格拉克海峡,横跨全国,连接一些湖泊和河流。挪威开发了两个水道系统(哈尔登瓦斯德拉格特和希恩瓦斯德拉格特),只有部分水道可以充分航行,主要是为了船运木材制品。芬兰、爱沙尼亚和波兰,在19世纪建筑了有限的连接若干河流和湖泊的运河系统。

在多瑙河流域进行了零星的工程,当时奥匈帝国和土耳其帝国的政治和经济气氛对运河建设不起促进作用。建成于1846年的路德维希运河,它构成建议中的莱茵—美茵—多瑙河一条长运河联线中的一部分。

意大利的帕德诺运河(完成于1777年),可能是该国在这一时期中开发的第一条运河。但是在19世纪,最大的努力却花费在波河流域。在希腊,最为壮观的且施工持续时间最长的科林思运河,它建筑于原有的天然水道处于衰微时期。其中很少数保留下来的则是具有明显的战略性的贸易上的重要意义。

在19世纪,最为完善的人工运河和经过改善的天然水道系统,而且使用持续时间最长的,是在荷兰和比利时。这些水道中,例如阿姆斯特丹—莱茵运河、阿尔贝运河、渠化的默兹河,以及其他许多河流,经过不断的扩建,已达到通航1750吨和2000吨的标准。德国于1915年最后完成了中德运河,在20世纪又逐渐扩建为通航的驳船运河。

在19世纪,俄国集中力量以连接那些在航运上居于前茅的大的河流系统,如伏尔加河、第聂伯河、顿河、德维纳河和鄂毕河。到1900年,有29条相对说来比较短的运河通航,其总长为800公里,著名的有维尼什—沃洛切克系统,蒂克文斯克和马里因斯克运河,以及别里列齐纳、库尔兰德和布列斯特—利托沃斯克运河。

加拿大 建设运河的热情从欧洲传播到加拿大和美国。在加拿大,由于有开发运河的兴趣,其结果产生了韦兰运河,这一运河于1829年开始通航。扩建工程先后完成于1887年和1932年。由渥太华至金斯敦的里道运河和第一条圣劳伦斯水道完成于1848年。主要通航小船的特伦特运河,起源于安大略湖,经休伦湖注入佐治亚湾,建成于1915年。

美国 美国的运河建设工程开始时一般进展缓慢,财政上和物质上也比较困难。到19世纪,较大的推运力来自美洲的商业、农业、工业和资本的增长。由于中大西洋各州和大湖周围地区发展较快,在该地区相应地出现了很多运河工程的建设。在南方各州,同样也进行了水道网规划,其中有些水道也进行了建筑,但是,这一农业地区有很多比较长的可通航的天然河流,加之又缺乏大量的流动资金和发展贸易的物资市场，水道的改善工程得不到推动。新英格兰虽然对运河有兴趣，但它实际上远离横穿阿勒格尼贸易活动的主流，虽然有一部分有希望通过水运运输的物资，当运河建设证明是不现实时，最终还是促进铁路的建设。在运河建设鼎盛时期，这一国家的西部（属于密苏里河流域）一直是很不稳定的。

美国早期的运河　在 1815 年以前，有些短的运河实际上已进行建筑：在康涅狄格河上的南哈德利、福尔斯，在波托马克河上的小福尔斯和大福尔斯，詹姆士河上的里士满。迪斯马尔—斯瓦普运河的建设是从切萨皮克湾至阿尔贝马里海峡（1787～1794 年），古老的盆地运河（卡罗德里特）是在西班牙的路易斯安娜时期建设于新奥尔良。其他较小的运河建设于马里兰、宾夕法尼亚和新英格兰，主要是在瀑布周围作为现有河流改善工程的一部分。最后，在 18 世纪末叶，对许多宏伟的水道进行开挖，临近南卡罗来纳州的查尔斯顿的桑提和库珀运河（于 1786 年承包，于 1792～1800 年进行施工）；连接波士顿和梅里马克河的米德尔塞克斯运河（于 1797 年承包，于 1794～1803 年施工）。

伊利运河和其他大型的运河到 19 世纪时，多数水道的建设，想达到具有国家性的重要意义，但是也有些运河的用途是有限的，开发他们仅仅沟通林区、矿区与城市市场。所有的运河公司都期望从促进经济活动方面、矿产和农场的开发方面、工业的增长方面（依赖运河的水力发电通过运河迅速接近市场及原料产地的工业）得到巨大的补偿。

随着 17 世纪 90 年代和 18 世纪初期企图依靠改善天然河流带来多次令人失望之后，纽约州便倡导开发伊利运河，这一运河于 1825 年开始通航。它是一条在各个方面都是接近成功的运河。它像一所学校，为运河工程师提供服务，在这一学校中很多关于建设和维护方面的问题获得了解决。它为以后内河水道的财务问题，与州政府关系问题以及解决劳动力和环境卫生问题建立了一种样板，这一运河对纽约这一港口城市，对于纽约西部的住宅区和经济的发展，对于传统的贸易路线和移民群的冲击，是如此巨大，从而使得其他许多运河工程也接踵发展起来。

在1815～1850年之间，从事了几项对国家权益有重要意义的工程项目。宾夕法尼亚建设了一个由费城到匹兹堡的公共工程的主要线路，这是一个由铁路、运河和斜面升船机组成的、奇特的、不方便的运输联合体。切萨皮克和俄亥俄运河，这是乔治·华盛顿曾经感兴趣的和进行过活动的由波托马克去西部的路线有一个宏伟的设计。这一工程完成的范围从未超出马里兰的坎伯兰，它最后成为一条单纯煤炭运输线。俄亥俄州建设了一个综合性的水道网，它包括俄亥俄河与伊利河，迈阿密与莫米河，俄亥俄河与宾夕法尼亚之间的运河。印第安那州实际上自己放弃了建设沃巴什与伊利运河从迈阿密与莫米河的连接点到特雷霍特的一条连接线。在密执安州和伊利诺斯州大量水道改善工程没有完成，重要的例外是建设了有战略意义的，十分成功的伊利诺斯和密执安运河，它经由伊利诺斯河通过密西西比河连接芝加哥。

在这一时期中，一些水道的建设在范围上是有限度的。德拉华和赫德森河，利哈伊航道，莫里斯运河，德纳华和拉里坦河，基本上属于这类项目。许伊基尔航道是一条煤炭运输线，它经由尤尼恩运河以沟通与西部的贸易。切萨皮克至德纳华运河，萨斯奎纳至潮汐水道运河，以及在俄亥俄河路易斯维尔瀑布周围的一些短运河，都是因财政上的原因而进行了有限度的工程形成纯粹战略上的水道。实际上，所有这些水道开始时是一个有限度的尺度，通常是宽12米、水深1.2米。比较成功的水道随后即得到了扩大。全线水道都加宽和加深了，船闸也加长，而且许多设置了双闸。大坝和水库也扩大了。进行了经常的试验，以提高水道网的效率。各种型式的运河船舶进行了试验，加速装卸的各种方法进行了研究，发动机动力的改进得到鼓励。同时新型水泥，木材的保护方法也得到了改进。

衰退　无论欧洲和北美，运河的兴盛开始于18世纪的末叶，并经历了19世纪3/4的时间。运河时期结束的主要原因，是由于其他运输设施特别是铁路竞争的兴起。水道竞争不过铁路的原因，无疑地是西方世界商业上财政上出现了困难。正如历史发展的事实那样，一般情况有例外，也有很多附加情况影响一般情况。

当可以得到巨大的劳动力和资本，当运河长期的正常运行有某种保证，而相应的运输速度不是很重要的，运河的迅速扩展，仍成为可能。在工业化萌芽时期，提供了这些条件。当很多货主的食物和燃料运往都市中心，以及有进出工厂的大量的货物，也就带来运河的繁荣。在运河全盛时期，它们创造和支持了很多地方性的经济活动——小的城镇、地方的工业和商业、船坞、供应库以及码头和库场设施。

不幸的是，运河业已证明，它和与之竞争的铁路和公路比较起来缺少对技术进步的敏感。随着经济的发展，需要的是全年的平衡运输而不是季节性的运输。运河船闸过闸时间的迟延和船运货损日益增加，这与经济迅速增长的步伐比较起来，是不能容忍的。而贸易上各种形式的改变，发现运河较之其他运输方式则不够机动灵活。多数运河适合地方的或区域性的发展；当经济活动的范围发展成为全国性时，在交通运输上就要求寻求其他的运输方式。再加之，人工水道建设的费用是昂贵的。

运河的衰退是相对的，不是绝对的。当大批量的商品而运输速度又不是决定性的因素时，水上运输在经济上的效益仍然值得重视。据估计，各种运输方式每吨英里的费用为：轮船为0.2美分，管道为0.25美分，驳船为0.4美分，火车为1.4美分，汽车为6.5美分。将渠化的现代化的天然河流包括进来，在最近几十年中，特别是在欧洲已经发生水运贸易的复苏。

三、主要的现代运河

驳船运河 凡继续使用的水道,实际上都已作为公共事业由政府接管和维护。多数运河纯粹是为了地区性的运输,如斯堪的纳维亚、英国各岛、西班牙和意大利,但较为重要的运河已改造成为驳船运河。主要的驳船运河有:西欧莱茵河流域的运河,法国的运河网,宏伟的苏联混合水道网,大西洋和墨西哥湾海岸内的水道网(包括科德角·切萨皮克和德拉华运河,它们也是一些通行大型轮船的运河),纽约州驳船运河系统(包括伊利运河),以及巨大的密西西比河水系。

轮船运河 少数存在下来的水道,成为充满活力的轮船运河,并具有相当的通过能力。这些运河中的一种是连接深水海港的通道。在欧洲,这类运河有1894年通航的曼彻斯特轮船运河,以及为根特、鹿特丹、阿姆斯特丹服务的莱茵河下游的运河。在北美,有休斯敦轮船运河,萨克拉门托轮船运河,新奥尔良工业运河,以及华盛顿湖轮船运河。第二种轮船运河,包括伟大的国际水道——苏伊士运河、基尔、巴拿马和圣劳伦斯运河。

苏伊士运河是一条开敞水道,长165公里,是现代化的国际轮船运河中最古老的。它是在费迪南·德·莱塞普斯指导下,开工于1859年,竣工于1869年。管理苏伊士运河的公司于1875年落入英国人手中,1956中由埃及政府接管。

科林思运河,是在苏伊士运河取得成功的推动下,建筑于1882~1893年。它也是一条开敞运河,长6.5公里。现在的基尔运河长98公里,仅有两个船闸位于运河的两端,于1895年开航,当时名为威廉运河。

巴拿马运河虽然它早在16世纪就已经提出来了,但也是在苏伊士运河这一成功先例的直接鼓励下建设起来的。在19世纪,由莱塞普斯规划开敞运河,并由一个法国公司着手施工,但由于克服不了财政、施工和环境卫生等问题而失败了。现在的运河是由美国政府于1914年挖通的，是一条“船闸—河湖”型的水道，最高水位在海平面以上26米。水道长80公里，水深不小于12.5米，船闸长300米宽34米。著名的盖亚尔（库莱尔拉）开挖段长度超过13公里，宽150米。

主要轮船运河的最新国际水道是圣劳伦斯水道。估计有80%的海上舰船能够通过这一条从德卢思至大西洋长3768公里有16座船闸的水道。这条水道包括有三项重大的工程：圣劳伦斯海航道（通航于1959年），有7座船闸，以克服弗特利尔至安大略湖之间69米的高差；韦兰运河（通航于1829年，最近又进行扩建）用8座船闸去越过在安大略湖与伊利湖之间99米的高差，在密执安湖与苏必利尔湖之间的8.5米的高差，则用苏圣玛丽船闸来解决。

四、运河建筑物

在运河规划中，水源的确定是一开始就要关注的问题。运河主要要求是在最高水面处有足够水的补给。通常需要用水泵将天然水流从低水位扬至贮水池，贮备起来作为水源的补给。其他在运河工程中需要考虑的问题包括：运河路线的确定，运河的宽度和深度，水面以上跨河建筑的净空，永久性建筑物如隧道、沟渠和船闸的尺寸。

运河线通过起伏变化的地带，是个规律而无例外。这就引起了多种有想象力的方法，以克服沿线高程起伏的地形。保持运河河槽中低的水流力也很重要，有必要使多余的水流绕过运河或采用其他方法加以排走。虽然现在大多数船舶是自航通过运河，但必须有适当的备用动力用以牵引运河的船舶。

船闸　已经发明很多巧妙的方法使船舶沿着水道从一个水平面移到另一个水平面。在英国、斯堪的那维亚、俄国，甚至现在一些独立的小运河上，还在使用一种古老的冲泄式船闸系统。这种船闸只有一个单闸门。水首先蓄在一个水池中，然后开启闸门，单船或几条船通过闸门时随着涌出的水流冲泄到下一个水面。对这一过船方式进行修改的方法是采用过船斜槽,船只下来时受到冲击,具有更大的危险性,因而很少采用。位于波托马克公司运河上的大瀑布(弗吉尼亚州)附近已毁坏的过船斜槽,至今还可见到。显然,这些方式使船舶向上游航行,事实上是不可能的。

现代的船闸,本质上是水道的小区段,水道由一系列的船闸分成为若干个梯级。用阀门控制每一区段或船闸的灌水和泄水,从而调整每一船闸的水位。船闸不论上行或下行,首先进入航线上的第一个船闸,此时船闸中的水位与航道中的水位相平。然后关闭闸门,使闸室水位上升或下降,与相邻一级船闸中的水位取平。然后开启闸门,使船只通过船闸,并驶向相邻一级船闸。重复这一过程,直至船只通过这一系列的船闸。

斜面升船机和垂直升船机　虽然船闸是普遍使用的以克服运河地形升降的方法,但它有若干缺点。即过船缓慢而且需要大量水的补给。斜面升船机包括缆车式升船机和箱式船闸(垂直式升船机)的采用,是企图解决这一课题以适应过船的要求。

斜面升船机较之普通船闸具有两个明显的优点。它们工作时不需要水,而且实际上易于克服短距离的集中的水位落差。在这一系统中船只是从水中拉上斜面上的承船车,并随车移动到运河的上游或下游。众所周知的实例是位于宾夕法尼亚公共工程主航道上的斜面升船机(5 座在山坡东面,5 座在西面)。其他迄今仍在正常运转的,有位于加拿大特伦特水道上的斯伦夫特急流斜面升降机(升高 14 米),和位于欧洲布尔塞尔—沙勒罗瓦运河上的大型斜面升船机(升高 18 米)。垂直升船机在欧洲比在北美多,其闸箱本身是靠机械升降。英国的安德顿垂直升船机(升高 15 米)是由电力操纵的。法国的莱斯—福延德斯垂直升船机(升高 13 米)是由水力操纵的。

(本文原载于《航海技术》杂志 1983 年第 2、3 期)

中国运河的建设

我国是世界上文明古国之一，内河航运有着悠久的历史。运河的开凿，是发展内河航运的重要条件。研究历代运河的建设情况，了解运河的沿革和变迁，对于我们认识内河航运发展的历史和规律，有着重要的意义。

我国的运河建设历史悠久，规模宏大，涉及面也很广。整个一部运河史堪称光彩夺目，内容极为丰富。本文只是扼要地介绍一下我国运河建设的历史。

一、早期的运河建设

对早期的运河，司马迁有一段概括的记载："荥阳下引河，东南为鸿沟，以通宋、郑、陈、蔡、曹、卫，与济、汝、淮、泗会；于楚，西方则通渠汉水、云梦之野，东方则通鸿沟[①]江淮之间；于吴，则通渠三江五湖；于齐，则通菑、济之间……此渠皆可行舟……"[②]。

春秋时代，楚庄王十三年（公元前601年）水利专家孙叔敖曾主持兴修期思陂[③]（即芍陂），此后，他曾阻断沮水作渠，东南流至今湖北江陵，称云楚通渠。司马迁所说"通渠汉水、云梦之野"，可能就指这条渠道。到楚灵王（公元前540～公元前529年）时，自楚国的郢都（今湖北省江陵西北）起，承赤湖水，东南流至江陵城北，又东流至潜山县北入于汉水[④]，称扬水运河，后称江汉运河。这条运河在楚灵王、昭王时，都曾作为漕运的要道。以后，吴王阖闾伐楚（公元前506年）曾循这条运河上溯到郢都。当时，吴军主帅是伍子胥,故此河又名子胥渎[5]。现在,一般认为,这是我国历史上最早建设的运河。

吴国地处长江下游和太湖流域,据有十分有利的水运条件。为了便于西征楚国,吴王阖闾于周敬王十四年(公元前506年)命伍子胥督工,从太湖西岸向西开凿一条渠道,历经宜兴、溧阳、高淳,直到安徽芜湖附近入长江,以通军运和粮运[6]。因为工程是由伍子胥主持的,故称胥河,又名胥溪。吴师即由此河入长江,这是因为,当时镇江附近的江面风涛险恶,不便航行。

吴师伐楚后,又图臣服越国。于是,又在周敬王二十五年(公元前495年)命伍子胥开挖另一条渠道,自太湖经淀山湖、泖湖到今浙江北部出海,此渠名为胥浦[7]。同时,还进行了另外一个工程:由苏州西北开河,经望亭、无锡、奔牛至丹阳,在奔牛附近与孟河相连[8],全长约170里。这个地区原本水网密织,所以工程进展迅速。

吴国征服越国后,又企图向北用兵,与齐国争霸。于是,根据军事运输的需要,于周敬王三十四年(公元前486年),在今扬州东南筑邗城,并由此开渠[9]引长江水北流,出武广湖东、陆阳湖西(二湖均在今江苏高邮县境内),下注樊良湖,又东北至博东湖,进射阳湖(今宝应东北),折西北经夹耶(邪)至末口入淮。全长约340公里。此渠称为邗沟。

此后,吴国又企图与中原的晋国争霸,准备率师北上,与晋定公会于黄池(今河南封丘南)。于是在公元前482年令人在商(宋国的都城,今河南商丘)、鲁(指鲁国都城,今山东曲阜)之间,开凿了一条沟通泗水和济水的渠道[10],即菏水,系从今定陶东北的古菏泽引水东流至今鱼台西北注入泗水。也就是说,这条渠道在今山东的西南部。现在,这里还有一条万福河,其故道可能就是这条渠道[11]。它最早把我国的两个最大水道系统,即江、淮和河、济连接起来了,对当时的经济发展,有着很大的意义。

在春秋时,齐国是最先称霸的,它的都城在临淄,僻处东隅,与中原的交通很是不便,所以开凿了一条从菑水到济北的渠道⑫。如此,它就可以通过济水、黄河到中原各地。它的开凿很难确定是在什么年代。但是,齐桓公称霸时,曾九合诸侯,会盟之地,有的在济水以北,有的在淮水中游,而且在公元前680、679、678年,他曾连续3次率领大批人马出外会盟。如果没有方便的交通,是相当困难的。由此推测,菑济运河可能是在齐桓公初年开凿的。

到了战国时代,各诸侯国之间的兼并战争,更为激烈而频繁,各国对交通运输愈加重视。此时最值得一提的是鸿沟。公元前364年,魏国将都城从安邑(今山西梁县北)迁到大夏(今河南开封)后,积极图谋向东南夺取更加富庶的江淮地区。当时大夏没有通向淮河的渠道,乃于公元前360年兴起了规模较大的运河工程,先是在古黄河南(今河南原阳北)按垂直方向开凿了一条渠道,引河水南行,而入圃田泽。公元前339年,又凿渠引泽水东流,经中牟县北抵大梁北,名为大沟。继而,又引水南行,至陈(今河南淮阳)入颍水。渠成,与上段之大沟统称为鸿沟⑬。鸿沟的开凿,沟通了济、淮、睢、颍、涓、汝、泗、菏等水道,初步形成了黄淮平原上的水道交通网,使江、淮、河、济的联系更加密切了,对各地经济的发展,具有更大的作用。楚、汉相争中,曾以鸿沟为界。汉以后,此渠改称狼汤渠,或作蒗荡渠、莨荡渠。

二、大运河

我国的南北大运河,现称京杭大运河,可与万里长城媲美,它们是我国古代两项最伟大的工程。前面提到的邗沟,是南北大运河最早开凿的一段渠道,以后经历代逐步开凿,不断发展,最后形成北起北京、南至杭州,纵贯南北的大运河。

大运河的主要工程完成于隋、元两代。隋朝建成以洛阳为中心，西通长安、南及余杭（今杭州）、北达涿郡（今北京）的长2700余公里的运河体系，是我国运河建设史上的一个重要里程碑。

隋文帝杨坚统一中国后，采取了一系列有利于统一的措施，并开始进行大运河的修建。汉代曾开凿关中漕渠，但失修淤浅，漕粮仍需通过黄河、渭水达于长安。但黄河有三门峡之险，而渭水流量大小无常、水浅滩多，常造成航行阻塞。隋文帝于开皇四年（公元584年），命营新都副监宇文恺率水工凿渠引渭水，自大兴城（今西安）起，东至潼关过黄河，长达300余里[⑭]。因渠道经渭口广通仓下，故名广通渠，当时习惯上仍称漕渠，又名富民渠。仁寿四年（公元604年），又改称永通渠。这是隋代最早修建的大运河西段。

前面所述邗沟，始建于春秋年间，至东汉建安五年（公元200年），广陵（今扬州）太守陈登征集民夫进行改建，使沟渠直接由樊良湖北通津湖、白马湖，再穿过射阳湖入淮。这就缩小了河道弯度，航程全长减少为197公里。以后又经过两次整治。但自东晋末至南北朝的200余年间，渠道失于疏浚，淤塞断航。隋文帝开皇七年（公元587年），为了进军江南伐陈，重新疏通了渠道[⑮]，基本上沿袭了吴国时的路线，改名山阳渎。

隋炀帝即位后，于大业元年（公元605年）三月征调河南、淮北诸郡人民前后达百余万，于黄河与淮河之间，开通济渠[⑯]，自西苑（洛阳西郊）引谷、洛二水达于河，再自板渚（今河南汜水县东）引黄河水入汴，经大梁（今开封），过睢阳（今河南商丘），折向东南经永城、夏邑、泗县至盱眙入淮河，然后顺流东下过古淮阴城达末口。此后，又征调民工十余万开山阳渎，大体循东汉陈登所开的路线[⑰]。

由黄河至长江之间的运河，基本上是利用天然河流结合人工开挖而成的。据史籍记载,开挖通济渠始于大业元年三月二十日,同年八月十五日,连重开的山阳渎亦告竣工。

通济渠宽40步,两岸皆筑御通,并遍植杨柳,故又有御河之称。自长安至扬州,沿渠造离宫40余所,其中江都宫尤为壮丽。大业元年秋,隋炀帝出游江都,他自己乘坐高四层的所谓龙舟,肖皇后乘坐翔螭舟,随行官员、侍卫人员、宫娥、彩女等分乘各类船舶数千艘,拉船的纤夫多达8万余人,船只前后衔接长达100余公里,骑兵夹岸护送,浩浩荡荡,极一时之盛。

隋大业四年(公元608年),开黄河至海河水系之间的永济渠[18],征发河北诸郡男女百余万,引沁水南达于河,北通涿郡(今北京西南郊外)。这是隋代修浚的自黄河中游,连接海河水系的北方运河。永济渠也是大部分利用原有的天然河流,从今河南武陟县东南凿渠,引沁水会淇水入清河故道,经临清、德州、沧县,至天津西南的独流口,折向西北,经今信安镇、永清县,接漯河、芦沟河(永定河故道)上达涿郡。其中,从天津往南至临清一段,即现在大运河的北段;临清至内营一段,即今之卫河,并称御河。永济渠南接通济渠、邗沟而达长江。

隋大业六年(公元610年),开江南运河,自京口(今镇江)至余杭(今杭州),号称800余里,广10余丈,可以通行龙舟。实际上,这条渠道,前人早已开挖。前面已经提到,春秋时的吴国,就曾凿成自苏州经望亭、无锡、奔牛循孟渎出江的渠道。至东吴赤乌八年(公元245年),命校尉陈勋发屯田兵3万,凿句容中道[19],至云阳城(今丹阳),称破岗渎。自此,吴(今苏州)会(今绍兴)船只即可循春秋吴国时开通的水道,驶至破岗渎,再循句容境内的秦淮河直达南京。另外,《齐书·地理志》也载有:"丹徒(今镇江)水道,入通吴会",可知这条渠道是早已有之。隋炀帝时只是进行了一些拓宽和疏浚的工程而已。

隋炀帝大兴土木,大开运河,役使民工百万,耗费大量财富,使人民受尽苦难。但这些民工流血流汗的结果,造成了一个完整的运河体系,为发展南北交通作出了巨大贡献,对隋代以后的政治统一、经济繁荣、文化交流,起了十分积极的作用。正如《元和郡县图志》所说:“隋民作之虽劳,后代实受其利。”唐代诗人皮日休在《汴河怀古》一诗中对此亦作出了公正的评价:

尽道隋亡为此河,至今千里赖通波;

若无水殿龙舟事,共禹论功不较多。

唐、宋两代,沿用隋代的运河体系,屡加疏浚,并有所发展。最著者有二:一是伊娄河,在唐代初期,漕船由江南河入邗沟是由丹徒口渡江北达扬州的,后以扬子津(今扬州市西南部)南淤沙成洲,不便通航,往来漕船要迂回60里,并且常遭覆溺。唐开元二十六年(公元728年),润州刺史齐澣就发动民夫浚挖白瓜洲至扬子镇间的25里渠道,于是“岁无覆舟,减运费数十万”[20]。诗人李白有诗赞曰:“齐公凿新河,万古流不绝,丰功利生人,天地同朽灭”。另一条是龟山运河,在龟山(今盱眙东北30里)至山阳(今淮安)北的一段淮河,是沟通汴水和邗沟的运道,水流湍急,行舟多遭覆溺。北宋雍熙(公元984~987年)中,命转运使刘蟠、乔维岳开挖了一条长60里的沙河,自山阳至淮阴。后于熙宁四年(公元1071年),遣发运使开淮阴新河,西至洪泽,长49里。其后,又于元丰六年(公元1083年),命发运副使蒋之奇率民工十万,于一个月内挖成一条自龟山至洪泽、长57里的渠道,此三渠相连,总名龟山运河[21]。

在唐、宋年间,大运河开始发挥重要的作用。特别是在北宋,每年通过汴河(通济渠)运往都城的漕粮都多达五六百万石[22],堪称为宋皇朝的生命线。

元朝在运河建设史上是又一个重要的里程碑,它修建了从大都(今北京)直达杭州的运河体系,全长1700余公里,奠定了以后京杭运河的基础。

公元1271年，忽必烈定国号为大元，1279年灭南宋，统一全国，建都大都。随着政治经济中心的北移，发展交通，开凿由北往南的大运河体系，乃成为当时政治经济发展的必然要求。

元世祖重用水利专家郭守敬、王允中等，规划全国水利和运河建设，除修浚利用一部分隋、唐原有运河外，还进行了大量的新建工程，主要是开挖济州河、会通河、通惠河、通州运粮河4段[23]。

元至正二十年（公元1283年），令兵部尚书李粤首先疏挖济州河，工程南起自济州（今山东济宁），北讫安山（今东平西南），长150里。并在今宁阳县北，兖州县东，遏汶、泗二水入洸河达于济州南，由分水闸导之北流，注入运河，以扩大其水源。

济州河开通后，南来漕船经济州河入黄河，经海运入大沽河，以达北京。由于黄河口泥沙淤浅，海运不畅，漕粮又改由东阿陆运到临清，再经御河北运。因此，开通安山至临清之间的运河，就成为必要了。这段运河，名会通河，全长250余里，地势较高，工程艰巨，自至元二十六年（公元1289年）至泰定二年（公元1325年），前后历时32年始克完工[24]，役工200余万，是我国运河建设史上最大工程之一。

通惠河，为大运河最北一段。在金代，曾屡加修建，但工程终未完善，时通时断。至元二十九至三十年（公元1292～1293年），由水利专家郭守敬亲自设计并主持修浚，终于顺利完成。渠道全长164里。由此，南来的漕船可直达大都城内的积水潭，故又称大都运粮河。

通州运粮河，又称北运河，自天津至通州。元代海运漕粮或河运漕粮，都必须通过这条线路才能到达大都，所以在至元三十年（公元1293年），元世祖命人整治了这段渠道，长370余里。渠成后，上接通惠河到达大都，下接御河以通江淮，东南通大沽河入海。

元代开挖了这4段运河,并对济州以南各河段进行了疏浚整治,从而使京杭运河得以全线沟通。但由于会通河等渠道岸狭水浅,不胜重载,所以元代的漕粮常采取海道运输的,最多时达每年300万石。

在明、清两代,大运河都发挥了巨大的作用。直到清代同治十一年(公元1872年)前,每年的漕粮大部分都是通过这条河运往北京。所以它们对运河的疏浚和整治是极为重视的,也进行了一些局部的改道工程。主要有:明永乐九年(公元1411年),工部尚书宋礼疏浚会通河,采用汶上老人白英的建议,在戴村筑坝,遏导汶水入南旺湖,分流南北以提供运河的水源。明万历三十二年(公元1604年),遣总河侍郎李化龙大兴河工,起夏镇(今微山湖东),以迄邳州直河口,开伽河(即东运河)260余里。自此,漕船可避黄河险道300余里[25]。清代整治运河,重点是维护山东境内的一段及苏北段。康熙二十五年(公元1686年),令河道总督靳辅征集民夫开中运河,自宿迁张庄起,经骆马湖绕过宿迁县治北,至清河县(今淮阴)西仲家庄口[26]。由此可避黄河180里之险。

自清代嘉庆以后,运河逐渐失修。从清末至民国时期,大运河只能保持区段通航,不复是沟通南北的水道了。

新中国建立后,党和政府十分关心京杭运河的整治和改建,1958~1961年,交通部会同沿线各省有关部门开展了大规模的运河建设工程,重点是苏北段,其余河段亦进行了不同程度的改建和扩建。苏北段航道设计标准为,新开航道底宽60米,水深3.7米。旧河道开挖底宽45米,水深3.5米。工程于1958年10月开始,至1961年工程竣工。除开挖航道外,还建造了解台、淮安、施桥等7座船闸和4座节制闸、3座公路桥、2座铁路桥及3

座涵洞。施工中共完成土石方 15946 立方米，投资 20274 万元。1982 年至今，又对运河苏北段和江南运河进行大规模的改建。运河山东段进行部分河段的改建，其中济宁至徐州河段，已可通行千吨级船舶。在 20 世纪 80 年代，还进行了京杭运河与钱塘江的沟通工程。沟通运渠起于杭州艮山港，止于钱塘江，长约 7 公里。目前，京杭运河除北京至山东东平湖段不能通航外，其余河段均可通行船舶，而苏北段从蔺家坝至长江的一段（长 404 公里），航道标准已具通航 2000 吨级驳船队的规模，成为江苏省南北方向的水上运输大动脉。

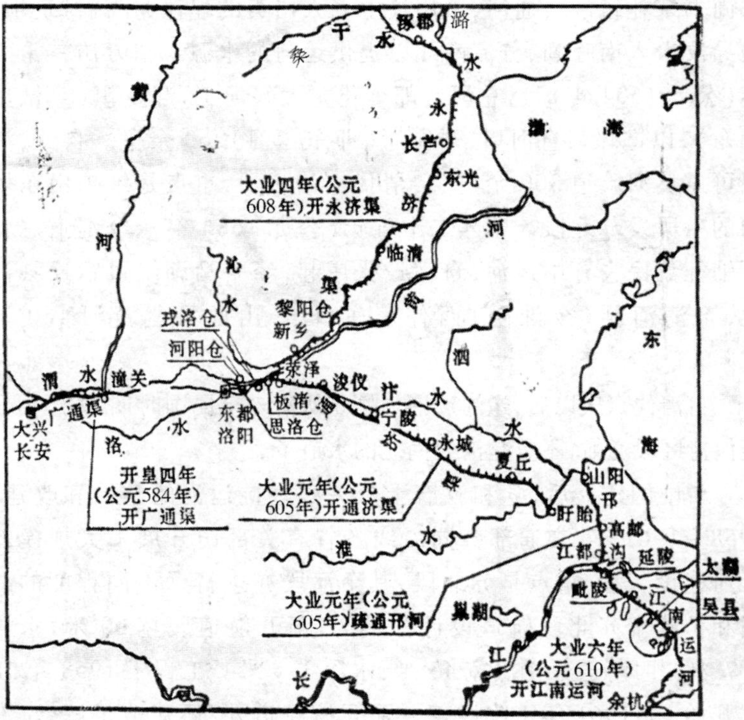

隋代大运河示意图

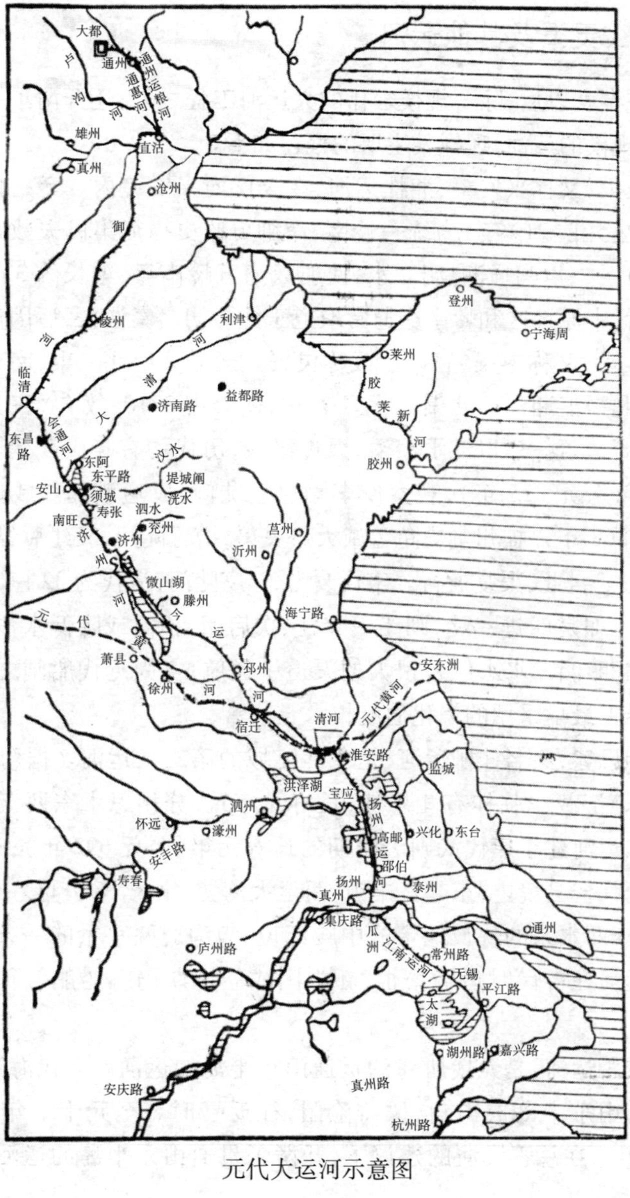
大都
通州
通州运粮河
通惠河
卢沟河
雄州
直沽
真州
沧州
御河
陵州
利津
登州
宁海周
莱州
胶莱新河
临清
大清河
益都路
济南路
会通河
东昌路
东阿
东平路
汶水
堤城闸
洸水
安山
须城
寿张
南旺
泗水
兖州
济州
济州河
莒州
沂州
胶州
微山湖
滕州
今运河
元代黄河
海宁路
萧县
邳州
安东洲
徐州
宿迁
清河
元代黄河
淮安路
监城
洪泽湖
宝应
泗州
扬州运河
高邮
兴化
东台
怀远
濠州
安丰路
邵伯
寿春
扬州
泰州
真州
集庆路
瓜洲
通州
庐州路
江南运河
常州路
无锡
平江路
太湖
湖州路
嘉兴路
安庆路
真州路
杭州路

元代大运河示意图

三、灵渠及其他运河

在秦朝以后，除了规模宏伟的大运河工程之外，还开凿了一系列中、小规模的运河，现择其主要的概述如下。

灵渠，又称兴安渠、湘桂运河，在今广西兴安境内。秦始皇二十八年（公元前219年）为统一岭南，命御史监史禄征集民夫数十万自零陵凿渠[27]，以沟通湘、漓二水，使船只通五岭南粤，渠长约33公里。秦以后，中原地区和岭南交通常取道于此。初名秦凿渠，后因漓水上游为零水，又称零渠，唐以后改称灵渠。运渠分南北二渠，南渠注入漓江，北渠汇湘江。北渠占水量7/10，南渠占3/10，故有“三分漓水七分湘”之说。后以江水溃溢，渠遂淤浅，历代均有疏浚改建。唐宝历元年（公元825年），观察使李渤更立陡门，以通漕船。咸通九年（公元868年），桂州刺史鱼孟威大修灵渠，增置陡门，又建后铧堤，长20公里。自此，渠复通行。宋代改为36座陡门，清代为32座。灵渠的陡门，即是船进一陡，则闭一陡，顺次启闭，抬高或降低水位，使船只能在湘、漓二水水位差很大的渠道中通航，实为近代船闸之先驱，是世界上最早采用的渠化通航技术。

相思埭，又名桂柳运河，是珠江流域的第二条运河。据《唐书·地理志》记载：“临桂有相思埭，长寿元年筑，分相思水东西流”。说明这条运河建于唐代武则天时期的长寿元年（公元692年），运河位于广西临桂县境内，东起良丰镇，西至大湾墟，全长16公里。处于桂江、柳江两水系的狭长地带的中腰部位，为沟通两水系的一条运渠。这条运河在古代时运输繁忙，新中国成立初期仍有船舶航行，现已湮废。

胶莱运河，是元代所建的贯通山东半岛的运河。元代海运漕粮需绕道山东半岛成山角，风涛险阻，往返费时。至元十七年（公元1280年），在总管姚演的建议下，开凿了贯通山东半岛的运河，南起自胶县东麻湾口,西北达于胶河,出今莱州湾,长约260里,可使海漕航线大为缩短。后因海沙淤泥壅塞,漕粮改从黄河入渤海,遂致胶莱运河遭弃置。明代曾加修浚,亦未成功[28]。

昌平运河,即今北京北面的温榆河。明代漕运江南的粮食,除供京都所需外,尚须供给今昌平东北的庞大的守陵部队。为使粮食从通州直接运往守陵地区,疏浚了沙河(今温榆河)作为漕粮运道,西北起于昌平巩华城(今昌平南沙河镇),东南至通州接运粮河,全长140余里,称为昌平运河。隆庆前,河道淤塞30里,隆庆六年(公元1572年)进行大规模整治后,每年漕运粮食达40万石。

此外,还修建了从杭州至钱塘江的运河,名为龙山河;由南京秦淮河至溧水县的胭脂河;以及沟通钱塘江、曹娥江、甬江的杭甬运河等。这些运河,在我国一定历史时期,在一定的地域,发挥过一定的作用。其中杭甬运河(杭州至宁波)于2002年开工扩建,全长240公里,达到通航500吨级船舶的标准,延传千年的"京杭大运河"应改名为"京杭甬大运河"。

下面,集中地描述几条在古代主要为了运盐而开挖的运河。"自古煮海之利,重于东南,而两淮为最。"因此,运盐河大多在江苏省境内。

运盐河,又称上官运盐河、上河、上官河,俗称通扬运河。西汉前元年间(公元前179~公元前164年),吴王刘濞遣人开凿了一条从广陵(今扬州)的茱萸湾(今湾头)东通海陵仓(今泰州)及如皋蟠溪的渠道[29],用以运出从海滨所产的盐,故名运盐河。西汉以后,航运基本上不断。隋文帝仁寿四年(公元604年),曾对此渠进行一次大的整治。到了唐末五代时期,由于胡逗洲(今南通)与大陆相连为一体,于是将这条运盐河南延至南通,这就是今通扬运河的前身,全长约212公里。1971年南通县陈桥公社出土的五代南唐徐夫人的墓志,其中写明死者的葬地在"永兴场运盐河东"。永兴场是五代时建立在南通的一个盐场,足证那时“运盐河”已延伸到南通了。

通吕运河,始建于南宋咸淳五年(公元1269年)。当时李庭芝为两淮制置使,为省盐民车运之劳,凿河40里,由通州经金沙至余庆盐场[30],初名金沙河。至明代隆庆年间又向东延伸至吕泗,串通沿线各盐场,故又名东串场河,全长70余公里。

串场河,亦系在明代凿成,南接流经海安之运盐河(旧通扬运河),北流至东台县东南,经富安、安丰二盐场,沿范公堤西北流,经东台县治西,入兴化县东境,经刘庄,再折向西北贯盐城县境,至阜宁流入射阳河,纵贯南北,串通了东台、兴化、盐城等县的各盐场,因而对淮盐的外运,起了很大的作用,自阜宁至海安,全长130余公里。

盐河,古称官河,又名漕河、外河,是沟通淮阴市与连云港的人工运河。《唐会要》记载:“垂拱四年(公元688年)开泗州涟水县新漕渠,以通海、沂、密等州,南入于淮。”《读史方舆纪要》:“宋元符初(公元1098~1100年),淮南开修楚州支家河,导涟水与淮通,赐名通涟河。”即为盐河之前身。清代康熙年间重新开凿[31]。自杨庄起,中承中运河来水,西北流经涟水县,再西北流,经灌云县至新浦(今连云港市);贯通了南北六塘河、灌河、新沂河、五图河、车轴河,形成一水网。当时新浦为淮北盐业中心。由此,淮北盐即可经这条盐河南运,到杨庄过坝,另装大船,循中运河入洪泽湖,再转淮水,运往安徽、河南等省。这条河全长150余公里。

新中国建国以后,除对大运河进行大规模扩建外,又开挖了一些新的运河。如位于安徽省中部的大潜山总干渠,又称淠河总干渠。全长143公里,有灌溉和航运的综合效益。总干渠还有6条支干渠,分段通航的计有251公里。这些运渠自1971年通航以来,已经运输了煤炭、粮食、建材、化肥等大量物资[32]。

江苏省的苏北灌溉总渠,起自洪泽湖,经淮安,滨海等地,于扁担港出黄海,全长160余公里,始建于1952年,主要用于灌溉输水,也可以用于航行。

江苏省还开凿了新通扬运河,大体上与旧通扬运河平行,长约90公里,经江都、泰州、泰县、抵海安。渠道顺直,航行称便。还有通榆运河,在串场河东面,依其线路,裁弯取直而成,航行极为便利。自南通至阜宁一段,早已建成,长约180公里。阜宁至赣榆一段,尚待开挖。

注释

①按《汉书·沟洫志》,此句为"东方则通沟江淮之间"。

②《史记·河渠书》。

③《太平寰宇记》寿州永安县《芍陂》条。

④《水经注·沔水注》。

⑤《史记·吴太伯世家》。

⑥《光绪高淳县志》。

⑦单树模《江苏地理》,江苏人民出版社,1980年。

⑧《越绝书·吴地记》。

⑨《左传·哀公九年》、《乾隆淮安府志》。

⑩史念海《中国的运河》。

⑪杨守敬《前汉地理图》。

⑫武汉水利学院《中国水利史稿》上册。

⑬《史记·河渠书》。

⑭⑮《隋书》卷一《文帝纪》。

⑯《资治通鉴》卷一八〇《隋纪》。

⑰⑱《隋书》卷三《炀帝纪》。

⑲《建康实录》、《乾隆镇江府志》。

⑳《丹徒县志》卷十一《河渠》。

㉑《宋史·河渠志》。

㉒《宋史·食货志》。

㉓魏启宇《元、明、清时期的运河》，载于《内河运输》杂志 1981 年第 1 期。

㉔《元史·河渠志》。

㉕《明史·河渠志》。

㉖《清史稿》卷二七九《靳辅传》。

㉗《读史方舆纪要》卷一〇六。

㉘《元史·河渠志》。

㉙《乾隆淮安府志》。

㉚《续资治通鉴》。

㉛盐河故道即涟水漕渠。据《行水金鉴》云："唐嗣圣五年（即垂拱四年，公元 688 年），开涟水新漕渠，以通海（即海州，今连云港西南）沂（即沂州，今临沂）密（即密州，今山东诸城）诸州。"以后废弃。北宋时曾开其下游，曰支家河，后亦湮没。清康熙二十五年（公元 1686 年），开中河，其另由清河县（今淮阴）出东往北达于平旺河的一段，即为下中河。

㉜《全国内河航道普查资料汇编》。

北运河查勘记

为了研究京津运河的开发问题，今年5月间，我与几个同志又去查勘了一下北运河，这是我第二次来北运河查勘。

我第一次查勘北运河是在前年冬天。今年这一次查勘，正值初夏时节，气候不冷不热，原野上的草木正长得繁茂，比上一次的寒冬天气当然是好得多了。

北运河为我国南北大运河的北段，起于北京东便门，经通县、杨村等地，讫于天津，全程170公里。其中北京至通县段又名通惠河，我们此次查勘，首先从通惠河开始。

通惠河全长21公里，是金代大定十二年（公元1172年）开始开挖的，北京对外地的航运也从此时开始。由于缺乏水源，这段通航水道在金代只用了15年就放弃了。到元世祖至元二十九年（公元1292年），又大力进行修建，引玉泉山及白浮泉水入通惠河，并在河上建筑若干单闸，实行节水行船。于是运粮船只可直接进入大都城内（元朝称北京为大都），什刹海上桅杆如林。以后明、清两代，又屡加改建，以通漕运。一直到清朝末叶，京津、津浦铁路通车以后，通惠河的航运始完全废弃。

现在通惠河上还有过去一些通航建筑物的遗迹。如高碑店、花园、普济村等处，都有以前通船用的单闸。这些闸的闸门已经废掉，形成跌水，水流经此下泄，上下游水位落差大约有3～4米不等，因此流速甚急。在闸上，一般都建有石板的行人便桥。此外，河上尚有不少的铁路桥和公路桥，其中有名的八里桥，现在是京津公路上的一座石砌拱桥。据说这座桥是清朝乾隆年间修建的,距今已有 200 余年,目前桥梁仍完好无损,可以通过 6 吨左右的载重卡车,可见我国过去桥梁建筑技术之高超。

我们在查勘通惠河时,遇到一个姓贺的老大爷,现年 70 余岁,很久以来就住在通惠河边。他的父亲是一个船民,前清时在通惠河上驾过多年的船,贺老大爷本人也曾经随着他父亲在船上帮过工,因此,曾经亲眼看到过通惠河水上运输的兴亡盛衰。据他谈,60 年前,通惠河上来往的船只络绎不绝,当时主要是运输粮食。因为朝廷在北京需要粮食供养,大批的粮食便从很远的南方通过南北运河运到北京来。当时的运输船舶相当大,一般为 8 丈 5 尺长,1 丈 6 尺宽,每艘能装 195 包,每包重 180 余斤,每船约能装 35000 来斤。粮食运来以后,就储在仓库里,当时北京城内有 4 处大仓库,即东门仓、西门仓、储济仓和太平仓。贺老大爷又说,以前通惠河不仅是通航水道,而且也是老百姓划船游冶之地,因为那时昆明湖、北海等处是专供皇帝以及王公大臣们游乐的禁区,老百姓是不能进去的,因此大家只得在城外的通惠河上划划船了。从贺老大爷这里,我们对通惠河的历史有了进一步的了解。

目前通惠河是北京市的排水河道,城市污水和雨水有一部分经此下泄入北运河。

通惠河两岸村庄很多,现在又增加了许多工厂,如几家大纺织工厂都在它的左岸,另外还有电厂、木材加工厂、机器厂等,这些工厂大都是解放以后建立起来的。

过去,北运河在通县以下主要是宣泄潮白河与温榆河的洪水,所以河道展宽,水量增加。1950 年潮白新河开挖以后,潮白河洪水完全由箭杆河经潮白新河入海,目前北运河主要是承泄温榆河洪水。

运河自通县至筐儿港一段,目前不通航运,只有一些捕鱼船只在河上来往。据说在解放以前,由于京津公路常常被我游击队破坏,所以北运河上尚有不少运输船舶。解放以后，铁路与公路完全畅通，这段运河的航运就被废弃了。

本段河道的河形很弯曲，两岸堤防相距很远，一般为2~3公里，有的宽达4公里。堤下有广阔的河滩，河滩土壤肥沃，适宜于农业生产，我们经过时，遍地长满青绿的麦苗，看来今年的丰收是不成问题的。

良各庄到北京的公路里程为60华里，坐汽车大约一个小时可以到达。而我们早上乘自行车从北京出发，直到黄昏时候才到良各庄。这主要是由于沿途耽搁很多，同时河道里程比公路里程大约要长40华里以上。

据老乡谈，在以前北运河航运兴盛的时候，良各庄是一个重要的码头。另外，北运河运来的粮食也有一部分在距良各庄3公里的张家湾上岸。那时张家湾是一个相当热闹的市镇，镇上开着许多粮食行。现在张家湾和良各庄都已大不如昔，前者虽然还是通县境内一个主要市镇，但已没有以前那么繁华，而良各庄这一个过去北运河上的重要码头，目前只剩下一个茶棚和一艘渡船，其他是什么也没有了。

苏庄在良各庄以下3公里，紧靠北运河边，我们在这里农业社的办公室里借宿了一宵。这个村庄的卫生工作搞得很好，曾经获得卫生模范村的称号。社主任是个朴实的中年人，非常健谈，说话沉着而有条理。他说：苏庄老百姓的命运是与北运河分不开的，咱们是喝的北运河的水，吃的北运河的鱼，北运河的水常年灌溉着苏庄周围的土地，北运河的洪水也常常给苏庄带来很多灾难，如果能够使北运河彻底整治好又能通船的话，苏庄人民是非常赞成的。他又说：苏庄有59户，300余人，由于去年水灾歉收，目前有一部分人生活上确实有些困难，但是由于政府的救济和我们自己进行了生产自救，困难是可以度过去的，如果这样的水灾发生在解放以前，就非饿死人不可。社主任又给我们介绍了农业社的生产组织、记工分的办法等，并且谈到今年的庄稼长得很好，大家对丰收都有信心。我们差不多谈到深夜11点多钟，如果不是照顾我们的疲劳，看样子他是准备和我们谈一个通宵呢。在北运河边有许多村庄，苏庄只是其中之一，这些村庄的确是与北运河休戚相关，祸福与共的，因此作好北运河的治本工程并加以综合利用，沿岸人民都将会额手称庆。

查勘河道，如果有船坐的话，当然最好，因为既可以全面了解河道的情况，同时也可以减少行路的疲劳。我们这次查勘，原来以为运河上没有船，所以开始时就骑着自行车，行李放在自行车后面。殊不知沿途道路坎坷不平，特别是河滩上大都是细沙，骑车更加困难，因此行进的速度非常缓慢。直到抵达合和站以后，才雇上了两艘渔船。自此至筐儿港，在渔船上整整坐了两天。

在船上，我们将撑船用的竹竿当作测深竿，每隔一定的距离测一测水深，同时借助于摆渡用的过河绳索，测量河面的宽度。地形图则平摊在面前，按图索骥，对北运河河道情况以及两岸地形的变化，均能了如指掌。

坐在渔船上，还可尽情地欣赏北运河沿岸美丽而诱人的景物。5月时节，草长花开，田野上是绿油油的，河岸上间或有几株槐树和杨柳，微风吹来，柳树的枝条轻轻地拍打着水面。河滩上的黄鹂和喜鹊，对我们这些渔船上的客人似乎很感兴趣，常常很远很远地追随着我们。渔船过处，水中惊起了一些鱼儿，在船后面泛着一圈一圈的涟漪。渔船并不太宽敞，但是你如果倦了需要躺下的话，还是有足够的地方的。躺在船上静静地看着天上的行云和河中的流水，使人的心境感到特别安详而宁静。

渔船上4个驾船的，都是农业社的社员，捕鱼只是副业。其中一个姓郭的，大约50余岁，在北运河上捕鱼已经30多年，他的父亲也是渔民，现已80余岁，据说仍很健康。这位老大爷很喜欢讲话，他告诉我们:北运河上有一种鲤鱼,鳞黄,闪闪发着光,味道极鲜美,以前北京的封建统治者最喜欢吃这种鲤鱼,常常要渔民们将活的鱼很远地送去。另外有一种黄瓜鱼,宜于烹汤吃,味如黄瓜,过去这种鱼很多,撒一网常能捕上10斤至20斤,近几年来不知什么原因,渐渐少起来了。目前,北运河上最多的是鲫鱼,其次是白鱼,一条渔船一天至少也能捞上几十斤。

我们坐船查勘的第一晚宿于青龙湾,这里有一个青龙湾减河管理站和一个水文站。青龙湾减河是北运河的一条减泄洪水的河道,修建于清雍正九年(公元1729年),以后乾隆年间又进行过重修,现在这里还有重修时立的石碑。1924年在青龙湾减河口筑了一座钢筋混凝土的泄洪闸,以节制减河洪水泄量,泄洪闸的最大泄量为1200秒立方。解放以后,政府对青龙湾减河也进行了一些疏浚工程。

距青龙湾90华里,有一条筐儿港减河,也是用以减泄北运河的洪水的。这条减河开辟于清康熙三十九年(公元1700年),以后雍正、乾隆年间进行过重修,先后都立有记述当时事迹的碑石。

在筐儿港的北运河上,有一座拦河土坝,是用以壅水灌溉北运河左岸10万亩左右的土地的。右岸还有泄入北运河的龙凤新河,是一条排涝的河道。这些都是解放以后兴建的水利工程,在增加农业生产和减除灾害方面都起到一定的作用。

由于北运河在筐儿港处有拦河土坝阻塞,查勘船不能再往下行,因此即弃船上岸,骑着自行车沿着河堤继续前进。

北运河自筐儿港以下沿岸村庄很多。河道较上段窄狭,堤距一般不超过500米,河岸整齐,河滩多壤土,目前偶尔有一些木帆船往来,运输一些沙石、煤炭或粮食,最大的载重吨位可达80吨左右。

永定河与北运河在屈家店汇合,由于北运河下游泄洪能力很小,永定河洪水只有部分经北运河下泄,大部分则在屈家店穿过北运河经新引河注入放淤区。这条引河辟于1930年,上有泄洪闸一座。在北运河上还有节制闸和船闸各一座,可通过 100 吨左右的船舶。

屈家店有一水文站,前年冬天我们查勘经过这里时,曾在此避过风雪,认识了水文站的张站长。现在张站长仍在这里工作,他见到我们就好像见到老朋友一样,问长道短,很是亲热,并且向我们介绍了北运河河道和水文方面一些新的情况。这位站长年龄约 50 岁,在屈家店水文站工作已经好些年,由于长年累月的野外工作,头上已有不少白发,额上也有了许多皱纹。水文测验工作是一项烦琐的工作,需要耐心和毅力,长期在野外,更非易事。我在北运河上遇到好几位像张站长这样年老的水文测验工作者,有的从 1930 年起就在北运河上工作着。他们都是祖国建设事业中的无名英雄,由于他们辛勤忘我的劳动,为水利事业的建设提供了许多珍贵的资料。

北运河止于天津,并在此与南运河连接起来。南运河由天津至杭州,全程约 1600 公里,大部分可以通航。天津为华北地区航运中心,除南北大运河在此通过外,尚有子牙河、大清河等通航河道汇集于此,下与海河连接,可以直通渤海。因此内河船舶与海轮均以天津为起止港口,货运数量很大。

第 5 天傍晚抵达天津,这时海河两岸已是万家灯火,河面上的轮舶星罗棋布,来往汽船的鸣叫声不绝于耳,较之北京那样不通水运的城市,又是一番情景。

我们对北运河的查勘至此告一结束。读者已经知道,我们这次旅行是靠着自行车和小渔船花了 5 天的时间才完成的。但我们希望,在不久的将来,大家能够坐着 1000 吨左右的轮船,花上几个小时,就能从北京到达天津,轮船上是那么舒适,两岸的景物是那么诱人,坐在船上就好像泛舟于北京的昆明湖一样。这是一个美丽的希望,这个希望是能够实现的。

(本文原刊载于《旅行家》杂志 1957 年第 10 期)

关于恢复北运河通航的意见

北运河起自北京,讫于天津,系我国南北大运河的北段。在海河流域航运规划中,我们曾经提出开发京津运河的计划,该计划基本上不利用现有的北运河,而在北京天津间新开挖一条人工运河,全长只有100公里,航道底宽40米,最小水深2.2米,可通行1000吨的驳船。开发这样一条人工运河,当然不是一件轻而易举的事情,需要大量的投资,必须在经济上有迫切的要求,同时也必须与其他灌溉、城市引水等水利工程统筹安排,综合开发。显然,这些前提条件,目前都还不具备,而有待于未来。

为了在近期内沟通北京与天津间的水路运输,在现有的北运河上施加少量工程,花费少量投资,就能达到这一目的。本文谨就恢复北运河通航问题,提出一些初步意见,供有关方面参考。

一、北运河通航沿革与现状

北运河全程170公里,其中由北京至通县段,又名通惠河,长21公里,通县至天津段长149公里。运河全线通航始于金代大定十二年(公元1172年)。由于通惠河水源缺乏,金代全线通航只维持15年。元朝世祖至元二十九年(公元1292年),又大力修建通惠河,引玉泉山及白浮泉水入渠,并在河上修建若干单闸,节水行舟,于是运输船只可直接进入大都城内(元朝称北京为大都),什刹海上桅杆如林。以后明、清两代,对北运河又屡加改建经营,以通漕运,水路运输繁荣一时。根据调查,清朝时的运粮船只相当大,一般长8.5丈,宽1.6丈,每艘能装

195 包，每包重 180 余斤，每船能装 35000 余斤。到清咸丰五年，黄河改道，运河淤塞，且水源不足，南船不能北行，加以京汉，津浦、京山等铁路先后兴建，运河航运逐渐衰废，其中通惠河在 1900 年前后，完全断航，通县至天津一段，解放前后仍有少量运输船只往来。

目前北运河自天津至屈家店 15 公里，因海潮入河，可通行机轮及 100 吨左右的木船，屈家店至杨村 24 公里，汛期可通行 10 吨左右木船，杨村以上除有少量渔船行驶外，已无货运船只往来。

运河河道状况，目前一般尚称良好。通惠河一段为北京市排泄雨水及污水的尾闾河道，经常宣泄污水量约 1 秒立方左右，汛期洪水量在 1956 年为 160 秒立方。由东便门至高碑店，长 7.5 公里，河形顺直，低水河槽底宽 7～15 米，洪水河槽宽约 12～15 米，高碑店以下，河形较弯曲，低水河槽宽 12～15 米。沿通惠河两岸芦苇杂草，形成天然护坡，北运河自通县以下，为泄洪河道，沿河纳入温榆、通惠、凉水、龙凤、永定等河道之来水，下泄入海河，运河东岸曾先后开挖有青龙湾、筐儿港、新引河等 3 条减泄洪水的河道。运河由通县至杨村一段，蜿蜒弯曲，土质多为细沙及沙壤土，其中小神庙至良各庄一带，有流沙及沙丘移动现象。河道在此段内较宽，枯水河槽宽约 60～80 米，水深一般不小于 1 米，个别过渡段水深有达0.3～0.4米者，两堤相距 2～3.5 公里。运河在杨村以下，水深渐增，枯水期一般为 1～2.0米，水面宽约 30～40 米，此段河槽较上段狭窄，堤身相距未有超过 500 米以上者，临河村庄不少，河床稳定，淤高或冲刷现象不多。

沿河跨河桥梁及闸坝颇多，计有桥梁 19 座，其中铁路桥 6 座，公路桥 9 座，便桥 4 座，桥梁多集中在通惠河上，计有 14 座。沿河闸坝共有 6 座，集中在通惠河上有 4 座，另外 2 座在北运河的下游，一座在筐儿港，一座在屈家店。屈家店系永定河与北运河汇流之处，除有一拦河节制闸外，还附有一船闸，船闸尚完好无损，可以通行 60 吨左右的木船。

二、恢复北运河通航的意义与可能性

恢复北运河航运，在政治和文化方面当然具有一定的意义，这是众所周知的，现在主要说明一下其在经济方面的意义。

南北大运河全程1700余公里，常年通航段1100余公里，完全断航段除黄河南北岸数十公里河段外，其他不通航段就是北京至杨村一段。随着黄河位山枢纽工程的兴建和灌溉事业的发展，大运河流经黄河一段的航道，近期内将有沟通的可能。因此，如果能同时将北运河的航运恢复起来，则南北大运河即可全线畅通，豫鲁、江淮、苏浙等地均将得到水运的裨益，这对促进这些地区的经济发展，显然将会起到一定的作用。

就北运河本流域而论，运河通航以后，北京、天津两大城市以及沿线的通县、武清等城镇均可经由水运连接起来，特别是北京，外可以经由海河与塘沽新港连接，内可以与卫运河、子牙河、大清河沟通，形成一广大地区的航运网，使首都成为水陆运输的枢纽。

以往在京津地区内，来往调运的物资很多，大宗货物及远程运输大都是由铁路承担，区间运量则多是由汽车、畜力车运输。其中有一部分运量由于倒载转拨，运费较高，运输上不合理，而且有的地区，现有的运输工具还难以承担日益增长的运输需要。北运河通航以后，以往的不合理运输及其他运输工具承担不了的运量，就可以由水运承担起来。根据初步调查，北京市、天津市，通县、武清、香河等县可以由北运河运输的运量，估计每年可达到50万吨以上，其中经过分析及运费比较，可以肯定的有下述几项：①建筑材料，主要是砖瓦运输，通惠河右岸有一规模较大的砖瓦厂，目前靠公路转铁路运输，运河开发后，则可由水运承担；②北京及通县等地所需的食盐，目前系由塘沽等地经铁路供应，运费较高，以后可由北运河直接运输；③北京市目前需要的粮食数量很大，系由河北及其他各省供应，北运河通航后,外省粮食可仍由陆运,天津小站米则可经由水运供应;④沿岸的区间运量,如通县、杨村、河西务等地的区间粮食调拨,煤炭及日用百货等物资的供应,大部分可由水运代替公路及畜力车运输。以上共有货运量32万余吨,货运周转量2600万吨公里,其中下行的货运量约有6万吨,250万吨公里,上行约有26万余吨,2400万吨公里。以上运量仅是按1958年可靠的运量分析,估计运河开发后,运输量将会逐步增长,如运往农村的化学肥料,运往北京的山货、土特产,沿海运往北京的水产及进口物资,以及通惠河、北运河沿岸的蔬菜等运量,都可以经由水路运往北京。特别是蔬菜运输,运量很大,过去大都是畜力车运输,如果以后改由水路运,可以节省大量运费。此外,还可以开发区间的客运班轮,进行旅客运输,如开发北京与通县间以及其他区段的班轮,既可减轻公共汽车的负担,而且乘坐舒适,票价低廉,对来往旅客是很便利的。

关于恢复北运河通航的可能性方面,主要从以下几方面加以简述:

第一,水量水源方面:根据通县水文站和土门楼水文站历年水深与流量关系的分析,保证水深0.8米时,所需流量在通县为16秒立方,土门楼为14秒立方,估计通县至土门楼之间的水量损失为2秒立方,因此,从通县至土门楼间这一段天然航道要维持0.8米水深的通航流量,只要在通县站有16秒立方就可以保证了。通惠河及北运河在土门楼以下,全部采用渠化措施,只需供给少许过闸及损耗水量。

上面讲的是保证0.8米水深所需的流量,也即是指的水深与流量的关系。而北运河现有流量在各月中的分配情况如何呢?根据土门楼水文站流量月平均历时曲线分析,在保证率80%时,各月的水量多寡不一,枯水月约4秒立方左右,一年中超过16秒立方的时间约有80天左右。另外根据水利部与各方面的协议,永定河官厅水库的水量,按照灌溉用水、城市用水的要求,作了适当的分配,除掉北京市及通县用去一部分水量外，可以流到土门楼以下的，在4、5、6月份大约有13秒立方，其他各月尚无确切数字。因此考虑官厅水库的调节情况，并加上北运河本身的水量，每年超过16秒立方的时间至低可以达到160天，也就是说每年的通航时间至低可以有160天以上，河北境内其他通航河道每年通航天数一般在180天左右，比较起来北运河通航时间也是不算短的。这里讲的仅仅是指通县至土门楼自流通航河段，至于其他河段，由于采取了渠化措施，基本上可以全年通航。

目前北京市及通县等地正在大力发展农田灌溉工程，并采用各种方法争取水源以发展灌溉。北运河本身的水量估计与我们分析的情况会有些出入，但是官厅水库水量分配情况是经水利部肯定了的，其中13秒立方是专供下游灌溉及天津市用水，航运结合灌溉发展，水量上不会有什么矛盾。如果水利部门能考虑多灌溉下游（天津地区），则航运水深与通航期还有可能适当增加。

第二，航道工程方面：北运河的河床是比较稳定的，沿线浅滩、沉树、沉石等障碍物不多，河形虽较弯曲，但由于水面较宽，长20～30米左右的船只，施加少量工程，即可通行。

通惠河一段，渠道浅窄，大部分需拓宽浚深。但根据北京市区排水发展情况来看，通惠河需考虑排除200秒立方的洪量，渠道断面近期需要扩大，因此，此段工程基本上可以结合排水工程进行。

第三，船舶方面：根据与河北省内河局有关同志初步交换意见，该局所辖卫运河、子牙河等水系，共有船舶数万余吨，大部分可以适应北运河的航道条件。如喷水拖轮和煤气拖轮吃水0.4～0.6米，船舶吃水线以上的高度约2～5米，木船宽度一般是3～5米，吃水在1米以下载重40～50吨的船舶占很大的比例。北运河通航后，即可从其他水系调拨一部分多余船舶到北运河上进行运输，以木船代替驳船实行轮木结合。这样在船舶方面的问题即可解决，不需另行投资建造。

三、技术措施与经济效益

为了保证运河通航,经过研究,认为可以采取以下一些技术措施。必须指出:本文中所提出的一些措施还是较粗略的,如果有关方面决定进行北运河通航的恢复工程,对于一些具体措施,还应该在设计中进一步加以研究。

北运河航道标准断面,可考虑底宽为15米,水深0.8米,弯曲半径80~90米。此项标准断面与华北地区其他内河大体相同。在航线上由通县至苏庄一段,采取自流通航,苏庄至屈家店一段渠化。除屈家店现有一船闸可以使用外,另外在筐儿港增建一级船闸。屈家店以下靠潮水通航,在低潮保证率90%时,水位为22米,相应水深可维持1.1~1.6米。

通惠河一段坡度很大,平均为1/1100,考虑由东便门外铁路桥下起全部渠化,设两级船闸,一级设于高碑店,一级设于通县北关,结合排水蓄水,考虑航道底宽最小应为30米,边坡1∶3,渠化后水深将在1~3米左右,这个标准可以满足今后北京至通县间行驶水上电车的要求。在船闸旁可建两座节制闸,以宣泄洪水。另外还可以利用落差,在高碑店及通县建两座小型水电站。

船闸长80米,宽10米,门槛水深1.2米,船闸布置如下表所示:

单位:米

船闸位置	距天津里程(公里)	闸上水位(米)	闸下水位(米)	水级(米)	备注
屈家店	13.9	5.0	2.2	2.8	现已有船闸,可以使用
筐儿港	47.7	7.5	5.0	2.5	斜坡式临时船闸
通县北关	147.4	23.1	17.3	5.8	同上
高碑店	162.0	31.0	23.1	7.9	因水级大,应建永久式船闸

全线有各种桥梁19座,净空低矮,不能满足通航要求,故初步考虑.通惠河上桥梁改建9座,北运河上可改建沙古堆与王家摆两公路桥,其他桥梁可暂维持原状。改建桥梁的净高要求为3.5米,净跨要求为10米。

船舶方面,可用85马力的拖轮及50吨左右的木船,组成一列式拖带,每马力拖带3~3.5吨。经计算,平均运输成本为0.033元/吨公里,与河北内河局其他水系平均运输成本大体相等。

此外,在天津大红桥、杨村、长屯、蔡村、大孟庄、河西务、王家摆、马头镇、通县、双桥、北京等处,应设置临时码头。码头岸线与场地均可因陋就简,初期只需花少量投资,稍加修葺即可。

为了完成上述技术措施,经过估算,约需投资730万元,其中通惠河投资需620万元,通县至天津段需投资110万元。

按照計算的货运量,北运河通航后,可以代替部分公路、铁路的不合理运输,从而每年可以为国家节省营运费用104万元,所花的投资在7年内就可以抵偿。其他在客运方面以及代替部分畜力车所产生的经济效益,还没有完全计算在内。

根据以上所述,可见在目前恢复北运河的航运,在技术上是可能的,经济上是合理的,因此这一问题是值得加以重视和考虑的。

(本文原载于《水运》杂志1958年第7期)

京杭运河:千年兴衰　繁荣再现

中国历史上有两项伟大的建筑工程:一是万里长城,二是京杭运河。长城是一项伟大的文化遗存,但而今已失去其原有的边防工程的功能。京杭运河则不同,它不仅是一项重要的文化遗产,而且在交通运输上的巨大作用仍延续后世。千余年间,京杭运河经历了由盛到衰到再次繁荣,如今,随着南水北调工程的进展,它有可能再铸辉煌。

京杭运河,开端于2500年前的春秋末期,而其全线通航,是成于隋而善于元。隋炀帝大兴土木,大开运河,动用民工百万,耗费大量财富,人民当时受苦不少,运河修建后,却成为一项裨益后世、功在千秋的伟大工程。《元和郡县图志》对此有公正的评论:“隋氏作之虽劳,后世实受其益。”京杭运河在我国历史上发挥过重要作用。

我国的天然河流水系多为东西流向,京杭运河则是一条纵贯南北的人工河道,它将海河、黄河、淮河、长江、钱塘江五大水系串起来,形成一个一纵五横的水运网格局,京杭运河成为纵向的水上运输大动脉,便利了东西南北物资交流,也使运河沿线兴起一大批城市,“东南四十三州地,物阜民丰赖此河”。京杭运河的通航,对我国历史上经济的发展,特别是对东南地区经济文化的繁荣,发挥了重要作用。

我国历代政权中心多位于北方,大批粮食供应仰给于江南,京杭运河成为南粮北运的主要通道。京杭运河是维系各个朝代政权稳固、社会安定的重要因素。直到清咸丰五年(1855年),黄河北徙,导致京杭运河淤塞,加之近代海运、铁路兴起,经由京杭运河的漕粮北运终止，运河只能局部通航，运量大幅度萎缩。

新中国成立后，国家十分重视京杭运河运输功能的恢复和利用。有关部门在建国初期曾组织大量技术人员对京杭运河进行调查研究和规划，笔者有幸参加了这项工作，并曾两次实地查勘过北运河（北京至天津段）航道。1958 年至今近 50 年间，国家多次对京杭运河实施了多项复航和扩建工程。目前，从山东济宁至浙江杭州 962 公里的航段，2006 年完成货运量达 2.16 亿吨，在我国内河运输中，它成为仅次于长江的第二条黄金水道，对我国社会经济的发展起着越来越重要的作用。

未来，京杭运河将会有更大的发展前景。京杭运河浙江段，即将从杭州向东延伸 240 公里，直达宁波港出海，形成一条杭甬运河。“十一五”期间，江苏省计划在京杭运河江苏段投资逾百亿元，进一步整治河道，增建船闸，提高航道通过能力。京杭运河山东段，将整治济宁至东平湖段 101 公里河道。因此，京杭运河北起东平湖、南至杭州的通航里程将达到 1063 公里。

从东平湖至北京的 700 余公里河段恢复通航是目前很受关注的问题。20 世纪 50 年代，京杭运河天津至山东临清段尚承担相当数量的运输任务。河北省曾一度对京杭运河进行过局部整治。以后由于农业灌溉与航运争水，在“大跃进”时期，沿运河建设用于灌溉的闸涵和扬水站达 140 多处，导致通航流量不足，水位下降，航运条件日益恶化，到 1977 年，此段运河的货运量只有 5000 吨，此后即完全断航。目前南水北调东线引水工程正在实施之中，如果结合这个工程，借水行舟，整治东平湖以北的京杭运河航道，那么京杭运河就有望实现南北全线贯通，重铸昔日的辉煌，开创新的历史篇章。

（本文原载于《中国交通报》2007 年 12 月 8 日）

运河的平面规划设计

运河规划设计中，涉及的问题较多，下面仅就运河的平面规划设计加以阐述。

运河的平面规划设计，主要包括运河的弯道、直线段长度以及平面交叉等问题。

一、弯曲半径与弯道加宽

（一）弯曲半径

在任一河段航行的船舶或船队的长度应与航道弯曲半径成一定的比例。我国通航分级标准《草案》中规定，弯曲半径一般为船长的4～5倍，特殊情况下可减少至3倍。顶推船队长度与弯曲半径关系计算公式如下：

$$L=\frac{2R\sqrt{(2R+B)(b'-B)}}{R+0.436(2R-b'+B)} \tag{1}$$

式中：L——船队长度；

R——航道弯曲半径；

B——船队宽度；

$b'=b-\Delta b$；

b——航道宽度；

Δb——航道两侧富余宽度。

确定航道弯曲半径的因素有：

1. 船舶长度或船队长度；

2. 船队系结方法及推轮操纵性能的灵活程度；

3. 回转角的大小，角度越大，半径也越大；

4. 流速大小，流速越大，半径也越大；

5. 造床流量大小。

如果考虑到河槽及水流的因素，也可以用下式来校正航道弯曲半径。

$$R = \frac{K_1 \sqrt{B} H^2}{V^{1.88}} \tag{2}$$

式中：B——河槽宽度；

H——平均水深；

V——平均流速；

K_1——水深系数。

水深小于 3.6 米时，$K_1 = 1.7$；大于 3.6 米时，$K_1 = 1.9$。

必须说明，公式(1)、(2)，一般适用于水域较深的单行的天然航道。在我国运河规划设计中，曾经提出下列修正公式。

双行线航道：

$$L = \eta \frac{R\sqrt{(2R + B)(b - \frac{5}{2}B)}}{R + 0.436(2R - b + \frac{5}{2}B)} \tag{3}$$

单行线航道：

$$L = \frac{2R\sqrt{(2R + B)(b - 2B)}}{R + 0.436(2R - b + 2B)} \tag{4}$$

式中：η——系数，可取 1.5～2.0。

在当前技术水平下，具体运河规划设计中，需根据推轮舵效、操纵性能、货流密度、设计航道宽度及运河所经地区的地形地质条件等，确定允许的最小弯曲半径。

(二) 弯曲航道的加宽

实航观测说明，船舶或船队在弯曲航道中航行，其航行的轨迹是以蛇形的航迹带通过弯曲航道段。不论是对驶或是超越航行都是如此。只是两船队超越航行时,比对驶时所需的宽度为小。因此,船队在弯曲航道中航行,应以对驶会船过程中所需航道宽度来考虑其加宽数值。在大多数情况下,船舶在弯曲航道中航行,是将船头向弯道内侧转舵。因此弯曲航道的加宽工程均考虑在凸岸进行。航道加宽曾采用过下列各计算公式。

1. 在苏联“伏尔加—波罗的海”水道改建时,曾用下式:

$$\Delta b = \frac{L^2}{2R} \tag{5}$$

式中:Δb——加宽的宽度。

上式适用于单行线航道,对于双行线航道应为:

$$\Delta b = \frac{L^2}{R} \tag{6}$$

2. 在某运河的弯道上,曾采用下式计算:

$$\Delta b = (4.44 - 0.148\frac{R}{L})(\sqrt{R^2 + \frac{L^2}{4}} - R) \tag{7}$$

式中,当$\frac{R}{L}=30$时,该关系式为零($\Delta b=0$),这说明当$R>30L$时,可不考虑弯道的影响,即可以不必增加弯曲段航道的宽度。

3. 下式也常被采用:

$$\Delta b = K(R - \sqrt{R^2 - \frac{L^2}{h}}) \tag{8}$$

式中:K——船舶长度与弯曲半径有关的系数。当$R=3L$时,$K=3.85$;当$R=6L$时,$K=3.89$。

h——最大船舶满载吃水的深度。

4. 下列弯曲航道加宽也可采用下列公式:

$$\Delta b = (1 + \frac{3}{n})\frac{L}{4n} \tag{9}$$

式中：$n=\dfrac{R}{L}$。

上述各弯曲航道加宽计算公式，均未包括航道标准宽度和航行偏角。船舶在弯曲航道行驶时，偏角随时在变化，而且变化幅度很大，因此严格按偏角值确定加宽尺度是比较困难的。德国为解决这一问题，进行了许多实船试验，通过试验观测，直接求出船队在弯道中所需的宽度。

我国某运河弯曲航道加宽段，在两端的延长放宽部分不得小于130米，约等于航道通过最大船队长度的3/4。从放宽断面过渡到直线段的正常断面的长度，应为加宽尺度的5倍。如图1所示。

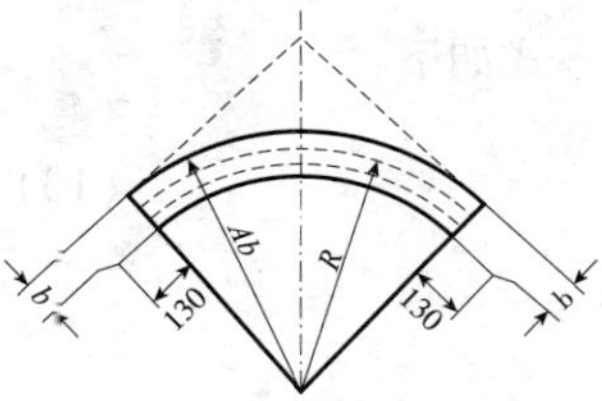

图1　弯曲航道加宽图

苏联曾提出在单行线航道行驶时，弯道段的宽度增加值可按表1所列数值确定。在双行线航道行驶时，则表中所列宽度应加倍计算。

在弯曲段上的加宽值　　表1

弯曲半径（米）／船长（米）	弯曲河段上航道应增加的宽度（米）													
	50	100	150	200	250	300	350	400	450	500	750	1000	1250	1500
20	1.5	0.5	—	—	—	—	—	—	—	—	—	—	—	—
40	—	8.5	6.0	4.5	3.5	30.	2.5	2.0	—	—	—	—	—	—
55	—	—	11.0	8.0	6.0	5.0	4.5	4.0	3.5	—	—	—	—	—
75	—	—	15.0	15.0	14.0	10.0	8.5	7.0	6.0	5.0	—	—	—	—
85	—	—	—	—	15.0	12.5	10.5	9.0	8.0	7.0	5.0	—	—	—
100	—	—	—	—	—	18.0	15.0	13.0	11.5	10.0	7.0	5.0	—	—
120	—	—	—	—	—	—	22.0	19.0	16.5	14.0	10.0	8.0	6.0	—
150	—	—	—	—	—	—	—	—	25.0	23.0	15.0	13.0	12.0	7.5
175	—	—	—	—	—	—	—	—	—	31.0	20.0	16.0	11.0	9.0

二、直线段的长度

在研究运河平面布置时，除结合船舶或船队尺度、地形条件，拟出最小弯曲半径外，还应同时结合地形及水力条件，对两弯道之间的直线段长度进行研究。水流由弯道单向环流转为直线段较正常的双向环流的流程长度，在一般情况下，直线长度约应相当于水面宽度的12倍。

运河最小直线段长度与船队长度的关系式如下：

$$S = \frac{12L_{\max}^2}{R_{CP}} \tag{10}$$

式中：S——运河直线段长度；

$L_{\max}$——船舶或船队最大长度；

$R_{CP} = \frac{R_1 + R_2}{2}$，$R_1$、$R_2$ 为直线段两端的弯曲半径。

从上式可以得出 $R_{CP} = nL$ 和 $S = n_1 L$ 的关系曲线，如图2所示：

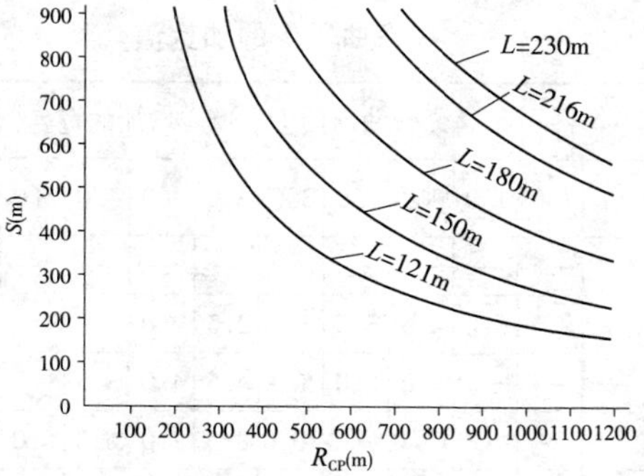

图2　平均弯曲半径和直线段长度的关系曲线

上述公式用弯道加宽公式 $\Delta b = \frac{L^2}{2R}$ 代入后，即得：$S = 24\Delta b$。再用谢马诺夫加宽公式代入，得：

$$S = 24\left(1 + \frac{3}{n}\right)\frac{L}{4n} = \frac{6}{n}\left(1 + \frac{3}{n}\right)L \tag{11}$$

按照弯曲半径不同倍数的船长，可推算出直线段长度 S(用船长倍数表示)，如表 2 所示：

表 2

n	3	4	5	6	7	8	12
s	$4L$	$3\frac{5}{8}L$	$2L$	$1\frac{1}{2}L$	$1\frac{1}{5}L$	L	$\frac{5}{8}L$

上述公式的缺点是 R_{CP} 系用两个弯道半径之平均值求得，实际上用最小弯曲半径比较合适，即：

$$S = 12\eta\frac{L_{max}^2}{R_{min}} \tag{12}$$

式中：R_{min}——直线段两端弯道的最小弯曲半径；

$$\eta = \frac{1}{2}\left(1 + \frac{3L_{max}}{R_{min}}\right) \tag{13}$$

因此，$S = b\left(1 + \frac{3L_{max}}{R_{min}}\right)\frac{L_{max}^2}{R_{min}}$ (14)

从上式可以得出 $R_{min} = nL_{mix}$ 与 S_{min} 的关系曲线，如图 3 所示：

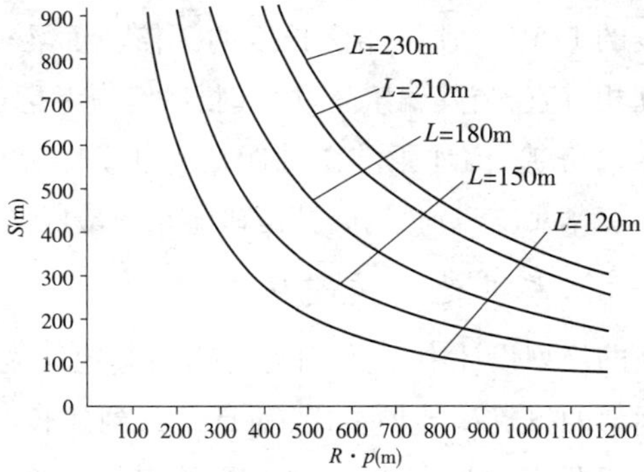

图 3　最小弯曲半径与直线段长度的关系曲线

三、运河与道路及河流交叉问题

(一)运河与道路交叉

运河所经地区,一般城镇较多,人口稠密,交通发达。运河与陆路交叉,互相衔接,形成水陆联运网,这在交通布局上是比较合理的,但也带来了大量的运河与铁路、公路的交叉工程(桥梁、隧道)。跨越桥梁净空尺度,可按运河等级确定。公路路面的允许坡度较大,所以跨越运河的公路桥梁,可在桥的两端铺设斜坡路面,使其与正常路面高程衔接。

铁路纵坡一般要求较缓。因此,铁路跨越运河的桥梁工程,为满足运河通航净空尺度的要求,桥两端的斜坡引桥应填筑大量的土方工程。在美国、荷兰跨越天然航道和人工运河的桥梁中,有不少是采用活动桥。此外,在运河的高填方河段,跨越运河的公路、铁路可用隧道由运河底以下穿过。

跨越运河的公、铁路桥梁位置,应选择在远离浅滩、弯道的稳定河段。桥址距弯道曲线起点的距离,在上游方向不宜小于最大拖带船队长度的 3 倍、顶推船队长度的 4 倍;在下游方向不宜小于最大拖带船队长度的 1.5 倍、顶推船队长度的 2 倍。桥梁轴线应与水流流向尽可能互相垂直,当其偏角超过 5°时,净跨应考虑适当加宽。桥梁不得在港区内跨越,桥址距港区的距离至少为一倍最大船队长度。桥梁位置不能紧靠支流河口,离开河口的距离最好能在 200 米以外。

(二)运河与其他河流交叉

在运河的规划设计中,应处理好运河与其他河流的交叉问题,这不仅影响运河的投资和维护费用,而且关系到较长时期的运输使用问题。交叉工程有两种方式,一种是平面交叉,一种是立体交叉,采用何种方式,应对交叉河流的河道演变特征、来水来沙条件、投资和经常维护及使用费用，进行综合研究比较确定。国内外运河多采用平面交叉方式。

运河与运河的平面交叉，一般比较简单，规划设计中使两运河交叉水位相等就行了。运河与天然河流的交叉，根据天然河流的具体情况，有以下几种平面交叉形式。

1. 在运河上建节制闸和船闸的十字形交叉。天然河流洪水位较高，含沙量较大，枯水时其水位可满足运河通航要求，为防止运河洪水灌淤和减少堤防工程，需在运河上建对口节制闸及船闸。如图 4 所示。

2. 天然河流下游建节制闸和船闸的十字形交叉。天然河流洪水位不高，来沙量不致引起运河严重淤积，但枯水位时，不能满足运河通航水深的要求。此时，只需在交叉口下游的天然河流上建节制闸，以控制枯水位。通航的天然河流应在节制闸建船闸。如图 5 所示。

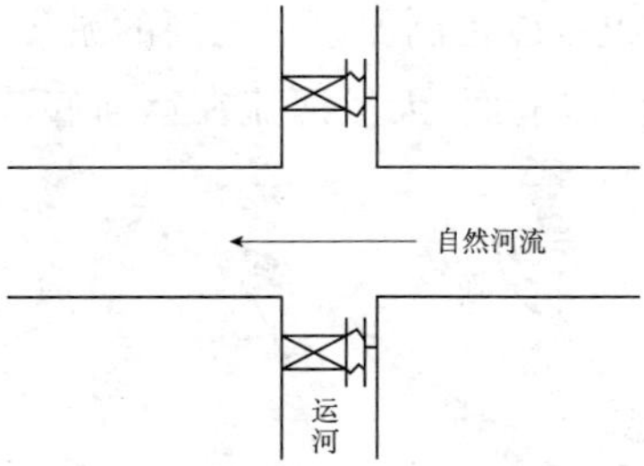

图 4　运河上建闸的十字形交叉

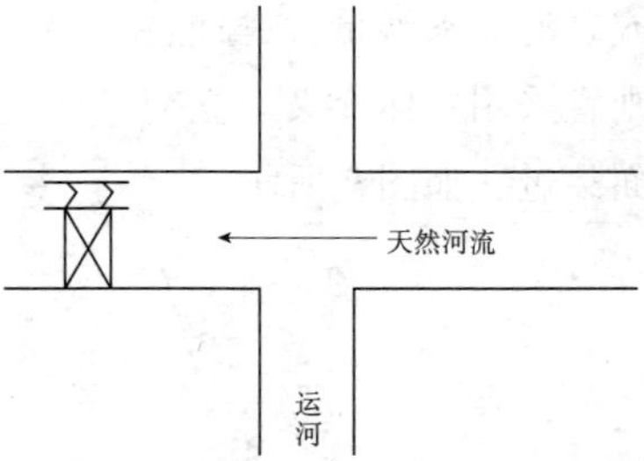

图 5　天然河流上建闸的十字形交叉

3. 敞开式的十字形交叉。天然河流洪水时水位不高、来沙量不大，枯水时水深能满足运河通航要求，则在运河或天然河流上，均不需建闸控制，形成敞开式的平面交叉。如图 6 所示。

4. 丁字形交叉。运河流入天然河道的交叉形式。如图 7 所示。我国京杭大运河与钱塘江的沟通工程布置就属于这类交叉工程。

5. 环式多线交叉。两条以上的天然河流交汇,其平面交叉工程称环式多线交叉。如图8所示。

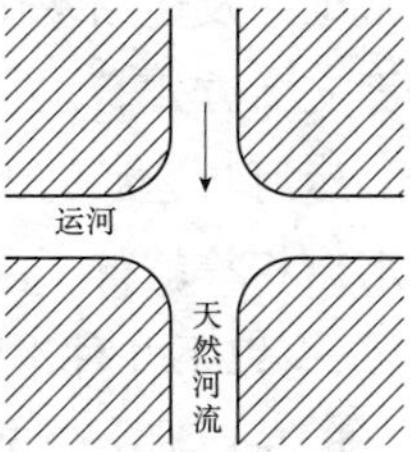

图6　敞开式十字形交叉

不论采用何种平面交叉形式,平交处的水域要宽广一些,横向流速不应大于0.3米/秒,运河与天然河流的交汇处,都应挖成圆弧形,以便船舶进出。

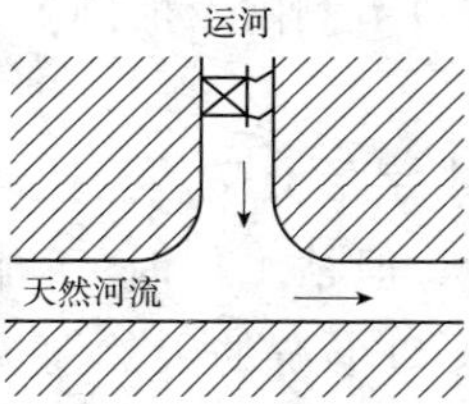

图7　丁字形交叉

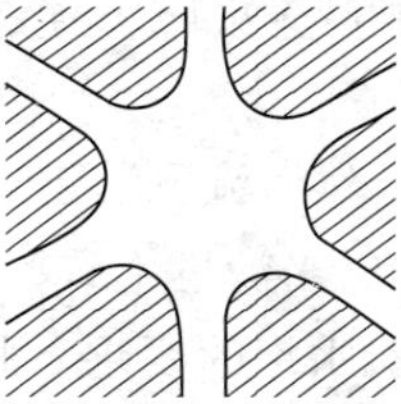
图8　环式多线交叉

前面谈的是平面交叉,如果运河水面与天然河流水面相差较大,或者河流来沙量大,虽然建了节制闸也难以控制泥沙对运河的淤积,则宜采用立体交叉。立交一般是运河在上面,天然河流在运河底下面穿过。如图9所示。

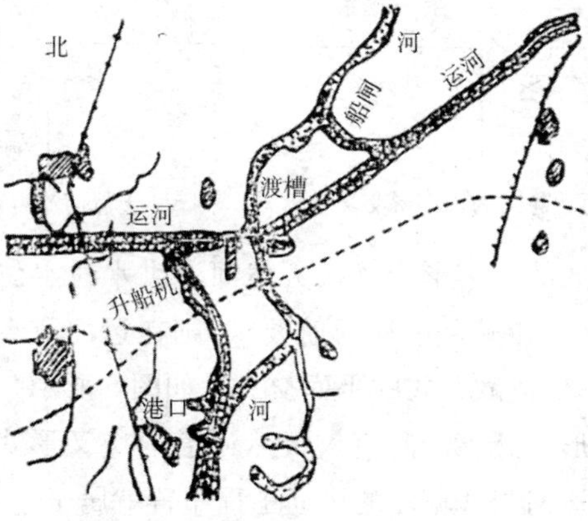

图9　运河用渡槽跨越天然河流

（三）运河在通航河流入口处的布置

与通航河流相交的运河入口，应布置在河流的凹岸，以减少入口处泥沙的淤积。运河入口的口门应朝着凹岸的下游，当拖驳船队驶出运河时，拖轮的速度比水流快，拖轮和驳船的缆绳可以拉紧；当驶入运河时，驳船被水流向后推，拖轮在前，缆绳也可以拉紧。这样，有利于船舶安全航行。如运河入口是朝着凹岸的上游，天然河流的主流遇到运河的水流，可能发生旋流，这对进出运河的船舶都不太安全。

在运河进入天然河流 1 公里内，河道中不应有障碍物，如桥墩或水闸等，以免造成航行上的困难。如果河流两岸的堤防被运河入口所切断，则应筑翼堤连接到高地，或连接到运河入口的第一座船闸，再与主堤相接。

如果在运河入口处有泥沙淤积的可能，就要加宽水面，以便在挖泥船工作时，不致妨碍正常的航运。运河入口的布置，对通航影响很大，最好通过模型试验加以研究确定。

四、平面布置上的其他问题

（一）回船处与避船道

1. 回船处

为了节省土方工程量和投资，所有运河在规划设计中，一般都不考虑船舶或船队在任一河段均能调头的需要，只是每隔一定距离设置一个回船处，供船舶调头之用。在各个水陆转运点都需要有回船处。回船处最好设在航槽以外，做成梯形或半圆形。梯形回船处的宽度 B_K 可按下式计算：

$$B_K > 10 + 船长 + 船宽(米) \tag{15}$$

半圆形的回船处之半径采用1.2～1.5倍船长。

2. 避船道

凡单行线的运河或运河河槽较窄而有大量木帆船行驶者，应设置避船道。避船道的宽度应为船舶最大宽度再加上一定的富余宽度。其长度应为船队最大长度再加上一定的富余长度。

在航道交叉汇合处，或单孔通航的桥梁和船闸的上下游，应考虑设置船舶的停泊处，以供船舶调度或等待过桥过闸之用。停泊处水域的大小，视同时需要停泊船舶的数量而定。

（二）运河港口

河港一般有顺岸式和挖入式两类。运河港可采用顺岸式，亦可采用挖入式，但以后者居多。顺岸港如图10所示。

挖入式港又有凹形港池和突堤形港池两种，其形式见图11、图12所示。

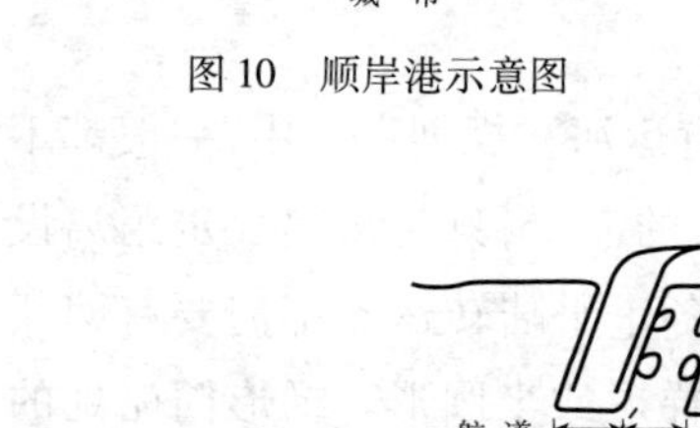

图10　顺岸港示意图

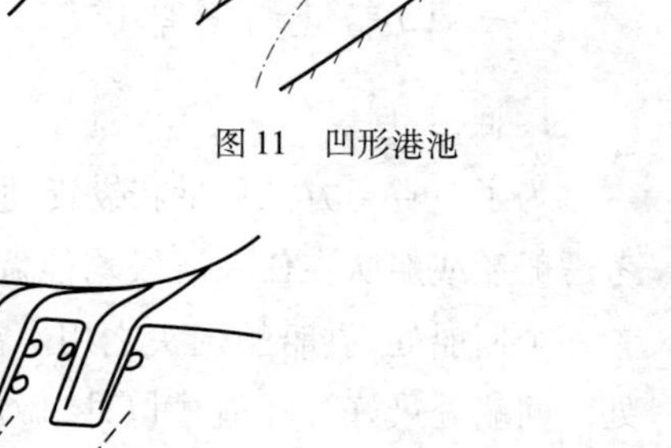

图11　凹形港池

图12　突堤式港池

无论是顺岸式或挖入式,码头前沿和进港航道的水深应该比主航道的水深稍深一点,特别是顺岸式港口要注意到这一点。因船舶停靠时,水在船底下流过而冲刷河床,即使运河中水流缓慢,仍难免出现冲刷,冲起来的泥沙将停滞在停泊处的后面,形成沙丘,船舶容易搁浅。码头前的水深和停泊处的水深,一般应超过主航道水深0.3米左右。

（本文原载于《内河运输》杂志1983年第3期）

上海港第三装卸区怎样推行昼夜作业计划

上海港第三装卸区位于黄浦江西岸，共包括公平、华顺、汇山、杨树浦及黄浦等5个码头。其中以汇山条件较好，码头吃水较深，能停泊万吨以上的海轮。全区共有装卸工人1000余人，每月的吞吐量和装卸量都是很大的。

第三装卸区在上海港是工作基础较好的一区，以往上海港进行各项运动和改革，如生产改革、民主改革以及推行作业计划等，大都首先在第三区试点，然后总结经验，以带动全面。第三装卸区生产任务完成的情况也较好，如工班效率10月份达8.03吨，为上海全港之最高者。

第三装卸区的船舶装卸作业计划，系从1954年3月份起开始试编，经过约两个月的试行阶段，至5月间正式实行；仓库作业计划则是从10份才正式实行。目前，船舶装卸作业计划和仓库作业计划，已构成为装卸区整体的昼夜作业计划，并正在顺利地推行。

目前第三装卸区昼夜作业计划的编制和贯彻办法是比较完整的，其程序大体如下：

一、作业计划如何编制

编制作业计划首先必须要有下列一些基础资料：

①船舶运行图表，船舶到港预报、确报、货物分舱电报（由港务局

调度室通知装卸区);②装船货物通知单或配载图;③港务局货运科所通知之仓库作业;④装卸工作定额;⑤船舶原始记录——船舶装卸资料登记卡及驳船登记卡;⑥本区工人出勤人数、机械及工具情况、码头水深、泊位与库场距离;⑦气象报告及潮汐表。

上述资料完备后,即可进行编制作业计划。其程序是:

①船舶作业方面:首先应制定单船作业计划,以初步确定单船在港时间及所需之作业量;然后编制工班作业计划任务书,在此项任务书内,提出一昼夜以内3班的装卸作业任务。

②仓库作业方面(包括车驳及库内):根据所接受的仓库作业,制定车驳作业计划任务书,提出一昼夜以内仓库作业的任务。

③根据上述船舶及仓库作业任务,汇总编制整个装卸区昼夜作业计划表。其内容大概包括:昼夜作业船名、库场名、总吨数和人数;各二班作业船名、库场名、吨数和人数;各工班作业舱号、货物种类及舱时量;各工班作业进出库场名称、距离及操作过程等。

④作业计划须于每日下午3时以前编制完毕。编制完毕后即将计划主要内容汇报局调度室。局调度室于每日下午4时召开全港平衡会议,进行全港平衡及劳动力的调整。最后,在每天下午召开的区生产会议上,由区主任批准。

二、作业计划编好后,即通过各项会议,予以贯彻

首先是区生产会议。会议于每日下午5时举行。参加成员有区主任、调度副主任、政治副主任、栈务副主任、调度员、仓库长、值班调度员、计划员、码头管理员、工具组长、安全组长、统计组长以及党团支部和工会代表等。由区主任主持会议,主要是检查上一昼夜计划完成情况,布置下一昼夜计划任务,讨论并决定完成计划的具体措施。

其次是装卸指导员工班会议。会议于每工班作业开始前一点半

钟召开,由值班调度员主持。参加成员为值班调度员和装卸指导员。由值班调度员传达作业命令,分发各装卸指导员工班作业任务书,传达并讨论生产会议上所规定之措施。

然后是工组工班会议。会议于每工班开始前一小时召开,由装卸指导员主持,参加成员为装卸指导员所属各小组全体组员。由装卸指导员传达作业命令和各项措施,具体分配各工组地点、路线和任务。

最后是工组会议。工组工班会议以后,即由装卸组长召开全组会议,讨论如何保证完成并超额完成舱时量及工班定额,并根据任务具体进行劳动力的分配。

此外,其他有关部门在生产会议结束后,即根据会议决议召集本部门人员,研究布置保证完成作业计划的措施。栈务部门向仓库长及有关理货人员布置仓库作业,分发仓库作业任务书,以便与工班密切配合。政治部门、安全部门均须分别召集有关人员,研究在作业计划执行过程中如何配合进行工作。

三、昼夜作业计划的检查和总结

区主任、调度副主任、值班调度员须随时进入现场,了解作业情况,检查计划进度,解决工作中的问题,督促计划的执行。

装卸指导员、仓库长规定与工班开工后 1 小时,开工后 4 小时及工班结束后,将现场作业情况口头汇报值班调度员。调度员则根据汇报掌握计划进度,督促计划的执行。

装卸指导员于工班结束后,应作出工班进度报告表,仓库长应与每天作出上昼夜仓库进出货日报表与仓容图。最后,业务统计员即根据上述表报,汇总编制昼夜作业业务报告表,以总结一昼夜计划完成情况。

第三装卸区以往虽然经过若干政治改革和生产改革,政治面貌和生产面貌已基本改变,但在未推行作业计划以前,装卸区的生产活动,特别是业务管理,仍然处在比较混乱和落后的状态。具体表现在对船舶装卸的进度和仓容量使用情况心中无数,不能随时掌握,劳动组织不健全,生产上没有定额,配工则全凭经验估计,宁多毋少,经常造成严重的待时和劳动力大量浪费的现象,各项生产指标亦不能很好地完成。工人则由于未实行轮班作业,无一定的工作和休息时间,工资收入亦极不平衡,存在工资偏高偏低和忙闲不均的局面,故工人称当时的情况为“三不知”,即作息时间不知、完成任务情况不知、工资收入多少不知。自推行作业计划以后,上述局面即逐步得到转变,在生产上在业务上都有所改善与提高。主要表现在以下几个方面:

一、由于作业计划的推行,每昼夜的船舶和仓库作业均有明确的指标,配工按照定额,劳动力得到合理的组织,因而进一步发掘了生产上的潜力,提高了劳动生产率,保证了生产任务的完成。如目前费时作业和待时现象以及船舶的非生产性停泊时间已大大减少,装卸工班效率和舱时量则不断提高,完成的装卸量和操作亦逐步增加。以 10 月份与 2 月份(推行作业计划前一个月)比较,操作吨增加 89.3%,装卸量增加 95.7%,工班效率提高 12.45%,待时减少 33.4%。在船舶的装卸作业上,很多均能突破定额,超额完成任务。如和平五号、六号、九号、十一号、十四号等轮船,均经常停泊第三区码头,这些船舶装卸生铁的舱时量,原来规定为 20 吨,目前一般均提高到 30~40 吨,其中和平九号第二舱则高达 50 吨之多。又如和平三号卸木材、豆饼,原计划 54 小时,由于配工紧凑,工班会议上交代了完成任务的主要环节,结果 37 小时即告完成,较计划提前 33%,获得船方献旗表扬。

二、由于作业计划的推行,使业务管理水平显著提高,工作获得不断改进。首先是领导上通过作业计划,能随时掌握本区一昼夜内船舶需要装卸的吨位、装卸的进度、仓库工作情况以及工作中存在的问题,并可随时根据情况,进行检查,解决问题,改进工作。同时,由于作业计划的实行,装卸区在工作上有了一个明确的中心,各个职能部门围绕这一中心,可具体地布置本部门的工作,并与其他部门进行有机的联系配合,从而初步改变了过去那种落后混乱的状态,使工作纳入比较正常的轨道。如各部门为了贯彻作业计划,订立了工作联系合同,确定相互间的责任,列出各部门在贯彻过程中衔接的环节,初步解决了各部门联系和分工上的一些问题。在栈务工作上,采用仓容平面图,实行了点垛交接法,提高了工作效率,适应了业务上的需要。

三、由于作业计划的推行,劳动力配备合理,工人有一定作业和休息时间,业务管理不断改进,生产不断提高,体现了社会主义企业的管理方法的优越性,因而也进一步提高了工人群众的社会主义觉悟和劳动热情。其他如安全生产得到进一步的贯彻,装卸工具及设备和装卸操作技术得到若干改进,培养并提拔了一批干部(提拔了一批工人作调度员和装卸指导员),这些也都是进行作业计划的收获。

目前上海港第三装卸区的作业计划还存在下述一些问题:

一、第三装卸区作业计划的编制,一般还是比较认真的,但由于编制作业计划的时间与实际开工时间相距太长,许多情况和因素只能凭主观估计,加以原始记录不足,定额不完全合理,因此,所编制的作业计划的准确性还较差。

二、计划的变动性较大。其原因主要是船舶不能完全按确报时间到港,货主申请装载的时间控制不严,局调度室对船舶停靠的码头常有变动,因而就打乱了计划,使装卸作业不能很好地按计划进行,造成很多待时现象。

三、在工人和干部中不重视作业计划的现象仍然存在。具体表现在执行计划的过程中,有的调度员和装卸指导员不按计划办事,不能很好地贯彻作业计划所规定的指标和措施,或者是乱派工人,不负责任。此外各种会议有时亦有些流于形式,如生产会议有时一些有关人员不参加,会议上对保证完成计划的具体措施也研究和讨论得不够。

四、有的工人和干部由于没有认识到港口生产的整体性,不同程度地存在着“重船舶作业,轻仓库作业;重大船作业,轻小船作业”的思想,如小船作业的效率就比较低,仓库作业有很多不能按计划完成。

五、各个职能部门之间在工作上还有些脱节现象。如计划与调度部门之间、调度与栈务部门之间、调度与机具部门之间,还不能很好地密切配合,协同动作。因而,有时影响到计划编制不准确,机具配备不恰当,造成工作上一些损失。

上述这些问题,有必要逐步加以解决,有的还需要港务局帮助解决,只有在这些问题逐步解决以后,才能巩固已有成果,才能不断提高作业计划的质量,才能使装卸区的业务管理提到更高的水平。

(本文原载于《水运》杂志1955年第1期)

烟台——美丽的海港

烟台,祖国的一个美丽海港,位于山东半岛的北端,它的右前方是神秘的崆峒岛,左前方横列着奇形怪状的芝罘岛。右手边是突出海中的烟台山,烟台山后面,高高的琉璜山矗立在云汉之上。整个地势,确是岛山环抱,龙盘虎踞。

烟台港的港区主要是由东西两条防波堤环绕而成,防波堤长约1000余米,将海面分成两部分:防波堤以内是内港,防波堤以外为外海。西防波堤与陆地连接,延伸海中;东防波堤则完全不与陆地相连,矗立于深海之中。在东防波堤与烟台山及西防波堤之间,有两道口门,来往船只均经这两个口门出入。码头岸壁与仓库货场,都建筑在西防波堤上。防波堤最宽处有80余米,最窄处也有60余米,上面筑有柏油马路,通行来往港区的载重汽车。目前6000吨以下的大小海轮可以进港停泊。

近几年来,来往烟台港的船只除国内轮船外,尚有苏联、日本、英国等十余个国家的商船来这里与我国进行和平贸易。而在本国轮船中,不仅有大批货船,而且有旅客班轮去天津、大连等地。特别是从此地往大连,是山东半岛去辽东半岛的捷径。旅客搭上烟连航线的班轮,比乘胶济路转津浦、京山铁路的火车,在时间上与金钱上都要节省得多。多少年来,成百成千的山东人从这里扬着帆船或者乘着轮船到东北去,也有许许多多的东北人扬着帆船或者乘着轮船从此地登陆,再到山东各地或者到祖国的南方去。应该说,这是一条历史悠久的客运航线。

烟台不仅是一个商港,而且也是一个著名的渔港。这儿盛产鱼虾与其他海产,每年产量在几万吨以上。渔船停泊所在港区的东南部,有专用的锚地及码头。每逢海上发生大的风浪,所有渔船都返港避风,这时港内几百艘船只星罗棋布,桅杆如林,比通常时候要拥挤和热闹得多。

谈起渔港,不能不使人联想到烟台港的发展历史。在很久以前,这里就是一个小小的渔村,那时候海滩上海草丛生,野鸭成群,渔户亦只数十家。明朝时为了防备倭寇,在烟台山上设烽火台,敌寇来犯,即举狼烟报警,烟台之名由此而得。清道光年间,开始有贸易帆船进口,渔村就逐渐发展为市镇,商户达到千余家。清咸丰十年(1860年)根据天津条约被强迫辟为商埠,于是英国、日本、荷兰等帝国主义的商船接踵而至。1896年开始修建部分简易码头,并在现在的西南河口修建防浪堤,作为来往商船避风之所。1905年始有修建正式海港的倡议,经过10年的酝酿筹备,才于1915年夏天由荷兰筑港公司承包施工。1917年突遭台风袭击,将完成的一部分工程完全摧毁,因此停工了两年,一直到1919年又开工重建,到1921年9月才初步建成这个港口。

解放以前,中国的海港历来就是帝国主义者横行无忌的地方,烟台也不例外。在烟台港口和市区内,我们还可以见到许多过去帝国主义者开的洋行、仓库及其他建筑物。站在烟台山上,你还可以看到芝罘岛上一座残破不全的石油库,那就是美孚石油公司掠夺我国财富、吮吸我国人民血汗的见证物。虽然帝国主义早已从我们国家中赶跑了,但是当你见到这些当年的陈迹,仍然不免要引起你深深的憎恨。

现在,烟台港已经完全属于我们的了,人民已经成了这里真正的主人。不但不能容许帝国主义的兵舰再来这里傲然巡回,就是帝国主义国家的商人也再不敢在这里胡作非为,横冲直撞了。你看:所有从外国驶来的商船,不都是由我国的引水员引进我们的港口吗!不都是按照中国的法令停泊在我们的港口中吗!这就是主权,这就是尊严,这就是荣誉。

烟台港在日寇侵占、国民党统治期间,每年货物吞吐量不过8万吨左右,港区设备也遭到很大破坏。解放以后,在党的领导下,恢复了所有被破坏了的设备,增建了许多仓库和货场,新建了客运浮码头,修筑了通往胶济铁路的蓝烟铁路,使整个商港和渔港都扩大和发展起来。以客运量来说,就已超过历史上的最高记录。至于货运方面,那码头上各种各样的物资,真是堆积如山。在这儿,你可以看到一袋一袋的化学肥料,从轮船上卸下来,它们将转运到蓬莱、莱阳、高密等县供给农民的需要。你又可以看到一堆一堆的出口物资,正在装上轮船,准备运到国外去换取外汇。烟台港就是这样地张着庞大的口,将许多货物一船船地吞进来,又一船船地吐出去。

码头旁边靠着好几艘海轮,码头上的汽车、平车穿梭似地来往,许多装卸工人正在忙着起卸货物,轮船上的水手有的在洗刷甲板,有的在增添船上的燃料;港口的理货人员也在聚精会神地清点货物,一切工作都在紧张地、有节奏地进行着。假如你没有参观过我们社会主义的海港,那么见到这种如火如荼的劳动情景,你的心情也会要兴奋起来。

(本文原载于《旅行家》杂志1958年第7期)

秦皇岛港抒怀

从50年代起，我曾多次去过秦皇岛港，目睹其在新中国成立后的变化。近又读《秦皇岛港史》，得知其历史渊源。应该说，它是中国一个最古老的港口，又是很年轻的港口。它在历史上有过盛衰和起伏，也有过屈辱和荣光。

说它古老，港口的起源可以追溯到商周时期孤竹国的海上活动，距今已有3000多年。到战国时期，形成碣石港，成为北方燕国的通海门户，以后就成为中国中原大地与日本、朝鲜进行海上贸易往来的通路。说它年轻，港口的真正变化，是在新中国建立之后，特别是近10年，由于国家建设政策的倾斜，大量投资建设港口，使秦皇岛港成了渤海中部一个崭新的巨型港口。

秦皇岛之所以成为大港，有多种因素。原因之一，是它据有山海形势之利。港口襟燕山，傍渤海，东有万里长城第一关山海关，西有风景秀丽的北戴河，是一个海阔水深，风平浪小，不冻不淤的天然良港。秦皇岛沿海一带古称碣石地，古代港口称碣石港。不少中国历史上的人物，曾经光临过此地。秦始皇东巡时曾登临碣石，并作《碣石颂》，这大概是秦皇岛得名的由来。以后汉武帝刘彻、魏武帝曹操、唐太宗李世民，或者由于出外巡视，或者由于带兵打仗，都到过碣石并利用过碣石港。如曹操出征乌桓时，利用碣石港作为军事运输港口，他曾登临碣石，写下建安名诗《观沧海》：“东临碣石，以观沧海。水何澹澹，山岛竦峙。树木丛生，百草丰茂。秋风萧瑟，洪波涌起。日月之行，若在其中。星汉灿烂，若出其里。”古人说：“文以人传”。

实际上很多地点，也因帝王的光顾或文人的渲染，而大大提高了知名度。碣石和秦皇岛，便是因此而名传遐迩的。

历史上的秦皇岛港，不时出现闪光的时刻，但也有过衰退和屈辱的年月。在近代，它曾先后被英国人所控制和日本人所统治，成为半殖民地或殖民地性质的港口。几十年中，他们掠去几千万吨煤炭和大量的利润，而工人却过着十分悲惨的生活。1914年一场霍乱，工人死亡数百人。日本人的统治就更为残酷。历史经验告诉我们，殖民地是做不得的，它带给人们的只有被剥削、受贫穷的苦难。

秦皇岛港最辉煌的篇章，是新中国成立后的40年，可以说是发生翻天覆地的变化。工人地位变了，港口面貌变了，城市的经济也变了。而今港口码头岸线连绵20余公里，有20多个深水泊位，每年吞吐量从1949年的20多万吨发展到近7000万吨，成为中国最大的能源港。

站在港口附近的南山之巅，俯视秦皇岛港，但见茫茫大海，滚滚浪涛，起重机械如林，船舶往来如织，一片繁忙兴旺景象。秦皇岛港啊！真是发生了沧桑巨变。正如毛泽东同志在《浪淘沙·北戴河》中所说："大雨落幽燕，白浪滔天，秦皇岛外打鱼船。一片汪洋都不见，知向谁边？往事越千年，魏武挥鞭，东临碣石有遗篇。萧瑟秋风今又是，换了人间。"

（本文原载于《人民日报》（海外版）1991年4月18日）

编辑工作及其他

BIANJIGONGZUOJIQITA

一个老编辑40年的笔耕之路

我于1972年调来人民交通出版社做编辑工作，在职15年，退休至今25年，现已年届86岁。在这40年岁月中，风雨兼程，辛勤耕耘，笔耕不辍。40年来，累计编辑加工、复审、终审书稿7000万字，其中：交通史志书3000多万字，《水运技术词典》试用本、修订本共1100万字，其他交通科技图书约2000多万字。最后审定的一本书是2010年出版的《山西省公路志》。个人著述：写的书有11本，正式出版的8本，内部印发的3本。最后公开出版的书就是这本《魏启宇文存》。40年中发表的文章近50篇约60多万字，最后的一篇文章是2010年在广州召开的第二轮《水路交通史丛书》编写工作会议上所作的学术讲座，该文的主要部分于2011年刊载于《长江航运研究》杂志上。此外，还接受中央电视台、北京电视台、千龙网、世界海运杂志等媒体的数次专家访谈。

回首这40年来的笔耕之路，为交通图书编辑出版事业尽了一点绵薄之力，在个人著述上也有一些成果。年华未曾虚度，生活感到充实，心情感到欣慰。

一、初入编辑工作行业

历史进入20世纪70年代初，"文革"此时已搞了五六年，夺权、批判、整人，搞得大家都精疲力竭了。而国民经济已处于崩溃的边缘，各项经济、文化工作均未走上正轨，大学多年停办，出版工作除出版了42多亿册毛泽东著作外，其他图书基本上停止刊印。

1971年夏，中央召开了出版工作座谈会，产生了《关于出版工作座谈会的报告》，并以中央文件下发，尽管报告中充满着“文革”中的“左”的语言，但其主要点是提出了恢复出版工作的建议。

听说在座谈会期间，周恩来总理多次参加座谈会或接见了与会代表，作了10次讲话。他对出版工作十分重视，对搞好出版工作提出很多正确的意见，从而对这一座谈会报告的最后的形成和推动出版工作的恢复发展，起了举足轻重的作用。

在报告中有这样一段话：“现在，大多数省、市、自治区和部分中央一级出版社，机构未定，人力不足，应根据精兵简政的原则，健全机构，充实人员。”

根据这一精神，交通部决定从干校下放干部中，选调人员返京充实出版社。

1972年3月初，“五七”干校领导通知，有6名干部调到出版社工作，我是其中之一。接此通知后，当然很高兴，虽不能回交通部基建司搞技术管理工作，但能回北京，不再长期待在农村了，可以和家人团聚了，这是求之不得之事。

这时，交通部已与铁道部合并，出版社也相应地合在一起，社名仍称人民交通出版社，在和平里原交通出版社社址办公。当时，仍在军管之下，出版社军代表名岳明文，他是出版社的一把手。原铁道出版社社长于仲友，交通出版社社长胡士翔，在军代表领导下主管业务工作。

我们到出版社报到后，由胡士翔接见，向我们介绍了有关情况。我记得主要有3点：一是传达中央出版工作座谈会精神，包括周总理讲话精神。二是介绍当前出版工作的情况，由于出版工作多年停滞，出现严重的书荒。他还讲了一个故事，中苏在黑龙江珍宝岛军事冲突后，前线交通运输频繁，大量汽车驾驶员急需汽车驾驶、维修方面的参考书，有一个战士从前线到北京找到交通出版社，要购买有关汽车方面的书籍,结果很失望,空手而返。因此,我们必须要有一种紧迫感,尽快将交通出版社工作搞上去,多出书,出好书。三是搞图书出版,要十分重视质量。他举了一个例子,某出版社出了一本稻田中施用农药的书,书中说明每亩地应施农药多少公斤,但所写数字的小数点错了位,农民按此错误数字去施放农药,导致若干亩水稻颗粒无收。胡善于言词,讲得很生动,富于说服力,对我们这些出版战线上的新兵,很有感染力,是我到出版社工作听到的第一堂课。

回想1955年底,我做部长秘书工作时,因历史问题被审查,因此要调离秘书工作岗位,当时有两个工作单位让我选择,一是到交通部内河航运规划委员会搞技术工作,一是到交通出版社搞编辑工作,最后我决定去内河航运规划委员会。时隔17年,转了一个大圈子,最终还是来到交通出版社,而且终老于此,命耶?缘耶?!人生所经的轨迹,常不以个人意志为转移。

到一个新单位,从事一项新的职业,将面临新的挑战。交通出版社是一家科技出版社,是为交通事业和交通从业人员服务,要求编辑人员懂技术、懂交通、还应有一定的文字水平。这对我来说,是能够适应的。生疏的是出版和编辑业务,经过学习和实践,我自信是能干好编辑工作的。

在我们来到出版社之前,已经有20多人在工作,其中编辑有10来人,属于原交通专业编辑的有金如霆、王亦兵、王秀华等,其他是搞铁道专业的,我来以后,加入到水运编辑的行列。没有人给我讲过编辑业务课,也没有编辑业务的参考书可供阅读参考,我们只能从干中学,在学中干。

编辑人员的任务主要有二:一是组稿,即组织专业人员编写书稿。这就要求事先拟好选题,并物色有专长的著作者,请其承担某一书的写作任务。二是加工书稿,即将作者写好的书稿,进行编辑加工。因为作者交来的稿件,在专业内容上可能符合要求,但在文字、体例上则或多或少会有些问题,编辑人员需要按图书出版的要求,进行修改加工。即使在技术业务内容上,作者所写的书稿也可能会出现差错,编辑人员应懂技术,能发现差错和问题,一是自己直接修改,二是退回作者重新修改。所以编辑人员必须细心耐心,熟悉业务和技术,认真加工书稿,力求避免差错,提高书稿质量。

进入交通出版社这个庙,以后几十年,我成了这个庙里的和尚,从小和尚(实习编辑)做到方丈(社长),后半辈子与出版工作、编辑工作结下不解之缘。

我到出版社加工的第一本书稿是《铸造工艺》,这本书是王亦兵组稿的,他将稿件交给我加工。我在加工时字斟句酌,从头到尾加工了两遍,改正了不少差错,对"铸造工艺"的技术内容,我是门外汉,但文字上的修改还是到位的。修改完后,交给了王亦兵,请其复审。王是大连海运学院(现改为大连海事大学)轮机系毕业生,在出版社已有几年的编辑工作经历。他看了我加工的书稿后,认为水平不错,对我进行了表扬。这是我初试牛刀,能得到老编辑的认可,增强了自己的信心。

我到出版社后,第一次出差是去重庆。王秀华是学水利工程的,与我同行,她来出版社已有几年。重庆有她组织编写的一本书稿,叫《山区航道整治》,我来出版社后,她将此选题交给了我,要我继续与作者联系,完成书稿编写工作。编写组设在重庆,书稿是集体编写的,编写组组长是重庆交通学校校长张献廷,参加编写的有刘越石、刘书伦、王绍成等专家教授。书稿已初步成型,这次是在重庆集中讨论技术内容方面的有关问题。于是,我遂前往参加。

参加《山区航道整治》书稿讨论,对我是一个学习的机会。我对航道工作,不是外行,但对山区航道整治的具体技术,则知之甚浅。而参加这本书编写的同志,则有多年从事航道整治工作的经验。其中刘越石,已年过60岁,是西南水利科研所的研究员,一辈子从事航道整治工作的设计科研工作。又如刘书伦，1953年大学毕业后，就分配到川江航道整治工程处搞设计施工，经验丰富。与他们讨论、共事10来天，得益匪浅。

刘书伦年富力强，精通航道工程技术。以后我担任出版社编辑部主任时，考虑要增加有实践工作经验的编辑，于1975年将他从四川调来出版社。

我在编辑工作岗位上，首先组织编写的书稿是《平原航道整治》和《渠化工程》，前者是广东省交通厅航道局主持编写，后者是由四川交通厅航运局勘测设计队主持编写。

《平原航道整治》一书的编写，开始于1972年冬，于1973年秋写成出版，其间我曾两次出差去广州，并随编写组的同志查勘过西江航道。该书质量是优良的，它是《山区航道整治》的姊妹篇，成为我国航道整治技术上的经典之作。

《渠化工程》一书，是1973年夏开始组织编写的，1974年写成出版。所谓"渠化"，是在天然河流上建筑若干座拦河闸坝，并相应建筑船闸，闸坝拦蓄水流，抬高水位，其回水直至上一级闸坝之下，从而提高航道水深，提高河流的通航标准。解放后，我国最早进行渠化的河流是四川的渠江和广东连江。之所以选择四川的测设队承担此书的编写任务，是因为他们在渠化工程上有丰富的经验，加之我与交通厅航运局局长杨春荣和测设队队长艾国贤早有交情。人熟好办事，他们欣然接受了编写任务，编写工作进行得较为顺利。

我到交通出版社的前三四年中，直接组织编写的书稿有十几部，除前述的《平原航道整治》、《渠化工程》外，还有《码头结构手册》、《港口工程》以及译著《港口设计与施工》、《船坞设计手册》，等等，每年经手编辑加工发稿的书稿约在100万字以上。经过几年的努力，应该说我在编辑业务上已经登堂入室，算是一个合格的编辑了。

到了1973年，出版社原下放干校的人员全部返回，加上从其他途径调进的人员，共达到100多人，每年出书超过百种。于是在1974年相应地成立了编辑部、出版部、发行部，我被任命为编辑部负责人之一。

“文革”期间恢复了出版工作，但实行了一些不合理的政策和做法，这是极“左”思想路线的产物。一是搞“三结合”的编写组，所谓三结合，是指领导干部、专业人员、工人的结合，共同组成的编写组，共同参加书稿的编写。实际上，写书还是要靠知识分子专业人员，领导干部、工人参加编写组，名不符实。二是写书没有稿酬。知识分子花了很大劳动和心血，完全是尽义务。三是在书上不署作者个人的名字，一般署上“三结合”编写组，也有署单位名义的。写书的人花了多少心血，结果无名无利，缺乏激励机制，也不符合按劳付酬的原则。这种政策，岂能长久。直到十一届三中全会之后，才逐步拨乱反正，走上正常轨道。

二、从编辑部负责人到水运编辑室主任

“文革”中，铁道、交通两部合二为一，1975年1月，铁道、交通又一分为二，分别独立设部。相应地，原来合并的铁道出版社、交通出版社又要分家了，并结束了军管。

铁道出版社搬到东单三条办公，交通出版社仍在和平里原址，成立了新的领导班子，下设编辑部、发行部、出版部，我与梁唐担任编辑部负责人。

1976年“文革”结束。“文革”之后，百业待举，出版事业也随之繁荣起来。出版界破除了“文革”中许多左的作法，如从1977年后逐步恢复了稿酬制度，废除了“文革”中盛行的“三结合”（领导、知识分子、工人）的编写小组，真正写书的人也可以在书上署名了。在“文革”中写科技书，还常常在书中要引述毛泽东或马列的语录，牵强附会，不伦不类。“文革”后，拨乱反正，把一些颠倒的东西颠倒了过来，

出版事业逐步走上健康的发展道路，交通出版事业也有很大的发展，陆续出版了一大批交通战线急需的图书。

图书品种，1976 年时，全社出书只有 54 种，1978 年为 107 种，1982 年为 282 种。出书的字数，1976 年只有 771 万字，1982 年达到 3180 万字。出书码洋、图书印数等，都有急剧增长。

1976 年时，只有一个编辑部，我与梁唐负责编辑部工作，下面分设 5 个组，即港口、驾驶、轮机、公路、汽车。“文革”后，随着出版事业的发展，编辑人员逐步增加，编辑工作任务日益繁重，到 1979 年，编辑部演变为几个编辑室，即水运室、公路室、汽车室、教材室、总编室。1980 年 8 月，交通部正式任命了各编辑室主任，我被任命为水运编辑室主任，金振远为副主任。

为了加强编辑工作，我从 1975 年开始，物色一些外单位业务上的尖子，向社里提出申请，前后调进的编辑人员有刘书伦、陈良淦、阎育丹、陈民扬、邬正明、马小奇等。其中刘书伦是川江航道处的工程师，陈民扬、邬正明是大连海运学院的教师，陈良淦是四川航道勘察设计大队的工程师，曾在北京水规院与我共事多年。这些人以后都在工作上发挥了很好的作用。后来有的成为交通部的水运局的副总工程师，有的成为出版社的党委书记，有的成为出版社的总编辑，有的担任出版社编辑室主任多年。歌德曾说过：“有些人本身不能发光，但是他是光的传导者；有些人本身才华平庸，但是他能识别并引进有才华的人。”我是一个才华平庸的人，但引进的人应该说都是优秀的。

1978 年以后，也就是党的十一届三中全会之后，各级党政机构也逐步健全起来。交通出版社“文革”中是军代表制，“文革”后建立党政领导小组，1979 年初成立党委，交通部调来了一个老干部刘毅同志来担任党委书记。刘是红军时期的老党员，四川人，参加过二万五千里长征。以后转战延安、东北、华南地区，担任过广西的一个军分区的领导。在交通部原来担任机关党委书记、政治部直工部部长。他文化程度不高，对出版行业也很生疏，但工作认真负责，直至1983年离休，几年间做了不少工作。

刘毅个性较强，有时候对下级的训斥也不留情面，但与我个人关系甚为融洽，喜欢与我聊天，谈起二万五千里长征路上的故事，谈起很多战友牺牲的事，总是怀着深深的感情。他写过一些小文章，也曾打算写一部长征路上的回忆录，但未能如愿。

刘毅离休后，我们仍常来常往。他一次从四川老家回来，还给我带来一包家乡的特产。2001年，我住院做前列腺手术，他坐着轮椅到医院来看我。2004年6月我又一次住院，这时，他已86岁，行动不方便。我出院后，他隔三差五要来一个电话，问候我的病情。他已是风烛残年，仍念念不忘故交，令我深为感动。刘毅于2007年去世。

"文革"后，出版事业的发展，带来我们编辑人员工作十分繁忙。在这些年中我们水运编辑室几个专业，都出版一批有分量的质量高的图书，如港口航道方面有防波堤结构手册、港口工程、平原航道整治、英汉港口词典；航海驾驶方面有航海手册、航海学、英汉航海词典；轮机和修造船方面有内河船舶动力装置、船厂工人考工问答、英汉船舶机电词典等。我除了负责水运编辑室全面工作之外，水运技术词典的编审工作是我工作的重点。词典有11个分册，共480多万字，各个专业编辑加工之后，我都要进行复审，工作量很大。

交通出版社是科技图书出版社，"文革"后，也开始对出版社科、文史类图书进行探索。我最早经手的是《长江航运画册》和《长江风光》。前者是12开的精装本，共90页，列有反映长江航运风貌图片近200幅，1981年出版，发行8000册，反映良好。

《长江风光》是一本供旅游用的小册子，有63篇小文章，简要介绍长江重庆至上海沿江重要名胜古迹。如重庆名称的由来、长江三峡、庐山、九华山、南京、上海等，1981年出版。在书的后面列有《美丽的长江》的歌曲一首，由刘炽作曲，魏启宇作词。刘炽是著名作曲家，写过《上甘岭》、《祖国颂》等名曲，时任音乐家协会副主席。他是延安鲁迅艺术学院出来的，与刘毅在延安时熟悉。经刘毅介绍，与我合作写了《美丽的长江》这首歌曲。

本来与刘炽相约，再合作写几首歌颂祖国秀美山川的歌曲，后因主业工作较忙，无暇顾及创作歌词，合作之事，只好作罢。

1980 年 8 月，交通部任命汪浩为副社长。这时，出版社的党委书记是刘毅，社长是胡士翔。还有一位副社长朱儒珍。

1982 年夏，国家出版局在内蒙古呼和浩特举办读书班，参加的是全国各出版社的编辑人员，交通出版社派我参加。常年工作劳累，去参加一下读书班，是一个难得的休闲机会。

读书班住在呼和浩特一家宾馆，7 月 21 日开学，8 月 14 日结业，前后不到 1 个月。这次参加有 30 家出版社，67 人，读书班的任务是 3 条：一是读书，采取三自方针，即自定计划，自选图书，自学为主。二是交流经验，围绕出版工作条件，以编辑工作为重点，交流经验，研究问题，提出建议。三是休养生息，实际上是让大家来内蒙古休息旅游一趟。内蒙古自治区政府布赫主席（乌兰夫的儿子，以后是全国人大常委会副委员长）还在读书班的开学典礼上讲了话。

关于交流经验，有小组和大会交流，小组分为 3 个组开座谈会，包括选题组稿，作译者队伍建立，翻译工作等。我主持翻译组，大家发言后，我最后作了一个综合发言，谈到翻译工作要掌握的一些要领，并对严复提出的“信、达、雅”翻译标准，阐述了个人的一些体会。大家反映较好，认为对工作有帮助。

这次参加读书班，主要收获是：一是结识出版界的一些人士，有的成为朋友，如海洋出版社的吴宜倜，保持长期的联系。二是学习其他出版社的一些经验，如内蒙古出版社、国防工业出版社的选题组稿都有一些成功的做法。还了解光华出版社的一些工作情况，光华是一家专门引进国外图书的出版社，并作出过重要贡献。三是个人在读书班的20多天中，利用空间，完成了《计算水力学》的一部分翻译稿。四是参观内蒙古风光，开了眼界。总之，收获是很大的。

三、在出版社社长工作岗位上

1983年4月，干部新老交替，我担任交通出版社社长，这时我已年过55岁。这是我在工作岗位上栉风沐雨，辛勤工作，进行最后的一搏。

1983年4月29日，交通部政治部领导来出版社宣布交通部交组(83)年80号文件。文件内容是免去刘毅等人的职务，原副社长汪浩调往其他单位。任命邬正明为党委负责人，魏启宇为行政负责人，金如霆为总编辑，习力、米增福为副社长。大约两个月后，才正式任命邬为书记，我为社长。

我当上社长后，心情是复杂的。组织上既然将我推上这个位置，只能努力拼搏，迎难而上，迎接挑战，做好工作，取得成绩。

出版社原来的图书发行，只有经过新华书店一条渠道，我们的专业书，新华书店有时征订数量很少，而不少读者又买不到书。当时，已经有一些出版社自己办书店，以弥补新华书店发行之不足。我们上任后，积极筹备自己办书店。我们在东四原有一个门面，原来未很好利用，经过装修，并派出几个干部筹备，我们还请许德珩(全国人大副委员长)题了“交通书店”的店名。书店是1983年8月初开张，当时，北京电视台来了记者，交通部系统和出版系统来了不少同志庆贺。我们在发行工作上打响了第一炮。以后在全国陆续办了交通书店，到1987年我离任时，全国办了10多家交通书店。这些书店对扩大交通版图书的发行，发挥了重要的作用。

1983年8月，交通部党组决定，让我去中央党校学习，交通部去学习的还有路桥总公司党委书记马江达同志。我在社长的位子上刚坐了3个月,又要“背着书包”上学堂了。

回想我1949年离开大学参加工作前,在长沙市党校学习了1个月,进行党的基本知识的教育,听了老同志几个报告,觉得很新鲜,思想很开窍。这次上中央党校,主要是进行理论学习。我多年来搞业务技术工作,满脑子都是些政策、规章、数字、公式,而今用理论武装一下,是必要的,将有利于减少今后工作中的盲目性。

党校学员有不同层次的班级。我们学理论的有两个班,一个是学哲学的,一个是学政治经济学的。我与马江达选择了学政治经济学。同班的同学来自中央各部委和各省的干部,多是新提起来的知识分子干部,一般都是司局级干部,也有少数省部级的。记得同学中有谢非(以后任广东省委书记,中央政治局委员)、孙家正(以后任文化部部长)、金鉴(以后任司法部副部长)。

学习是采取老师讲大课与自学相结合的方式,以自学为主。其间还请过一些领导同志、专家来做报告,其中有房维中(国家计委副主任)、雷汀(综合运输研究所所长)等。他们从宏观上、从实践上阐述中国经济、科技各方面的发展情况和未来趋势。从而使我们这些学员在学习上能够理论与实际相结合,加深对问题的理解。在学习期间,我将教材中的要点和老师讲课的内容,编了一本政治经济学问答,约有6万字,这是我5个月学习的书面成果。

学习结束时,进行一次书面考试。我考了96分,在班上列第二名。多年不当学生了,多年不进考场了,这次又当了一回考生,而且还考得好成绩。这种成绩不能说明什么,但自己还是高兴的。回想起我高中毕业时考了第一名,这次考了第二,说明自己宝刀未老,脑子还行,说明这半年的学习还是努力的。

我这一辈子,可以说读了3个大学,一是湖南大学读水利系,取得了一个毕业证书。二是清华大学听课两年。三是中央党校读了半年。

当时中央党校校长是王震，我在党校学习期间，见到过这位校长，但未听过他讲话。我在党校结业时，发给了一个结业证书，上面署有王震校长的名字，倍觉珍惜。

中央党校学习结束后，我又回到出版社，这时已经是1984年2月了。回来后，一是了解半年来出版社工作进行的情况，二是安排好1984年的工作。我不在家这一段，各项工作的运转基本正常，1983年任务完成得也比较好。出书总品种达到244种，新书152种，用纸7.8万令，利润122万元。

我当上社长后，主要是抓出版社行政管理工作，图书编辑工作也做了一些，重点抓了两件工作：一是交通史丛书的编辑出版；二是纪念郑和下西洋的一套丛书。交通出版社负责出版交通史书，成立交通史书编辑室。彭部长那时已经从部长岗位上退下来，但仍担任中国航海学会理事长，对中国航海史、中国水运史的编写倾注很大精力。我记得他为落实史书出版问题，曾3次来过交通出版社。我从党校回来不久，他又与王大勇同志来出版社。一是进一步落实史书出版的事；二是要求我花更多的时间参加他所主编的《中国航海史》的编写工作。不久，经他提议，我担任中国航海史研究会的副主任委员，《中国航海史》编委会的副主任。

1984年，出版社完成了一项大的基建工程，这项工程是1983年时开始的，到1984年6月份完成。具体内容是将原出版社院子内约500平方米的平房，改建为一座3层的办公楼，面积1671平方米，投资37.7万元，由出版社自筹资金解决。出版社老楼办公室面积只有700多平方米，新楼盖成后，大大改善了出版社的办公条件。此外，在1984年我社还在北京三环路外的大屯，购买了16亩多地，已有房屋建筑2170平方米，投资158万元，这是交通部拨款。这项建筑主要是作为出版社的书库。

为了庆祝出版社新办公楼的建成，在1984年中秋节的夜里，我们在新办公楼的楼顶上开了一次茶话会，请有关单位的同志参加，参加的还有交通部副部长曾直同志。他在20世纪50年代初曾任中共长沙市委书记，后调财政部做副部长，“文革”后调交通部做副部长，我与他在长沙时认识，请他与会，他欣然光临。他写的一笔好字，在茶话会上挥毫写了一幅字。触景生情，我也写了一副对联：

栽几株柏，几棵松，更添一轮明月，美也斯景；

建数层楼，数重阁，远眺万里长城，壮哉此心。

新楼建成，工作顺利，此夕心情颇觉舒畅。同时也觉得人世有代谢，宦海有沉浮，斗转星移，物是人非，几年之后我又将身在何处。

1984年10月1日，是中华人民共和国成立35周年。在北京举行了大规模群众游行庆祝活动和阅兵式。我与邬正明同志参加了天安门观礼。我们的观礼台是在天安门南边，是临时搭起来的观礼台。我参加多次国庆游行，参加国庆节观礼这是第一次。这次群众游行队伍有数十万人，参加阅兵的部队有1万多人，并有各种作战飞机100多架，导弹近200枚，坦克装甲车200多辆，汽车有2000多辆，组成了46个方阵。可以说场面壮观，盛况空前。

在游行队伍通过天安门时，忽然出现了一个横幅，上面写着：“小平，您好”！后来知道是北京大学的学生写的。我当时看到这一个横幅时，感到新鲜。“文革”之后，拨乱反正，特别是改革开放，使中国迈向一个新的发展时期。运动不搞了，经济发展了，国力强大了，人民群众思想活跃了，心情舒畅了，生活水平提高了。饮水思源，邓小平在带领中国人民走上新的航程中，起着巨大的作用。“小平，您好！”代表了广大人民的心声，代表大家对邓小平的一种敬爱之情。

一个国家、一个民族，在其历史发展进程中，常常会在关键时刻出现一些关键人物，他们的作为，会决定一个国家和民族的兴亡盛衰。“文革”之后，我国处于困难之际，问题堆积如山，百废待兴。邓小平以其超人的智慧和胆略，提出一系列高瞻远瞩的路线、方针和政策,引导中国走向通往现代化的道路,使中国面貌焕然一新。人民爱戴他是理所当然的。

1984年,出版社工作取得一定成绩,出版图书总品种215种,新书138种,新书字数为3200万字,全年利润有137万元。有一本《串列螺旋桨及其设计方法》,获得全国科技图书奖。社里也自己评了一批优秀书。有一本《全国交通营运线路里程示意图》,印数达到了90万册,仅这一本书就为出版社赚了65万元。这在当时是一笔很大的利润。

1985年,遇到第一个问题,就是筹备庆祝郑和下西洋580周年。这项筹备工作,实际在1983年就开始了,到1985年筹备工作更加紧锣密鼓。

彭德清同志是这项活动的发起者和组织者。他为此事向中央顾问委员会副主任薄一波和国务院副总理方毅同志写了报告,以后由交通部、外交部、海军司令部、中国航海学会以及云南、江苏省等20多个单位,共同组成庆祝筹委会,由彭德清任筹委会主任。

我们出版社的任务,是编辑出版一套有关郑和下西洋的书籍。当时,计划由我们出版5本书,即《郑和下西洋》、《郑和研究资料选编》、《郑和史迹文物选》、《郑和家世资料》、《郑和下西洋论文集》。字数超过100万字。这项编辑出版工作,由我亲自抓,从组稿到编辑出版,时间紧、任务重。上班时我还有许多行政事务,只能夜里加班加点,加工审稿。其中有的书稿,作者就常驻出版社修改,遇到问题常与我商量。这几本书经过紧赶慢赶,终于在1985年7月在南京举行庆祝大会时,全部送到了会上,发到代表们的手中。这套书在国内外有很好的影响,厦门大学庄为玑教授说:“这套书很有质量,出版社做了一件好事。”德国海德堡大学一位汉学家来信说,这套书对他的研究工作很有帮助。

我对郑和的事迹,过去只是略知一二,通过对这一批图书的编辑审稿，对郑和下西洋的了解就较为深入了。以后，我参加了《中国航海史》、《中国航海史纲》、《中华海魂》等书的编写、审稿，这些书中，有关郑和下西洋的篇幅都不少，由于前一段工作的基础，在新的编写任务中也就得心应手了。

2005年，举行郑和下西洋600周年纪念活动，我也参加了一些工作，如接受几家媒体的采访、撰写学术论文等。

1985年10月，我们出版社去西德法兰克福参加国际图书展览。这是世界上久负盛名的图书展，每年都举行。我社是第一次参加国际书展，我也是第一次出国。北京参展的科技方面的出版社还有海洋、铁道、体育、煤炭、化工等10来家。牵头的是海洋出版社，他们已经参加过几届了，路子较熟。其他出版社多数是"土老帽"，没有参加过国际书展，没有出过国，如何办手续，如何作准备，出国日程如何安排，都由海洋出版社的同志指导和具体操办。

我们带去参展的书有几十种，如《英汉道路工程词典》、《郑和下西洋》、《桥梁设计》等。

我们一行约20人，于10月初离开北京，坐了14个小时的飞机，中间在沙迦停机加油，10月4日前到达法兰克福。

在法兰克福书展时间是10月4日至10月14日。书展后，15日去海德堡，17日去慕尼黑，18日到西柏林。19日返回北京。全部行程约20来天。

出国漂洋过海，饱览德国风情，开阔眼界，增长见识，对国外出版行业的情况，也有些粗略的了解，收获不小，不虚此行。

1985年，交通出版社工作有新的成绩，出版图书275种，其中新书148种，字数3500多万。发行码洋1230万元。出版了一批重点书，如《道路与交通工程词典》、《实用土木工程手册》、《中国对外开放港口》、《内河小轮驾驶问答》等。

在1985年下半年，王大勇同志患喉癌，到1986年初去世。他原担任中国航海史研究会第一副主任委员，在他病中时，即将研究会托付我来负责。从1985年至1987年上半年航海学会改组，航海史研究会的工作就由我主持。这期间开了两次全国性的会议。一次是在青岛举行全国和北方片区港口史学术讨论会，一次是1986年11月在四川省峨嵋山召开全国和长江片内河航运史学术讨论会。这两次会都是我主持的，会议上我做了学术报告和总结。港口史会议上的报告题目是：《发展交通史学，编好海港史书》。内河航运史会议上的报告的题目是：《发展水运史学，编好内河航运史书》。

1986年10月，在乌鲁木齐召开全国出版工作会议，我代表交通出版社前往参加。这为我提供了去乌鲁木齐探亲的机会。

凉秋九月，此时新疆正是瓜果大量上市之时，气候十分宜人。我们开会期间，曾组织代表到吐鲁番、高昌故城、天池等地游览。在游天池时，我写了一首诗：

南国诗人粤海客，
春风得意上瑶池。
幽林雪岭满湖碧，
一片冰山化作诗。

来开会的有各地出版界同仁，其中有广东省出版局局长马冰山，也是一位诗人，游览时同行。“一片冰山化作诗”，是将其名寓于诗意之中。

从新疆回来，1986年又到年底了。这一年出版工作也取得较大成绩。共出书239种，其中新书129种，字数3354万字。这一年出版的重点书有《俄汉拖拉机词典》、《集装箱运输业务手册》(上册)、《结构杆系分析》、《交通企事业名录》等。最后这一本书我担任主编。

图书销售码洋1298万元，利润完成277万元，这是此前出版社历史上利润最高的一年。

到1987年3月，我已满60岁，与邬正明、金如霆3人同时从工作岗位上退下来。从此脱离了行政工作,心情倒很轻松。今后有读书的时间了,也可以写点东西,做点研究工作,做点学问。

人生的旅途,60 岁是一个坎,在此之前是青少年和中年时代,此后就是走向老年了。诗人刘大白有一首诗:

少年是艺术的,一件一件地创造;
壮年是工程的,一座一座地建筑;
老年是历史的,一页一页地翻阅。

我已进入老年,今后将在一页一页地翻阅历史。

从工作岗位退下来,没有什么遗憾。我将以愉快的心情,迎接新的生活。

四、策划、主持编辑出版《水运技术词典》前后历时 18 年

《水运技术词典》是一部大型辞书,前后进行两轮的编写,第一轮是试用本,有 11 个分册,1975 年开始编写,到 1984 年 11 个分册全部出齐,历时 10 年。第二轮是修订本,我是主编,从 1992 年开始编写,到 2000 年出版,历时 8 年。自始至终,我参加这部词典两轮的编辑出版工作的全过程,投入很大的精力,起着主导作用。

到 1975 年,交通出版事业有了新的发展,出版的图书,无论品种和数量都增加了。一个偶然的机会,我从一个材料中发现国外出版行业很重视辞书的出版,品种繁多,特别是日本,出版的辞书种类很多,有不少是综合性的、大部头的辞书。从中得到启发,萌生组织编写一部《水运技术词典》的想法。

为了顺利进行这部词典的编写,首先要在出版社领导和编辑人员中统一认识。当年的社长胡士翔对此事是大力支持的。他是 1938 年参加革命的老干部,在军队中搞宣传工作多年,对马列主义理论有较深的修养,文史知识也较丰富。此时,他到出版社工作已近 10 年,对出版工作的方针政策、发展方向以及客观发展上的一些趋势,是掌

握得较好的。且为人谦虚,待人诚恳,平易近人。我到出版社工作几年的时间中,我们之间的关系是融洽的,他对我是信任的,我提出编写《水运技术词典》之事,他积极支持。

《水运技术词典》,包括水运方面十几个专业,在组织水运这一部词典的过程中,各水运专业编辑基本上是赞同的,对我给予积极配合和支持。其中出力最多的,主要有金振远、邬正明。金是 1949 年在上海吴淞商船学校驾驶专业毕业,解放后不久就分配到交通出版社工作,"文革"前担任水运编辑室副主任,是出版社屈指可数的几个老编辑之一,熟悉编辑业务。邬正明原是大连海运学院的教师,1949 年浙江大学毕业,此时属借调到出版社工作,1977 年正式调入。他们 2 人以后为这部词典的编写,随我东奔西跑,出了很大的力。

为进行这样大的一项编辑出版工程,从组织领导到编写工作,需要各方面的支持。交通部陶琦副部长担任编委会的主任委员,部科技司司长高原担任编委会的副主任委员,并拨给科研经费 5 万元,多次参加编写工作会议,提出很多真知灼见。参加编写工作包括 60 多个单位,200 多名专业人员。并在武汉水运工程学院设立编写工作办公室,由该院副院长陈英同志担任办公室主任。在以后的 10 年中,出版社与武汉水运工程学院协作得非常好,共同完成这部词典的编写出版工作,我与陈英同志也建立了很深的友谊。

在《水运技术词典》(试用本)编写出版过程中,并无主编、副主编的名义,我只有全书编审组副组长的头衔。实际上在这部词典的倡议、策划、组织、审稿、定稿的全过程中,我都起着重要的作用。

词典编写出版工作,历时 10 年。其间召开综合性的、专科的编写、审稿会有数十次,我参加其中大部分的会议。此时还多次出差外地,参加词典的最后加工、审稿、定稿工作。10 年间,可谓是足迹遍大江南北。

这部词典按照 11 个分册先后出版,于 1984 年全部出齐,共计

1.8万个词条,近500万字,称得上是鸿篇巨制。我对500万字,90%以上是逐字逐句审阅过,自己也参加少量词条的编写。

《水运技术词典》的修订再版工作,到20世纪90年代初,提上了议事日程。发起此事的是出版社水运编辑室主任蔡培荣,他邀我出山,我与朱国伟(武汉交通科技大学校长)担任这部词典的主编。

我那时已离休了,且交通史书的编审任务还比较重,但对《水运技术词典》则有一份难以割舍之情。从1975年到1984年,我为这部词典的编写、审稿、出版,花了很多精力和心血。在我黄昏之年,能再度为编写词典出一点力,我还是心甘情愿的。因此,再度投入词典的编辑工作。

1991年下半年到1992年春,进行筹备工作,主要从三个方面进行:一是取得交通部的支持;二是组织编写队伍;三是准备文件,拟定编写计划、编写纲要。

编写工作涉及面广,涉及单位很多,而且需要相当数量的编写经费。上次编写词典时,交通部是很支持的,因而编写工作得以顺利开展。这次根据上次的经验,我们仍要争取部里的支持。经过出版社写报告、口头汇报,从部长到部科技司对此事都很重视,交通部部长黄镇东担任编委会主任,科技司司长张德洪担任编委会副主任,并参与编写工作的策划、筹备以及组织推动工作。以后科技司又将这一词典的编写工作,列入交通部的重点科研项目,拨给30万元的科研经费。

与上次编写词典一样,这次武汉交通科技大学(前身是水运工程学院)仍然是出版社的合作伙伴,共同负责词典的组织领导工作,副主编有高镇都、蔡培荣、牛求煌3人。另外落实了各个学科的分主编和编写人员,参加编写的有50多个单位140余人。在武汉交通科技大学设立词典编辑部,负责日常的联系、管理工作。这是我们出版社与该校为词典编写工作再度合作,我与朱国伟等同志工作关系融洽,建立深厚的友谊,至今保持着联系。

编写工作的文件的主要有:编写工作的通知、编写工作纲要、编写工作条例等。具体编写工作,要求在原《水运技术词典》(试用本)的基础上增补、删节、修改。编写的原则,是坚持科学性、先进性、实用性的统一。编写词典的目的,是为了统一和规范水运专业的名词及其释义。全部词典不再按学科分册出版,最后形成一个按笔画编排综合性的大型辞书。

1992 年 5 月,在武汉交通科技大学召开了第一次编写工作会议,我在会上有一个长篇发言,主要是谈编写词典的沿革、意义、要求等问题。此后编写工作即全面展开。

整个编写工作大体分两个阶段进行:第一阶段从 1992 年 5 月至 1996 年,为各编写组编写出各学科的书稿。中间在北京、武汉、天津召开了几次编写工作交流会,每次会上我都有发言,针对编写工作的有关问题,进行阐述和解答。

第二阶段是 1996 年至 1999 年,是进行分学科编辑加工,然后进行全书的统稿定稿。统稿人员主要是正副主编和有关人员。各个学科书稿写好并进行编辑加工之后,书稿仍存在不少问题:一是有不少重复词条;二是规格体例上不统一;三是图和计量单位不规范;四是文字表述繁简、水平,参差不齐;五是词语的英译不确切或前后不一致;六是要按笔画次序进行统一编排。统稿的工作量相当大。

全书进行 3 次统稿,由我与朱国伟主持,第一次是 1996 年 5 月在北京进行,时间约半个月。第二次是 1997 年 7 月至 8 月,在北戴河进行,时间约一个月。第三次统稿是 1998 年 7 月至 8 月在北京昌平进行,时间 1 个多月。统稿工作实际上是进行编辑再加工。工作日以继夜地进行,大家都很辛苦。

词典(修订本)编写工作,历时 8 年,回忆自己做的主要工作有:一是词典编写工作的策划、草拟编写工作计划、编写纲要等文件。在编写过程中经常了解、检查编写工作的情况、问题,并及时解答有关问题。

二是我是“水运历史”、“港口航道工程”两个学科的编写人员之一,负责写的词条有300来条,约5万字。

三是“港口航道工程”学科,原来的主编是毛源发,由他负责该学科的80万字书稿的整理修改,然后再交给词典编辑部。但毛在后来出现脑血栓,工作不能完成,由我接手后一阶段的工作,并聘请闵朝斌同志担任这一学科的副主编。从文字修改、图表的整理到查对疑难问题,到最后加工定稿,是我们两个人完成的。

四是书稿的编辑加工和复审。全部词典16个学科,有10来个人参加编辑加工,我负责港口航道工程、水运历史、木帆船3个学科书稿的编辑加工,约140万字。另外还负责水运经济管理、远洋运输两个学科书稿的复审。

五是参加最后的统稿定稿工作,以及看校样、查图、查表等工作。这本词典,一共出了3次校样、一次兰图,我与几个同志都要分工认真通读通查。其中部分书稿,要反复审校。全书装出样本后,还查出29处文字、13张图有问题,需要修改。

《水运技术词典》修订本从1992年5月开始写,于2000年5月正式出版。全书有词条2.1万条,共600万字。

我到出版社后,在组稿、加工书刊工作中取得一些成绩,但其难度未有如这本词典者。经历这部巨著编辑出版的全过程,进一步体会到写书难、编辑难、出版难。写好一部书难,多人写一本大部头的书并将其合成加工,并达到较好质量更难。另外还体会到,作好编辑工作,必须懂专业、懂编辑出版业务、有较好的文字水平、有一定组织活动能力,这样在编辑领域内才可以卓然成家,有所建树。

人的一生,也好像编一本书,要编好一部书,必须将选题、组稿、编辑加工、出版各个环节很好结合起来,环环相扣,精心搞好每一个工序、每一个环节。人既要有远大志向，更要脚踏实地，一步一个脚印，干一件，干好一件。在人的一生中，有浪漫，有豪情，但更多的是务实，是认真，是细致，要像精心写书或加工书稿一样，或者像雕刻一件石质艺术品一样，去对待工作，对待生活，对待生命。这样人生才能取得成功，才有意义。

五、参加组织编辑出版交通史书延续30年

20世纪80年初，交通部开始组织交通史书（包括中国水运史丛书、中国公路交通史丛书、中国航海史、郑和下西洋等），这是交通系统有史以来开展的一次大规模的交通史研究、编写、出版工作，是交通系统一项大的文化工程。第一轮编写的史书超过200本，6000万字，于2004年全部出版。2010年又开始推动水路交通史书第二轮编史工作，计划编辑出版20部综合性史书，如《中国内河航运史》、《中国海港史》等。目前工作正在进行之中，两轮编史工作已延续30年。在第一轮编史工作中，自始至终我是史书编辑出版工作积极推动组织者，担任过航海史研究会副主任委员，中国公路交通史丛书编委，经我手编审定稿的史书有100多本，超过3000万字。第二轮水路交通史丛书的编史工作，我担任编委会顾问。30年来，我为此项工作投入大量精力，也可以说，我后半辈子工作、学习、写作，都与这一工作结下了不解之缘。

党的十一届三中全会之后，党和国家工作重点向经济建设转移，经济建设的高潮带来文化建设的高潮，历史学的研究向更加广泛和深入的领域演进。于是先后开始编撰地方志、编撰“当代中国”丛书，各行各业的经济史、技术史的编撰工作也逐步开展。中国交通史书也是在这样历史大背景下开始进行编写的。后来有人将编写当代中国、地方志、大百科全书、专业史，称之为出版工作上的四大工程。

1980年7月，交通部发文，开展公路交通史丛书编写，成立中国

公路交通史编委会，由潘琪副部长任编委会主任，1983 年 12 月改由王展意副部长任编委会主任。1980 年 11 月在北京召开全国编写工作会议，编史工作就全面展开了。

1979 年召开的中国航海学会第一届代表大会上提出编写出版《中国航海史》。会后，航海学会副理事长周启新到交通出版社来找我商量，我表示完全支持，但如何组织推动编写工作，当时未能落实。

在编写《中国航海史》的启发下，我当时就想到要推动整个水运史书编写工作，第一步先推动海港史的编写。但这个事情较大，涉及面广，出版社是搞不起来的，乃代交通部草拟了一个《关于编写中国海港史的通知》，由部批发全国各个海港。1980 年 5 月，交通部又发出《搞好中国航海史编写工作的通知》。两个通知发出后，工作并未全面展开。

1981 年彭德清同志担任交通部部长，同时兼任中国航海学会理事长，他对中国航海史、中国水运史的编写工作十分重视。在政务繁忙之余，用相当精力推动编史工作的开展。这是以后水运史、航海史编写工作能顺利进行的关键因素。

我当时是交通出版社水运编辑室主任，想把全国水运史、航海史的具体组织工作接过来，但人微言轻，自己所处工作岗位有局限性，乃找我的老领导时任水运规划设计院院长王大勇商量，请他出面来组织这一工作，他欣然同意。

1981 年 10 月，在杭州召开中国航海学会年会上，正式成立中国航海史研究会，由交通部贺崇升副部长任研究会主任委员，王大勇任第一副主任委员。研究会的章程、会议纪要等都是由我起草的。研究会开会的内容拟定和日程安排，也是我操办的。研究会还聘请了几位史学界著名学者如朱杰勤、庄为玑、卢东阁等为学术顾问。我担任研究会委员，此外还有交通系统、海洋、水产部门、大专院校等有关的专家、学者担任委员。

领导全国水运编史工作机构成立，这是推动编史进行的前提条件。接着在1982年，先后召开中国海港史编写工作会议和内河航运史编写工作会议。前者是1982年4月在福建厦门召开，后者是1982年11月在长沙召开，并分别由彭德清部长、贺崇升副部长主持。这两个会议的召开，全面推动了各海港史、各省内河航运史编写工作的展开。

这两个会议我都参加了。在内河航运史会议上，我做了《内河航运史编写工作概论》的学术报告。这个报告对内河航运史的性质、体裁、史料收集整理研究、基本内容、主要原则、编写注意事项等，做了全面的阐述。这实际上是编史工作一个带有规范性、指导性的文件，以后各港港史、各省航运史，基本是按照这个文件的要求进行史书编写，从而避免了走弯路。

编史工作的进行，要解决好三个问题：一是组织推动问题；二是史学理论主要是编纂理论方法的问题；三是编辑出版问题。其中第二个问题就是要解决史书如何写？如何写好？这是编写人员面临的实际问题。编写人员多数是搞专业工作的，有少数是学历史的。对如何编写水运专业史，多数没有经验，开始时都感到茫然。甚至对如何收集史料，也不知如何下手。有的请过历史专家讲过课，对工作当然有帮助，但结合水运史的特点，联系水运的实际，如何写好水运史书，历史专家有时也难以说清楚。这个问题，也可以说是交通史学的理论建设问题，参加编史的同志，在这方面都在进行探索，大家在理论建设方面都做了很多工作，我本人也对此作出过一定的贡献。

我本来是学水利工程的，长期从事技术工作，几十年在水运行业工作，对水运业务是熟悉的。另一方面，我青少年时喜欢文史，读过不少历史书，17岁还曾通读过《资治通鉴》。对历史学既有兴趣，又具有一定功底。开展交通史书编写工作后，我的知识结构有了用武之地。在开展编史工作后，我也找一些史学理论方面的书刊进行阅读，如白寿彝的《史学概论》等，联系交通史实际，思考问题。我以后发表的几十篇讲话和文章，并出版了两本交通史学理论专著，就是在这样的历史背景下的产物。

编史工作要解决的第三个问题，是编辑出版问题。这在交通出版社开始是有阻力的。1982 年 12 月，中国航海史研究会和中国公路交通史编委会共同向交通部写报告，交通部于 1983 年 2 月，明确决定交通史书的出版工作，由交通出版社承担。不久，我担任出版社社长，交通史书的编辑出版，由我直接负责，并报部成立综合编辑室，实际就是交通史编辑室。此后，交通史书的编辑出版工作一路顺风。

交通史书，可分为《中国公路交通史丛书》、《中国水运史丛书》两部分。中国水运史丛书，原来是包括中国航海史的，后来考虑到这部书篇幅较大，有其特殊性，乃单独成立编委会，由彭德清部长担任主编，直接负责组织全书的编写工作。

彭部长当时是中央顾问委员会委员，他将编写《中国航海史》及有关水运史书的事，曾经于 1983 年 2 月向薄一波和中顾委写过报告。薄一波同志在一次报告会上说："我曾与交通部原来的部长彭德清同志谈过一次，他已退到二线了，但仍雄心壮志，不仅写现代史，还要从春秋时代写起，还有郑和下西洋。他不是吹牛，是雄心壮志啊！他这种精神，对已离休、退休和再有一、两年就要退下来的老同志，有意义。"

彭德清写《中国航海史》的事，得到薄一波同志的肯定和表扬，这对他以及编史的同志都是一种鼓励。彭在 1983 年从部长岗位退下来，以后就以更多的精力抓航海史和水运史丛书的编写工作。这以后他与我的接触也就更为频繁了。

彭是整个编史工作的挂帅人物，王大勇则是具体工作的负责人。

我那时只是一个参谋人员，出过很多主意，起草过很多文件，但对整个工作发动和组织工作，王大勇是出了大力的。水运史书编写工作得以全面开展，他是功不可没。可惜天不永年，1986 年初他就去世了，这对编史工作是一个很大损失。

交通史书的编写，包括水运史、公路史，全国大约有 2000 多人参加。他们都不同程度地作出自己的贡献。其中有不少人与我志同道合，成为挚友。如上海海运学院的卫太夷，浙江的吴振华，青岛的寿杨宾，甘肃的陈琦、伊国清，烟台的丁抒明，秦皇岛的黄景海、王庆普，长江航运局的马志义、陈建国，等等。编写出来的史书有五个类型：一是全国性的水运史、公路交通史，如《中国航海史》、《中国公路史》、《中国公路运输史》。二是各省水运史、公路交通史，这是交通史书的主要部分。三是专题性的交通史书。如《丝路交通史》、《江西苏区交通史》、《郑和下西洋》等。四是海港史，如《上海港史》、《天津港史》等。五是企业史，如《招商局史》、《民生公司史》。全部有 200 来本。许多交通工程上的奇迹，交通运输上的伟业，以及许多名垂青史的交通事业建设者、管理者、航海家，都在交通史书中有所记述。史书中还总结了历史上交通事业的经验教训，捕捉历史辉煌的瞬间，重现历史进程中智慧的闪光，为后世提供借鉴。总之，这些史书有着存史、资治和教化的多种功能，其价值是巨大的，后人将永受其益。

我在出版社做了 40 年的编辑工作，参加了两项大的有很强生命力图书工程，一是交通史丛书，二是水运技术词典，为这两项图书工程，花了近半辈子的时光，经历过许许多多的日日夜夜，辛苦备尝，而今已是“而视茫茫，而发苍苍”。但我有一种成就感，一种满足感。我的辛苦、我的精力，没有白费。

陶行知先生写过这样一首诗：

傻瓜种瓜，

种出傻瓜。

唯有傻瓜，

救得中华。

古往今来，出过很多傻瓜，也种出很多傻瓜。我也算是一个傻瓜，取得的成果是微不足道的。但我问心无愧，聊可自慰，也很高兴。

六、退休后继续在编辑岗位上耕耘

我从1972年3月调到交通出版社，到1983年4月，这11年间，潜心从事科技图书的编辑工作。1983年4月到1987年3月，担任出版社社长4年，基本上是忙于一些行政事务，编审书稿的时间就不多了。从社长岗位退下来以后，又可以重操旧业，专心致志于编辑工作了。

这些年我编审的书稿主要是交通史书类，也有部分水运专业类的书稿。前已述及，交通史书，分为《中国水运史丛书》、《中国公路交通史丛书》两大类，出版社成立了综合编辑室，具体负责史书的编辑工作。我担任社长时，这个编辑室由我直接领导，退休后由于我仍担任两套丛书编委会的领导成员，虽然从社长岗位退下来，由于原来的工作关系，仍参与两套丛书的编辑出版工作。

出版的水运史书，多数是经过我加工或复审、终审后发稿的。公路交通史书，部分是经过我审阅后发稿的。此外，我还编审过一些本社出版的地方交通志书以及其他出版社出版的文史方面的书稿。合起来有100多本。

我直接加工发稿的书稿，主要有《当代甘肃公路交通》、《中远发展史》、《天津航道局史》等多种。审读、复审、终审的书稿。品种繁多，重点有：《中国航海史》3本，《长江航运史》3本，《珠江航运史》、《中国船检史》、《中国救助打捞史》、《中国港口大全》等。仅这几部综合性史书，字数就超过600万字。再加上各省、各港口水运、公路交通史书几十种，字数之多，任务之重，可以想见。

编辑交通史书，不是简单的加工、审核稿件，其他还有大量的工作要做。史书的成稿、定稿之前，需要与作者经过多次反复的磋商、研究、修改。有的史书要召开几次审稿会。我在这一时期中，参加审稿会有数十次。在参加审稿之前，要阅读原稿，在审稿会上要提出一些可行的、合理的修改意见。审稿会后，有时还需要与作者具体商量对原稿如何进行修改，工作是十分细致繁重的。

在出版的交通史书中，有的还需要进行重点的帮助。有的史书编写单位，还约我担任顾问、主审、编审，更需要花大量时间和精力，帮助他们将书稿写好改好。

例如前面已提到的《中国航海史》，由交通部部长彭德清担任主编，于20世纪80年代初开始组织编写，全书分为古代、近代、现代3本，共120万字，到1989年全部出版。历时8年，参加编写有几十人。最后，这3本书由我编审统稿。众手成书，水平参差不齐，文笔风格各异，取材繁简不同。有的写得简而不明，有的写得繁而不当，有的观点欠妥，有的立论不确。彭德清部长最后将全部书稿交给我修改。工作量很大，且有相当难度。此时，正好我已从社长岗位退下来，有时间和精力，对书稿进行字斟句酌。有的地方重写，有的地方删改，有的地方微调，有的地方润色，最后终于将第一部《中国航海史》编成出版了。出版后，获得学术界的好评。

又如《中国船检史》，约我担任该书的顾问。我参加该书的编写工作会议、审稿会、定稿会，前后达6次之多。参加编史工作的同志，都是各地船舶检验工作的专家，但对如何编写好船检史则比较生疏。在交通部船检局1991年春召开的第一次《中国船检史》编写工作会议上，我作了《怎样编好中国船检史》的报告，讲了两个半天。此后，编写工作基本上是按照我所讲的要求进行的。在编写过程中，常出现一些疑难问题或有争论的问题，常请我去解答。对于一些认识上不一致问题,我及时提出个人的看法,一般都能为编写者所接受。船检史书稿编出后,我全面进行审读定稿,最后于1998年付印出版。

几千载船检历程,浓缩为一部青史,君等功在后世;

六年来伏案笔耕,妙手写就好文章,我为做嫁衣裳。

这是我写给《中国船检史》主编丁奇中(原交通部船检局局长)一副联语。表明这部史书的写成,是我与作者共同辛勤耕耘的结果。

又如《秦皇岛港史》,原来已于1985年、1987年先后出版古代史、近现代两册,是《中国水运史丛书》最早出版的一部港史,到20世纪90年代初,秦皇岛港务局决定修订再版,将已出版的两本合为一本书。在修订编写过程中,我被聘为顾问,并对编写纲要、编写内容要求,提出过我的一些看法。以后我又应编写组的要求,写了该书的绪论,约1.6万字。该书最后由我编辑加工定稿,于1993的正式出版。

经过我重点帮助完成史书编写工作的,还有《中国汽车工业发展史》、《长江航道史》、《中国航海史纲》、《当代甘肃公路交通》等。其中《中国汽车工业发展史》在召开第一次编写工作会议时,邀我去讲课,连续讲了四个半天。

交通出版社除出版交通史两套丛书之外,还出版了一批地方交通史志书。我经手审定出版的有多本。我最后审定的是2010年出版的《山西省公路志》。

在我编辑生涯中,还要提到一本书,就是《彭德清纪念文集》,彭德清原是交通部部长,1999年6月去世。彭是福建厦门同安县人。逝世后,遵其遗嘱,将骨灰撒在厦门的大海之中。厦门市委、市政府于2000年牵头组织编辑出版《彭德清纪念文集》,邀我参加该书编辑工作,我欣然答应。《彭德清纪念文集》中,主要收集他本人的文章,也有一部分是他原来部属、亲友写的纪念文章。文章来自各方面,有的较为粗糙,我花了大量的精力同时也带着深厚的感情,对书稿进行修改、加工、润色。从编书中,我也进一步了解彭老的一生和他的为人,他是我十分钦佩的一位老同志。

1972 年到 2012 年,我从事编辑工作 40 年,深感做好编辑工作很不容易。编辑要精通专业,并且要有广博知识。古人讲:通一书则通群书。对编辑人员来说,除具有自己的专业知识外,还应对相关专业、相关学科有所了解,能做到文理两栖。要做到这一点,就要多读书,多动笔写些文章,在学术领域作些研究,能成为学者型的编辑。

七、学术研究与著述

我的学术研究领域,原来主攻是内河航道工程技术,从 1955 年开始,从事内河航运规划设计、基建管理,都是航道工程技术专业方面的工作。到交通出版社做编辑工作,开始也是分配在港口航道工程组,从事这方面的图书的编辑工作。到 20 世纪 80 年代初,图书编辑工作范围的扩宽,学术研究领域也随之扩展,逐步涉及交通运输学、交通史学、海洋文化学等方面。学术研究是与著述密不可分的,研究是著述的前提,著述是研究的结果。这些年,应该说我取得了一些成果。

1. 交通史学的研究和著述

它是随着交通史书的编写出版而开始并逐步深入的,也是我这些年来学术研究工作的重点。交通史书包括水运史与公路交通史共 200 本,1987 年 3 月我退休之前,大约出版了约 40 本,其他 140 余本史书是在 1987 年以后由交通系统各单位逐步编成出版的。我对交通史学的研究和著述,可以说是贯穿于交通史书编写出版工作的全过程。

在交通史书编写过程中,涉及一系列史学理论、方法问题。交通史是一种专业史,它的编写有其自身的特点、要求和规律。写什么?如何写?如何写好?这是从一开始编写人员就面临的问题。经过大家不断地学习,不断实践,不断地总结经验,从中得出规律性的认识,形成理论,又用以去指导实践。可以说,交通史书的编写过程,也是交通史学理论建设过程。在交通史学理论建设研究和理论建设过程中,我做了不少工作,做出了一定的贡献。学术研究的过程,也是一个学习的过程,思考的过程,发表意见和写作的过程。在交通史书编写出版过程中,经常思考如何将一般史学理论运用到交通史书编写实践之中。不断地学习和不断地实践,将所思所悟,行之于文,并在多次编写工作会议上、审稿会上和学术讨论会上发表自己的意见。我在各类会议的发言、工作报告、学术报告有几十次。会后将有些发言,报告进一步修改整理,刊登在有关刊物上。

我第一次所作的学术报告,就是前已述及的1982年11月在长沙召开全国内河航运史编写工作会议上所作的《内河航运史编写工作概论》。此文以后刊登在《武汉水运工程学院学报》1982年第4期上。

以后,陆续在多次会议发表演讲,多数行之于文,发表在各种刊物上。

退休后,参加会议并发表讲话的次数很多,重点的有:1987年9月在武汉召开的长江水系内河航运史编写工作会议,1988年在云南昆明召开的公路交通史西南片、西北片编写工作会议,1991年在江西庐山召开的《长江航道史》审稿工作会议,2010年在广州参加航海史研究会工作会议暨开展第二轮《中国水路交通史丛书》编写工作会议,在这些会议上,我都作过学术报告。

我的多次讲话,和我对交通史学研究和著述是同步的,讲话——写文章——写书是三位一体的,这些也就是我对交通史学研究的途径和成果。

我的多次讲话,有的是事先写成文章的,有的是事后整理成文的,也有的没有成文,成文的多数正式发表在报刊上,也有的没有公开发表。

1987年退休后,在刊物上发表交通史学方面的文章,重点的有:

《水运史书编纂法》、《论编写现代交通史的若干问题》、《编写交通史书的主要步骤与方法》、《长江航运的历史与未来》、《泉州港的历史地位、作用与发展前景》等。

我从事交通史学研究，正式出版过两本书：一本是《交通史学概论》，一本是《交通史学与海洋文化研究》。

《交通史学概论》共9章，15万字。由兰州大学出版社1990年2月出版。这本书系统地阐述了交通史学理论方面的认识论和方法论的若干问题，包括：交通史学的兴起及其社会功能，历史观和交通史学理论构架，交通史学研究的对象和特征，交通史书编纂方法，交通史学与有关学科的交叉与融合等。

总之，这本书是理论与实践的产物，是我研究交通史学的综合成果，也是史学界见到的有关于专业史史学理论方面的第一本著作。正如著名史学家来新夏在本书序言中所述的："史学概论诸作朋兴，但多以通史为说，各陈所见，间有蹈空之论，而尚未见以专史为据，概括理论成书者，有之则魏著可称开专史理论研究风气之作，筚路蓝缕之功固不可泯。"

《交通史学与海洋文化研究》，这是我在交通史学方面出版的第二本书。

这本书实际上是一本文集。内容是由三部分组成：一是交通史学理论方面的文章，是从我20世纪80年代以来所写几十篇文章中选择11篇入书的。二是水运史事的论述方面的文章，共8篇。这些文章涉及中国大运河、水运职官、世界运河与水道发展，对长江航运、泉州港的历史与未来发展的论述等。三是海洋文化方面的文章。全书26万字。于2004年由人民交通出版社出版。

2. 交通运输学、水路交通学的研究和著述

我曾经从事内河航运和港口规划工作多年，在工作中注意学习和研究各种运输方式的特性和相互之间的关系，对交通运输业

务知识有一定积累。20世纪70年代末80年代初，与武汉水运工程学院交通运输管理系教授喻漠南在编写《水运技术词典》时交往很多，我们常在一起对交通运输业务中一些问题进行切磋商讨。

1985年，他聘我为武汉水运工程学院教师，主讲交通运输学，并要求我写一本教材。盛情难却，自己也想系统总结一下在交通运输等方面多年来所学所积累的知识。但那时正在社长任上，工作很忙，完全是用夜里和休息日的时间进行写作的，经过几个月的努力，书稿写成，由该学院作为教材印发。我只是1986年5月到武汉水运工程学院去讲过一次课，学校只好安排另一位老师按照我所写的教材授课。这本教材本已列入铁道出版社的选题计划。责任编辑要求我作多处修改，我又因有不同观点和时间上的原因，此书未能公开出版。

水路交通学包括水路运输、港口业务、内河水道工程等方面。

1981年冬，我见到一本英文版的《计算水力学》，觉得内容新鲜，有意组织人员将其翻成中文出版。几经联系，未能落实。后来，便与借调在我们水运编辑室工作的王绍文工程师商量，由我们两人合作来翻译此书。王工欣然同意。我们分工各翻译全书的一半。

这本书不是普通水力学，而是计算水力学，技术上有一定的深度，翻译上有一定的难度。到1982年冬译完定稿，翻译工作都是利用业余时间完成的。这本书是1983年由海洋出版社出版的。这是我完成唯一的一本译著。

在这40年中，我还写过有关水路交通领域的文章多篇，包括水运、港口和内河水道，其中尤以运河工程为重点。

3. 海洋文化的研究与《中华海魂》的编写

1994年，彭德清同志发起并主持编写《中华海魂》一书。在此之前，他已主编了《中国航海史》、《中国船谱》等书。此时，他已年届85岁高龄，仍孜孜于著书立说，孜孜于文化事业的建设，真是烈士暮年，壮心不已。

参加此书的编写的专家学者有20余人，我也是编写人员之一，并担任副主编。除自己编写约3万字的书稿外,并负责全书的统稿。

这本书的主要内容有:中国海洋文化的形成和发展,徐福东渡,海上丝绸之路,郑和下西洋,保卫海疆,港口建设,海洋经济产业,南极科学考察,新中国海军建设等。全书近30万字,于1997年12月由人民交通出版社出版。

这本书是众手成书,为文的繁简、水平大不相同。最后将稿件都交给我,由我统一修改定稿,工作量是较为繁重的。特别其中有的文稿,质量实在不行,需要做大的修改。修改中需要查找一些文献资料,我为此多次跑首都图书馆。好在当时首图在东城国子监,离我住地只有几箭之遥。

书中"中国海洋文化的形成和发展"一章,是由我独立撰写的。我过去读过一些文化学的书,但对海洋文化的著述接触较少,这次《中华海魂》一书的编写,促使我对海洋文化进行探索和研究。

在写完《中华海魂》一书之后,我对书中《中国海洋文化的形成和发展》一文进行补充修改,《郑和研究》杂志1999年第3、4期刊登了我这篇文章。

2004年10月,在福州召开"纪念郑和下西洋600周年学术研讨会",我写了一篇《郑和下西洋推动中国海洋文化的发展》的论文。

4. 图书编纂学的研究与著述

我在出版社干编辑工作多年,对图书编辑有不少心得体会,特别对词典编纂学有一定的研究。前已述及,编辑《水运技术词典》前后历时18年,我担任修订本的主编。词典编纂学是一门专门的学问,有其特性、方法和要求。我在主持编辑词典过程中,阅读过一些参考书和杂志,《辞书研究》杂志上的文章我读过多篇,收益很多。结合工作实践,对《水运技术词典》编写的方法、内容、体例提出具体的要求,拟出编写工作条例,编写纲要等文件。《水运技术词典》在编写过程中,召开过多次编写工作会议,我在会上有过多次发言,在报刊上发表的文章有3篇,其中《水运技术词典的编写》一文发表在《辞书研究》杂志上,这篇文章可以说是编写《水运技术词典》在理论上的一个总结。

此外,我在退休后,还担任出版社离退休干部党支部书记9年,担任出版社交海科技咨询部负责人10年。原山西长治市委书记吕日周曾说过这样一句话:"有实权,可做大事,有虚权,可做实事,没有权,可做好事。"我这些年来,没有权了,但尽自己所能,为离退休老职工做了一点实事、好事。作为一个党员,无所谓退休不退休,应该是活到老,干到老。这些年我是有一分热,发一分光,为大家做了一些服务工作,并得到大家好评。前后3次被评为优秀共产党员。

自己认为,所做的工作微不足道,只是尽了一个共产党员应尽的义务。

附录　　40年来的著作目录

	书　　名	著作方式	字数(万字)	出版单位	出版时间(年)
公开出版	《水运技术词典》	主编	580	人民交通出版社	2000
	《中国交通企事业名录》	主编	301	人民交通出版社	1988
	《中国航海史》	参加编写	120	人民交通出版社	1989
	《中华海魂》	副主编	27	人民交通出版社	1997
	《交通史学概论》	编著	15	兰州大学出版社	1990
	《交通史学与海洋文化研究》	编著	26	人民交通出版社	2004
	《计算水力学》	二人合译	25	海洋出版社	1985
	《魏启宇文存》	著	28	人民交通出版社	2012
内部印发	《交通运输学概论》	编著	20	武汉水运工程学院讲课教材	1985
	《魏启宇诗词稿存》	编著	—	自印	2000
	《前尘往事》	编著	30	自印	2006

青山映夕照　黄昏也是歌

我是1987年3月从交通出版社社长工作岗位上退下来的(1990年1月办离休),岁月悠悠,转瞬15年过去了。刚退下来时,原以为从此归去来兮,退隐陋室,远离杂务,可以过一种清静闲适的生活。经过一段时间之后,有一种离群索居之感,主观上有些感到不适应,客观上确有些事情需要我去做,不少事情自动找上门来。于是,又重操旧业,在编辑和写作领域内继续耕耘。

15年来,一直笔耕未辍,工作未停。累计编辑加工、复审、终审书稿超过2500万字;编著和主编的书稿600多万字;在学术会议和报刊上发表的论文和文章30多篇、30余万字。还担任离退休干部党支部书记9年,倡议创办"交海科技咨询部"并参与管理工作近10年。此外,还曾担任过中国航海史研究会、中国古船模型研究中心、黄河航运发展战略研究课题组等学术团体的顾问。

回首这些年来,我一直处于忙碌状态之中,有时也感劳累。但出了一些成果,做了一点有益的事情,感到生活是充实的,心情是愉快的。

下面对这些年来的工作做一简要的回顾,并谈谈对一些事情的认识和体会。

一、15年来工作的回顾

(一)编辑工作

这些年来,我审读、加工、复审、终审的书稿,主要是交通史书类。交通史书,分为《中国水运史丛书》、《中国公路交通史丛书》两大类,是20世纪80年代初由交通部、中国航海学会、中国公路学会组织并领导编写的。具体主管编写工作的，分别是中国航海史研究会、中国公路交通史编审委员会。两套丛书的出版任务，交通部指定由交通出版社承担。出版社为此成立了综合编辑室，具体负责史书的编辑加工发稿工作。我担任社长时，曾直接主管过这个编辑室，我离开社长工作岗位后，由于原来的工作关系，仍然参加交通史书的具体编辑工作。

这两套史书原计划出书约200本，约6000万字，现已基本上按计划出版。这是一项大的文化工程，在国内外有较大影响，对交通行业的确起到了存史、资治、教化的作用。

出版的交通史书，经过我过目的约80多本，有的是负责编辑加工，多数是负责复审、终审。除交通史书外，经过我审稿的还有交通专业书以及海洋出版社、文献出版社、大连海事大学出版社出版的有关图书。

书稿编辑工作，不是单纯的看书稿，还有其他大量的工作要做。我曾担任过中国航海史研究会的副主任委员、中国公路交通史丛书编委，还担任过一些重点书的编委会副主任、特约顾问、主审等。因此，对有些书稿成书的全过程，从篇目的拟订、试稿的审读到审稿、统稿、定稿等环节，都要参与其中，做一些必要的工作。有的书在编写时，还要给编写人员讲课，如《中国船检史》、《中国汽车工业发展史》，在召开第一次编写工作会议时，我都给编写人员讲过课。

书稿的编写工作会议，审稿会议很多，我这些年参加这类会议约30多次，其中《中国航海史》有10多次，《中国船检史》有6次，足迹可谓遍及长城内外、大江南北。

史书的编辑出版工作，从20世纪80年代初中期到90年代中期，是最繁忙的时期，有时一年我要看十几部书稿。大约1995年以后，史书的出版已近尾声，我的工作重点就转向《水运技术词典》的编写工作了。

(二)写书编书

这些年来,除从事编辑工作外,个人或集体写了几本书。

1.《交通史学概论》,15 万字,1990 年 2 月由兰州大学出版社出版。这是我个人研究交通史学的一本理论性著作。

20 世纪 80 年代初,开展交通史书编写工作之后,对从事史书编写工作和出版社的编辑人员来说,都面临一个新问题。史书如何写?写什么?内容取材、体裁、体例有什么要求?开始时大家都感到困惑。经过大家不断学习、探索并经史学界专家的指点,逐步使交通史书的编写工作走上正常的轨道。我也算是众多交通史学开荒者、探索者中的一员。

在编写交通史书过程中,我根据历史学的共性,结合交通史的特性,在交通史学术讨论会上和编写工作会上,多次发表自己的见解,并整理成文,逐步形成了一个理论框架。于是就决定自己写一本书,1989 年写成《交通史学概论》一书,1990 年正式出版。著名史学家南开大学教授来新夏曾评价说:该书"为前未见之创作"。但自知水平不高。"家有敝帚,享之千金"。该书是我自己将近 10 年的研究成果,对之还是很珍惜的。

2.《水运技术词典》(修订本),580 万字,2000 年 7 月由交通出版社出版。

由武汉水运工程学院院长朱国伟教授和我担任主编。这本书原来按分册出版过"试用本",这次是在原有基础上修订编写再版的。虽说是修订,但多数词条需要重写,而且要编成为一部综合性的合订本,编写工作难度很大。

这本书的修订是由蔡培荣发起的,出版社历届社长陈群林、高镇都、李家本、张忠晔都给予很大支持。交通部部长黄镇东担任编委会主任,交通行业有 60 多个单位、140 多位专家参加编写工作。它的编成和出版，是集体智慧的结晶，是大家共同努力的结果。我作为主编之一，参加了策划、编写、审稿、统稿工作，只是尽了自己一份绵薄之力。

3.《中华海魂》，26.5万字，1997年12月由交通出版社出版。这是一本阐述中国海洋文化和从古至今开拓海洋事业的丰功伟业和拼搏进取精神的专著。

该书主编是彭德清，我是副主编之一。参加编写的有中国社科院、中国科学院、有关大学、有关行业的20多位专家学者。我编写了3万字，并负责全书的修改统稿工作。这本书的写成出版，彭老部长起了主导作用。

我是在编写《中国航海史》、《中华海魂》两本书的过程中，与彭老熟悉的。他逝世后，我又参加编辑《彭德清纪念文集》。从我与之相识和有关文献资料中，知道他传奇的一生，知道他的为人，知道他晚年对理论研究和文化建设工作的关注，实在是值得十分敬佩的一位老同志。

此外，我还编写了一本《交通运输学概论》，约20万字，是我为武汉水运学院水管系编的一本教材，内部印刷使用。该院水管系系主任喻漠南教授曾正式聘请我去主讲这门课程。后因抽不出时间，只去讲过一次课，以后由专任教师按我所编的教材讲授这门课程。1988年该书稿已列入铁道出版社选题计划，但要求我作多处修改，限于时间和对铁路运输的生疏，只好作罢。

（三）发表多篇论文和文章

这些年来，我这枝秃笔从未停止过，发表过多篇论文和文章。有的是在学术讨论会发表的论文，有的是在报刊上发表的论文和文章，合计30多篇，40余万字。

如前所述，在编写交通史书的过程中，经常会碰到一些编写工作实践和理论上的问题，我根据自己所学所思，结合交通史书编写工作实践，或在会上系统阐述自己的意见，或写成文章在报刊上发表。这是我这些年来所写文章的主要部分。

其他还写过一些散文、书评、海洋文化方面的文章。我所写文章中最长的有《水运史书编纂法》，达到4万字，刊登在《水运工程》杂志上；《中国海洋文化初探》，约3万字，发表在《郑和研究》杂志上。最短的有《十年辛苦成一书》、《秦皇岛港抒怀》，均约为1500字，分别发表在《中国交通报》、《人民日报》上。

（四）担任离退休干部党支部书记9年，创办和参与管理“咨询部”工作10年

我是1987年下半年开始被选为老干部党支部书记的，直至1996年下半年，我将年届70岁，乃请求辞去支部书记，但仍被选为支部委员至今，参加党支部工作可以说延续15年了。

“交通科技咨询部”是一个为老干部谋福利的三产企业，是在一些老同志共同努力和社领导积极支持下，于1992年10月成立的，到2002年7月结束，历时10年。1997年前，我是主要负责人，此后，由高镇都同志负责，我协助他工作。

这两项工作，都是为离退休人员服务的工作，取得一些成绩，是大家共同努力的结果。

二、认识和体会

（一）如何做好编辑工作

这个题目较大，我在这里不拟作全面的阐述，只就这些年体会较深的几点谈谈。

1. 多读书，多写作

我在20世纪50年代初从事港口、航道工程专业工作。我在大学是读的水利工程系，虽然大学发给了毕业证书，但由于参加

学生运动，以后又由地下党派去参加游击队，大学并未读完。归队搞技术专业工作后，由于专业基础差，工作很吃力。于是到清华大学去旁听了两年，并夜以继日地读专业书。通过几年的边干边学，以后就逐渐能适应工作的需要了。我接手交通史书的编辑工作之后，开始时是门外汉，后来通过阅读不少历史学理论方面的书籍和文章，加上自己过去在文史知识方面有一些基础，逐步进入交通史学的殿堂，并有自己的一些著述。编《水运技术词典》，从编写试用本到修订本，前后搞了18年，在这一过程中，我也看过不少词典学的书和文章，对如何编词典也就入了门。

1980年夏，我曾给交通出版社年轻同志讲过一课，题目是《读书漫谈》。我曾说过；“补漏趁天晴，学习趁年轻”。知识是靠一生一世一点一滴的积累，有时间就应多读点书，日积月累，就能成为一个知识丰富的人，这是成为一个好编辑的必要的条件。

孔子说：“学而不思则罔，思而不学则殆。”多读书，还要勤于思考，善于思考。也就是说，要多动点脑筋。在读书过程中，结合工作，思考问题，善于总结、概括、抽象工作中的问题，从中得出规律性的认识。在此基础上，多写点文章，如能写一两本书，那就更好了。

我是喜欢写点东西的。可以说是干一行，学一行，写一行，甚至打了几年门球，也写了两篇论文。20世纪50～60年代，我在做港口航道工程专业工作时，曾写过一些专业方面的文章，并与人合写过《运河规划设计》、《内河航运规划手册》（内部印刷使用，未正式出版）两本书。通过写作，对专业的学习和提高是很有帮助的。

曹丕说过：“盖文章经国之大业，不朽之盛事。”这是对高层次的著作、对不朽名作来说的。我们写一般专业性的文章，不可能称得上是“经国之大业”。但多读书，多写作，可以丰富我们的知识，增强我们的思考能力，提高我们的工作水平。

2. 要认真细致

做编辑工作,粗枝大叶不行,粗枝大叶往往容易搞错。我 1972 年初到交通出版社工作时,胡士翔社长接待我们几个新来编辑时,讲了一个书稿出错的事例。说是有一本关于在稻田施放农药的书,书中叙述每亩地应施放农药多少公斤,但所列数字的小数点错了位,农民按这个错误数字去施放农药,导致若干亩水稻受损。这是我做编辑工作上的第一课,印象很深刻。这个事例也说明,书稿上一字之差,可能谬之千里。

我做编辑工作多年,深刻体会到,加工或审核书稿,一定要聚精会神,字斟句酌,认真细致,兢兢业业。具体而言,第一,要特别注意规范标准方面的问题。1955 年,我初到水利部北京设计院工作时,总工程师就对我们说:"搞规划设计,首先要熟悉水利工程的规范标准,否则,不是一个合格的技术人员。"这句话我至今难忘。我们的专业编辑,对规范标准的熟悉也是很重要的。我在编《水运技术词典》时,对港工航道专业的词条,凡涉及规范标准时,我都逐条进行过核对,纠正了不少差错。对词典其他专业的编写、审稿人员,我也一再提醒他们注意这个问题。

其次,要注意书稿中数据的准确性。我 1989 年加工过一本书稿,发现有 40 多处数字上的差错。有的是数字前后的不一致,有的是小数点错位,有的是新旧人民币换算的错误,等等。文史类的书稿,也常会出现一些数据上的差错。其中关于公历年号与中国历史纪年年号的换算错误,是常见的错误之一。我在加工或复审、终审书稿时,常进行抽查,差不多每本书都能查出一些数字上的差错。

第三,遇到书稿中疑难问题,要勤于查阅资料,或虚心请教他人。在加工或审阅书稿时,常会碰到一些疑点和难点,有些可以到资料室或图书馆的文献、图书中进行查找、核对,找到答案。有的问题实在搞不懂的,就要请教有关专业人员。《水运技术词典》包括 16 个学科，在审稿和统稿中，常常碰到一些自己搞不懂的内容，曾多次向人请教。至于这些年跑出版社资料室和首都图书馆查阅资料的次数，可以说是不计其数了。

三审制是减少书稿差错的重要途径，一定要坚持，关键是不要流于形式，各道程序中的编辑人员都要各尽其责。特别是编辑加工要认真细致，过去出版社的传统是，编辑对书稿加工时，对原稿要看两次，还要通读一次校样。我来出版社做编辑时，也是执行了这一传统程序的。我加工《水运技术词典》的书稿时，有的部分逐字逐句看过4次。精心加工，精心审稿，才能充分提高书稿的质量。精心加工和审读书稿的过程，也是提高自己专业知识和编辑水平的过程，所以一定要认真从事。

3. 要广交朋友

要做好编辑工作，需要与相关行业的专家学者联系，认识的人多，联系面广，而且与他们相处得很融洽，这样对组稿，审稿等项工作都是有好处的。

一本书的出版，作者与编辑是相辅相成的。两者之间可以说是相互学习、相互帮助、相互支持的伙伴关系。一个选题的建立，一本书的写成，离不开作者的辛勤劳动。特别是一些大部头书的编写，更需要一群作者共同劳动，共同耕耘。在一本书编写过程中，从提纲的拟订，内容的取材，体例的要求，到书稿的审稿、定稿，编辑都能提供有益的意见。尤其是编辑对书稿最后的加工润色，更是书稿出版前不可缺少的一个环节。

编辑工作时间长了，认识人也就多了，与作者交往久了，自然而然就建立了友谊。我想每一个编辑都应该有一个与之相联系的作者队伍，有一个或大或小的交往密切的人际网络。

我在搞港工航道专业编辑时，有一个相联系的作者队伍。两次编《水运技术词典》，前后参加编写工作的有300多人，先后形成两个作者网络。20 世纪 80 年代开始编交通史书，作者队伍在高峰时超过 2 千人，这个作者网络就更大了。这些年在与作者交往的过程中，他们对我工作帮助很大，有的可以说是良师益友，有的成为终生好友，至今还保持着联系。

例如，上海海运学院有一位教中文的教授，名卫太夷，20 世纪 80 年代参加《中国航海史》的编写，与我结识。20 世纪 90 年代，他又参加《水运技术词典》编写，时有往来，终成挚友。他擅诗词，常惠我诗作，我也做诗与之酬答。下面是他去年写给我的一首诗：

修史京华初识君，道德文章凌青云。
扬杭聚会聆高论，海院过从受益深。
喜奉缥湘吟诗作，酬唱韵句见匠心。
何时重剪西窗烛，移榻求教论诗文。

我步其原韵，和了一首诗寄给他：

航海史界士如云，谦谦君子卓不群。
为儒为吏著风范，治史治学有令名。
京华曾记论今古，沪甬难忘读诗文。
廿载文缘感厚谊，江南草长忆故人。

又如，2002 年春节，我接到一个从武汉来的长途电话，来话人口齿不清楚，后经细听，才知道是湖北航运局原副局长刘宇。他是来电话向我拜年，并说很想念我。我接了这个电话后，心里很不平静。他是在 20 世纪 70 年代中期编《水运技术词典》时，与我相识、相交多年。去年他患脑血栓，说话已有困难，春节时仍难忘故友，真是感人至深。

还有不少过去在编书工作中相识相交的老朋友，现均已离退休。关山远隔，相见很难，月落屋梁，我也常望风怀想。

（二）保持平静、愉快心态，安度晚年

“失意不馁，得意莫狂，少年戒躁，老年忘忧。”这是前人讲过的做

人的道理。人到老年，应该心宽，平静，高高兴兴，无忧无虑，安度晚年。

我过去在工作岗位上时，行政事务缠身，忙忙碌碌，心情浮躁，有时火气旺盛。一些是非恩怨，也常使人烦心。

退休以后，自己继续工作，发挥余热，寒冬酷暑，风雨晨昏，伏案工作，也很忙碌。但心态与过去就截然不同了，心宁静了，气平和了，对过去的所谓是非恩怨也淡忘了。有一个人哲人说过："宁静、平和之心，是一个温柔的枕头，枕着这个温柔的枕头，就能安然入眠"。这些年来，失眠症已离我远去。

这些年来，我感到没有什么忧虑之事，一直保持着高兴、愉快的心情。一是淡泊名利，知足常乐。二是妻贤、子孝、孙好学，可享家庭天伦之乐。三是苦中有乐，写作、审稿，虽感辛苦，但当写成一篇作品，审完一部书稿，感到一身轻松，心情愉快。四是助人为乐，这些年来，我为老干部服务，花费了一些精力，做了一些事情，不少同志向我表示感谢之情，我也感到慰藉。五是读书、下棋、打门球，能引人入胜，有无穷乐趣，还交了不少朋友。

"老来不识愁滋味，黄昏也是一曲歌"。这就是我晚年的心态，是我对晚年生活的体验。

（三）对国家、对出版社的前途，充满信心

我国经过20年来的改革开放，经济腾飞，社会进步，人民生活水平提高，取得的成就，举世瞩目。2002年2月22日，作为第374位登上八达岭长城的外国元首——美国总统布什感叹说："长城依旧，而中国却今非昔比。"20年来，中国经济发展速度是同期世界经济平均增长速度的3倍，现已成为世界第六经济大国。20年前，中国与印度的经济总量大体相当，而今中国的GDP已是印度的2.3倍。按照这个发展速度，有人预测，中国GDP大约在47年后（也有说20年后）赶上并超过美国。美国前国家安全事务助理布热津斯基认为，世界

舞台的下一个巨人将是中国。

中国在发展进程中,也存在干部腐败、分配不公、职工下岗、治安欠佳等消极现象,因此,就有人对中国的发展前途持悲观态度,甚至有人骂共产党。我认为,看问题要看主流,要看主导方面,存在的问题,是可以在发展中、在改革中不断加以克服和解决的。决不能因此否定在共产党领导下所取得的成就,更不能因此否定共产党的领导。

"位卑未敢忘忧国。"这15年来,我虽不在其位,"处江湖之远",但对国家的事情仍很关心。信仰马列主义不变,相信共产党的领导不变,对社会主义祖国的前途充满信心。

在国家发展的大环境下,我对交通出版社的前途也满怀信心。出版社成立至今,已经过了50年的风雨历程,它由无到有,由小到大,已发展到今天这样的规模。我离开工作岗位的前一年,即1986年时,出书总码洋只有1230万元,而今已达到近1.5亿元。只要大家同心协力,敬业奉献,辛勤耕耘,不断改革,不断创新,交通出版事业将会取得更大成就,取得更大的发展。我坚信,它的明天会更美好。

(本文原载于交通出版社刊印的《总结·创新·发展》文集)

《水运技术词典》的编写

我们交通出版社从1975年开始组织编写我国第一部《水运技术词典》,到现在已经进行了4年多。词典分"水运业务","远洋运输","船舶驾驶","港口装卸机械","轮机管理","船机修造","船体修造","船舶、港口与船厂电气设备","港口与航道工程","船检、港监与救助、打捞","古代水运与木帆船"等11个分册。其中《港口装卸机械分册》已经出版,其余各分册已基本定稿,将陆续出版。

编写一本大部头的专科词典,确实不是一件轻而易举的事。据了解,日本的《道路工程词典》,共收词目6000多条,100多万字,参加编写的有100多人,花了7年多的时间。日本《建筑大词典》,共收词目32000多条,300余万字,参加编写的有120多人,从编写到出版,共花了17年时间。《水运技术词典》,共收词目近2万条,约500万字,参加编写工作的各类专业人员200余人,组织了数十次审查会,参加审查的近2000人次。经过几年来的实践,感到编写一部技术词典是比较艰巨和复杂的。在工作中也有一些体会,写出来与大家交流。

一、技术词典的特性

词典有综合词典和专科词典之分,综合词典包括社会科学、自然科学两方面内容,从已有的词典看,一般多侧重于社会科学。如《辞海》(修订稿)共20个分册,自然科学只有5个分册,其中工程技术只有一个分册。《新华词典》征求意见稿中,工程技术的词目所占的比重也较少。因此,它实质上是一种扩大了的语文词典。综合词典所提供的专科技术知识多半是一般性的,它不可能代替专科技术词典。它们的主要不同点,表现在对专科技术词目选收的广度和释义的深度上。如《辞海》(修订稿)收的"海港工程"与"河道整治"的词目只有117条,而《水运技术词典》则收集了3000余条。至于"航海"、"运输"、"港机"、"木帆船"等专科技术词目,《辞海》中收集的就更少。其次在释义的深度上也有差别,比如"港口装卸机械"一词,在《辞海》中的注释只有70余字,而《水运技术词典》的注释,除写出定义外,还将各种机型分类用表列出,按所占版面字数计,约有5000多字。此外,技术词典插图较多,特别是实物性词目,如"叉式装卸车"、"浮式起重机",等等,读者通过插图更易于理解词语的涵义。《水运技术词典》港机分册,共收词目1100多条,插图400幅,即有1/3以上的词目配有插图,从而大大提高了词典对学习专科技术知识的使用价值。

二、内容的准确性

编一部技术词典,要有一个统一的要求,统一的标准。我们对编写《水运技术词典》的总的要求是:符合党的方针政策,观点正确,概念清楚,图表清晰,公式和数据可靠,术语符号统一,结构体系合理,叙述层次分明,文字简明通俗,符合出版要求。概括起来,就是3句话:内容的准确性,规格的统一性,文字的简明通俗性。现分别详述之。

先谈内容的准确性,这是搞好词典质量的关键。

1. 选词力求恰当

选词是编好词典的基础。选词,首先要突出专业的特点,要以水运专业名词术语为主,对于涉及到的一般学科如"水利"、"土建"、"机电"等通用名词术语,只选取与水运专业密切相关的以及在水运专业上有特殊涵义和名称的,力求有用,不包罗万象,面面俱到。如水利工程方面的名词术语很多,如“水力学”、“水库”、“明渠”、“流网”等,就力求少收或略而不收。

其次,根据实际有效性选词。对新生事物和新兴学术名词,当前使用频率虽然较低,也须选用,如“船舶垂拱”等。因此,中外有关水运技术的专业词汇、词典、教科书和专门著作,只是选词来源的一个方面,另一方面,还应该从更广泛的资料中选取,这样才能提高选词的质量。

第三,选词有三不收。(1)对某些已属淘汰并无重要历史价值的或尚在探讨阶段尚未成熟的技术、设备、工艺、材料等的名词术语不收,如“台风仪”、“晴雨表”等;(2)见词明义的词语不收,如“纱布”等;(3)对生搬硬造或字面很长的词语不收,如“大型柴油机气缸体贯穿螺孔四动力头一次镗加工”,一个词目长达21个字,又很费解,这类词语实际上是词组或句子,都不宜选收。此外,要加强各分册之间的分工协调,以尽量减少重复,避免遗漏、缺门。

2. 定名力求正确

词语须确切地表达一个完整的专指概念。概念要明确,文字要精当,避免使用概念容易混淆或词义不清的词语。如用“风花图”,不用“风况图”;用“涡流”,不用“螺旋流”。

一般来说,名词术语一律采用我国水运技术或边缘各学科领域所使用的通用名称,方言和土语不用。外文的译名,注意通用的统一的译名,如无通用的译名,则研究译出。必要时将原名注出,以备参考。

表示概念相同的一些词,除一作正名处,另作“又称”、“旧称”、“简称”、“俗称”等,采用如下一些规定:俗名与学名,以学名为正名;旧称与新称,以新称为正名;简称与全称,以全称为正名;词中存在繁简不一的称呼,取简舍繁,如用“锚地”,不用“锚泊地”。等等。

定名做到三靠拢。(1)靠拢规范、标准及有关规定。如仪、计、表、器或杆的叫法,中国科学院学术名词统一工作委员会曾规定:凡无校准标度的指示仪器,都称为某某“器”或“杆”、“尺”;凡按校准标度指示某一物理量的仪器,非自动记录的称“表”,自动记录的称“计”;凡功用较广泛、构造复杂的仪器,都称某某“仪”。水运技术中涉及到的各种计量仪表,尽可能均据此规定定名。(2)靠拢基础学科、专业学科,如物理学中用“折光差”,不用“蒙气差”;测量学中用“草测图”,不用“简测图”等。(3)靠拢通用名词和为广大群众所接受的习惯用语,如“防波堤”,不用“外堤”;在江河口的浅滩用“拦门沙”,不用“拦江沙”等。

3. 注释力求严谨

释文是词典的主体部分。衡量词典释文的质量,关键是一个准确性。释文要介绍各词语的基础内容,对观点、范围和涵义的注释要严谨。我们对《水运技术词典》的注释有7个要求和7个注意。

要求观点鲜明,注意防止疏忽大意。与政治内容有关的技术性词语,如“主航道”,黑龙江广大船员对苏联制造的所谓“主航线不是主航道”的扩张主义谬论,作过针锋相对的斗争,坚持“主航道与主航线是一致的”主张,必须反映在词语的释文中。

要求释文确切、概念正确,注意防止出现差错,概念模糊,似是而非的现象。公式、数据要反复核对。如驾驶分册中,对1960年国际海上人命安全公约,几经审查,还是把1960年误写成1966年,在定稿时才发现。又如“开尾离泊”一词,初稿注释的内容是离码头,而不是离泊位,两者是有区别的。

要求释文着眼全局,概括性强,防止以偏概全的现象。水上运输有海有河,船舶、港口和船厂有大有小,释文内容要海河兼顾,大小兼顾,不应用一个地区的或一个单位的局部经验代替全部的经验,要将局部的东西加以综合、系统、抽象,形成共性的东西。不然,也应将具体情况交代清楚。如航道整治中的“丁坝”有向上挑，也有向下挑的，各地做法不一，在注释中将“丁坝”只写成都是向上挑的，显然是不对的、片面的。

要求释文内容保持先进性，注意防止将一些落后和已淘汰的技术内容写入词典中。如“航道整治”，初稿中推荐轻便导流的整治方法，实际上这种方法各地已不采用。

要求释文内容前后呼应，内外协调，注意防止注释内容前后不一致以及与其他专业词典不协调的现象。如“树脂”一词，初稿释文中说，“有的可溶于有机溶剂而不溶于水”；在“合成树脂”（树脂的一大类）一词中，则说“能溶于水或有机溶剂”，前后矛盾。

要求释文内容符合标准、规范，注意防止与现行标准、规范脱节的现象。标准、规范中的原则规定，词典中要遵循，一般可采用；具体数据则宜少采用或不采用。

要求突出水运专业的特点，避免作一般泛泛的介绍。如“罗经”一词，释文联系在航海上的应用。又如“台风”、“寒潮”、“潮汐”等自然现象词目，均应联系与水运专业的关系加以注释。

4. *层次力求清楚*

《水运技术词典》要求每一词目的释文平均在 200 字左右，一般要有三至四层意思，具有一定的深度。词目分为若干类型。不同类型的注释内容、层次和侧重点有所不同。一般分为以下几种类型。

综合性词目：一般分 4 个层次，即定义、作用、分类及其他需要说明的问题等，按顺序进行释文。如“船舶”、“货物”、“港口”、“码头”等都属于综合性词目。为了表述各名词术语之间的关系，借以明确词语的涵义和它所涉及的范围，我们将“港口装卸机械”等类的综合性词目，作出详细分类表，以表明即将注释的“港口装卸机械类型”各词目之间的等同关系、分属关系和相互关系。

实物性词目：一般分 4 层，即定义、作用、结构或原理、管理或操

作要点等,有的也可写出分类、材料、维护保养等。如柴油机、汽缸盖等

抽象性词目:一般分二至三层,即定义、应用及其他需要说明的问题。但对其物理概念必须阐述清楚,力求深入浅出、通俗易懂,并注意其科学性和严密性。最后联系专业,指明其与专业的关系。

操作、管理性词目:一般分三至四层,即定义、作用、操作方法和注意事项等。如航海驾驶中的"再退三"。释文为:"车钟口令之一。船舶在紧急情况下已用后退三车速尚不能制止住船舶强大的前进冲力时,为避免发生碰撞危险或减轻碰撞损失,要求主机发出短时间的倒车极限马力,以使船舶尽快停住。这样的车钟口令称再退三。在正常情况下不轻易使用再退三车钟口令,以免主机可能发生机损事故。"

涉外性词目:一般分二至三层,即定义、作用或性质、我们的态度。内容以国家正式文件为准,观点鲜明,用词严谨,强调可靠性。如"邻海"、"专属经济区"等。

各个分册结合各自专业特点,将词目进行分类,拟出各类词目注释内容的层次,编写时视具体情况掌握其深浅和繁简的程度。既不小题大做,生拼硬凑;也不大题小做,把一些重要内容忽略了。例如"比容"与"重量"两词,只写出它们各自的确切定义及两者之间的关系即可。但有的重点词目就可以写到五六层,甚至七八层。总之,释义的深度和层次有一般要求,但又要有重点和主次,不能一概而论。

三、规格的统一性

作为词典,特别是一部有若干分册的词典,各分册各部分的体例、规格,必须完全统一,以显示词典的特色。我们在《水运技术词典》中提出五统一。

1. 体例格式要统一,各分册词目要按科学体系合理分类。

2. 计量单位、符号、代号要统一。

3. 定义的写法要统一。

每一词目释文的第一段就是定义，用以揭示词目的本质属性。定义应清楚确切。切忌用循环判断或否定判断作为定义。如《水运业务分册》中，开始在“重货”和“轻货”两个词目中就采用了循环判断的方式作为它们的定义，说“重货”是“相对于轻货而言的”，“轻货”是“相对于重货而言的”。在写法上，我们查阅了一些词典，多数均采取形式逻辑的定义方法，即词目的定义各家的写法并不一样。甚至一部词典本身前后也不统一。常见的写法有4种形式。以“低压铸造”一词为例：(1)指介于一般重力铸造与压力铸造之间的一种铸造方法；(2)低压铸造是介于一般重力铸造与压力铸造之间的一种铸造方法；(3)介于一般重力铸造与压力铸造之间的一种铸造方法，称为低压铸造；(4)介于一般重力铸造与压力铸造之间的一种铸造方法。第(4)种写法，比较简明，我们一般都采用这一方法。

4. 别名的写法要统一。

名词术语的别名，有的用“又称”，有的用“也称”，有的用“亦称”。《辞海》(修订稿)中就有这些用法。我们规定，统一用“又称”，在词目释义中一开头就写“又称……”并根据情况还采用“简称”、“旧称”、“俗称”等。除此之外，一律不用。例如：“测深”，“又称探水，俗称撩水。”

5. 同类性质的词目的写法要统一。

如“救生艇”与“救生筏”，属于同类性质的词目，尽管具体内容有所不同，其写法、层次均应一致。

四、文字的简明通俗性

词典的特点是文字要简明扼要，概括性很强，每一词目的注释，相当于一篇短文。要求概念准确，涵义清楚，文字精练，通俗易懂。

宜于作正面叙述，不用问答式。虚词尽量少用，如“实践证明”，“由此可见”，“勿庸赘言”，等等，一般都不宜采用。一部近2万条词目的词典，每一条多10个字，全书就增加了20万字，以32开本为例，约增加200页，既降低了词典的质量，造成人力、物力的浪费，又无故消耗读者的金钱与精力。

为便于读者接受，将复杂词目的释义写得比较简练，理论词目的释义写得比较形象，抽象词目的释义写得比较具体，达到言简意赅，深入浅出，是需要下较大的力气的。

须要指出，简和明，是辩证的关系，既要简，又要明。我们在词典编写工作中，碰到有的同志片面地追求简要，将一些有实质内容的词或句子删掉了，结果是伤害了原意，内容叙述不清。因此，简而不明，也是不行的。

(本文原载于《辞书研究》杂志1980年第一辑，作者署名的有魏启宇、金振远、邬正明，魏启宇执笔)

学习列宁　编好词书

“吾生也有涯，而知也无涯”。知识如浩瀚之海洋，无边无际，一个人无法知道一切，记住一切。词书则是供人随时查阅的工具书，是一切求知的人的良师益友。所以，古今中外，特别是近代，都十分重视词书的编纂出版工作。

我们在1975年开始组织编纂一部《水运技术词典》。当时“四人帮”横行，实行文化专制，大搞虚无主义，“读书无用论”也发展到“词书无用论”。不少同志对编写这样一部词典有无必要、能否编成，持怀疑观望态度，我们自己也因担心编词典有风险、困难大而迟疑不前。后来，我们从列宁关于编纂词典的若干论述中，得到了精神上、理论上的支持和鼓舞，并用以去动员编者、作者和各单位的领导，起了很好的作用。现在，重温列宁的教导，对我们从事这一工作的同志以及广大读者，是很有教益的。

列宁本人于1915年曾主动提出愿意承担词典的编写工作。当时列宁正在瑞士的伯尔尼，他给莫斯科格拉纳特出版社编辑部秘书的信中提出：“如果词典的后面几卷还有未分配出去的文章，我愿为词典的编纂工作效劳。……如果我能就政治经济学、政治、工人运动、哲学及其他问题写点文章，我是非常乐意的。”著名的《卡尔·马克思（传略和马克思主义概述）》一文，就是列宁为该出版社出版的百科词典第28卷撰写的。

列宁在十月革命前夕，曾关心《教育词典》等书的出版。1917年2月，列宁写道：“随着读者人数的增加和范围的扩大，现在俄国对词典和词典一类的书籍需求很大,并且还在急剧增加。一部好的'教育词典'或'教育全书'是迫切需要的,而且应当大量出版”。

列宁在十月革命之后,当国内还在激烈地进行着战争的时刻,即非常关心词典的编纂工作。1920 年 1 月 18 日列宁给卢那察尔斯基写信,信中说:“不久以前我曾经——很遗憾也很惭愧,是第一次——翻看了有名的达里词典。真是一件了不起的东西,但要知道,这是一部充满方言的词典,而且已经过时了。现在该编纂一部现代俄语词典,比如说一部包括现在使用的和从普希金到高尔基的经典作家们使用的词汇的词典。”列宁在这封信里还提出要指定 30 名科学家来从事这项工作,并发给他们红军口粮。当时苏联经济状况还比较混乱,粮食供应困难,为了保证战争的胜利,分配给红军的口粮比普通工作人员和一般老百姓的口粮要多一倍,而列宁要求参加词典编纂工作的专家享受红军口粮待遇,足见他对词典工作以及对科学家的重视。

以后列宁又先后 3 次写信给有关人员,督促检查俄语词典的编纂工作。1920 年 5 月 5 日,列宁给米·尼·波克罗夫斯基写信,与他商量编纂俄语词典的问题,再次提出配 30 名科学家,多些少些都可以,就让他们去搞。并说:“烦您检查一下,工作是否在进行,并写信告诉我”。

到 1921 年 5 月 19 日,列宁写信给叶·亚·利特肯斯,要求他支持波克罗夫斯基编纂俄语词典的工作,而不要以行政事务加重他的负担。信中说:“(1)请指定 3 ~ 5 个优秀的语文学家组成一个委员会。他们必须在两星期内订出计划,成立好健全的(工作)委员会,确立委员会的成员、期限等等。(2)任务:编一部简明(以小'拉鲁斯'为样本)俄语词典(从普希金到高尔基)。标准的现代俄语词典。采用新的正字法”。信中提到的小“拉鲁斯”,是指法国词典编纂家拉鲁斯出版的一种法语词典。

同年5月底，列宁又再一次给叶·亚·利特肯斯写信，落实俄语词典的编纂工作。信中说："那么，关于词典问题我们就这样商定：(1)再一个月左右（波克罗夫斯基不在），请您做出正式决定并且指定一个或几个负责人。(2)在这个决定的基础上制定一个工作计划，不仅要指明负责人，而且要指明开支和口粮的数量。"列宁在这里再次提出口粮的配给问题，并且明确要求从当年的8月或9月起，开始进行词典的编纂工作。

以上数例已充分说明了列宁对词书的编纂工作重视到何等程度！至于列宁关于图书编写出版工作的论述，就更不胜枚举了。

编纂出版词书，是一项文化积累工作，是文化和科学事业上的一项基本建设，它反映一个民族的科学文化水平，又反过来促进一个民族的科学文化的发展。目前，我国在这一方面显然是落后的。我们应该学习列宁的精神，出好词书，迎头赶上，使词书编纂出版达到先进国家的水平，以适应四个现代化的需要。

（本文原载于《出版工作》杂志1980年第4期）

十年辛苦成一书

新中国成立40年来,交通运输事业取得很大成就,公路、水运都搞了很多基本建设工程,效果显著,为世人所瞩目。但是,人们也不应忘记,在交通战线上还有一种文化工程——图书出版。40年来,出版的图书已接近5000种。她的建设,没有轰轰烈烈的施工场面,没有立竿见影的经济效益。但是,她是交通战线精神文明建设的一个重要方面,有着深远的社会价值。

《水运技术词典》的出版,就是交通文化工程中的一个重大项目。这部大型工具书,从1975年开始组织编写,到1984年全部出版,历时整整10年。辛勤耕耘,终成巨著。

编撰出版《水运技术词典》的目的,一是为统一水运技术方面各种名词、术语,使之达到标准化;二是供有关人员在学习水运各项专业技术时,查阅和参考之用。词典共收集词目18000余条,近500万字,分为11个分册,包括水运业务,船舶驾驶,远洋运输,港口装卸机械,轮机管理,船机修造,船体修造,船舶、港口与船厂电气设备,港口与航道工程,船舶检验与救助打捞,古代水运与木帆船等专业名词术语,可以说是水运方面一部小百科全书。

编撰出版这部词典,是在交通部的领导下和各水运单位的大力支持下完成的。于眉、马耀骥、陶琦副部长曾给予很大的关注和指导,陶琦同志担任《水运技术词典》编辑委员会主任,当时部科技局局长高原,担任编委会副主任。在词典编辑、出版的全过程中,他们都给予了很大的帮助,并为词典编写拨给5万元的科研经费。参加词典编撰工作的有科研、设计、施工、教学和运输生产管理部门共60多个单位,200余位专业技术人员,其中有不少是水运界知名的专家、学者。参加审稿、提供意见和资料的,有上百个单位和成千个专业人员。因此,这部词书的编撰出版,是部领导和各单位大力支持的产物,是广大专业人员辛勤劳动的结果,是集体智慧的结晶。词典出版后,得到普遍赞扬。初版书早已全部卖完,读者仍不断来信要求买书.现在准备进行一次全面修订,予以再版。

词典的编成出版,武汉水运工程学院是出了大力的。该院院长担任编委会副主任,有数十名教师参加有关分册的编撰工作。特别是该院副院长陈英同志,担任编委兼词典编写办公室主任、编审组组长,为词典的编写做了大量的组织工作。他是一位参加革命多年的老同志,待人宽厚,工作认真。而今,他已离休家居,关山远隔,见面很难,月落屋梁,常望风怀想。

参加词典编撰工作的人员,治学严谨,富于奉献精神。如张华元同志,是上海海运学院的教授,是国内水运业务管理专业方面屈指可数的专家,担任《水运技术词典·水运业务分册》的主编。1978年4月,我与华元以及其他几位同志,在湖北当阳县城住了一个多月,对水运业务分册进行审定工作。华元患有心脏病,时感不适,仍坚持工作,日以继夜,精心修改书稿的内容。不幸,1984年,华元因心脏病发作而早逝。他的工作精神,永远值得学习,他所留下的词典,弥足珍贵。

交通出版社为这部词典的编辑、出版,投入很大的力量。当时的社长胡士翔同志,对此项工作十分重视。水运专业编辑共10余人,差不多都分别承担各分册的责任编辑。词典学,是一门专门学科,我们原来没有经验,缺乏理性认识,工作难度很大。我们是在一边实践,一边摸索中前进的。不少问题都是通过集体讨论解决的。出版社的金振远同志,是一位从事编辑工作近40年的老编辑,在组织这部词典的编撰和出版工作中，始终是我的积极支持者和密切合作者。我们常结伴而行，去各地参加各种会议和加工定稿工作。至今我们在工作中仍然相互帮助，相濡以沫，友谊愈久弥坚。

我参加革命已超过40年，在交通部门工作已达36年，其中18年在出版社工作，由普通编辑到出版社社长。在《水运技术词典》这部大型词书的编辑出版过程中，我是倾注了很大心血的。1975年时，我是出版社编辑部负责人，担任词典编审组副组长，具体负责组织这部书的编撰、审稿、定稿工作，前后参加数十次审稿会。全书近500万字，在各专业编辑加工之后，由我最后进行审阅定稿，对大部分分册我是逐字逐句看过的，并作了不少修改。寒冬酷暑，风雨晨昏，伏案工作，艰辛自知。

回首此生，经历过不少事情，为交通事业和交通出版工作，曾尽过绵薄之力。但参加编辑出版《水运技术词典》这部大型词典，是我一生中所做过的很有意义的一件事情。

（本文原载于《中国交通报》1989年12月9日）

读书漫谈

交通出版社的同志要我给青年人特别是青年编辑讲讲如何学好语文知识，提高语文水平的问题。我虽是编辑部负责人，但学的专业是工程技术，并非语文专家。但这一生喜欢读书，17岁时家乡沦陷，停学在家，我就通宵达旦读一些文史方面的书，通读过120万字的《资治通鉴》。平时每年的寒暑假，我都是在家天天读书、看小说，是一个书迷。过去学的一些书本知识，终生受益。

语文是一门学科，是学习各门学科和从事各种工作的工具，而多读书是提高语文水平的必由之路。我今天讲课的题目是《读书漫谈》，内容可能涉及古今中外。下面讲3点：一是“开卷有益”；二是“业精于勤而荒于嬉”；三是“学而不思则罔，思而不学则殆”。

一、开卷有益

这是一句成语，先说明一下这句成语的出处。

北宋的第二个皇帝是宋太宗赵匡义。他治国有两套办法，一是重用杨家将等武将，平定边疆；二是重视文化建设。在他的倡导下，宋初编纂了四大类书，即：《太平御览》、《太平广记》、《文苑英华》、《册府元龟》。这些书都是一些惠及当代，功在千秋的传世之作。其中《太平御览》编了7年，共15个门类100卷。宋太宗每天读3卷，一年的时间读完了。读完后，他说：“开卷有益，朕不以为劳也”。

从古至今，可读的书越来越多。据统计，至1978年近20年来全世界出版的书，是我国3000年来出书的总和。新中国成立至1977

年,出版的书约有50万种,平均每年1.7万种,美国、苏联每年各有8万种,日本3.4万种。我们交通出版从建社以来已出版了近3000种书。

书有3种,即:有用的书,无用的书,有害的书。美国生活杂志曾经开展过一次评选"人类有史以来的最佳书"的活动。前三名是:《唐·吉诃德》,作者塞万提斯;《鲁滨逊漂流记》,作者笛福;《匹克·威克外传》,作者狄更斯。达尔文的《进化论》,名列第20名。这次评选西方国家文人起主导作用,世界学界亦有所质疑。

青年人可能喜欢看小说,我年轻时看过很多中国的旧小说,解放后看过多部苏联小说和西方小说。中国旧小说中有所谓十才子书,《三国演义》在十才子书中名列第一,《水浒传》是第五才子书,《西厢记》是第六才子书,《三合剑》是第十才子书。多数我都看过,其中《三国演义》看过两遍。年轻时对小说中的名诗、名句记住的不少。

读书与学习语文,提高写作能力有密切关系。有人写不好文章,就是与平时看书不多,视野不广,知识积累不够有关。"读书破万卷,下笔如有神"。读的多,记的多,脑子里对"字、词、意"有贮存,写作时就可以得心应手,信手拈来,下笔千言,倚马可待。

书,对个人的进步,对人类社会的发展,都有重要作用。俄国19世纪伟大作家、思想家赫尔岑曾非常深情地写道:"书,是这一代人对另一代人精神上的遗训,是行将就木的老人对刚刚开始的青年人的忠告,是行将去休息的站岗人对未来接替他的站岗人的命令。人类的全部生活,会在书上留下印记:种族、人群、国家消失了,而书却留存下来。书,是和人类一起成长起来的,一切震撼智慧的学说,一切打动心灵的热情,都在书里结晶成形。在书本中记述了人类狂热生活的宏大规模的自白,记述叫做世界史的宏伟自传。"

我们读了这段话,多少会有所感触,多少会引我们读书的热情。事实上,我们今天的世界之所以知道古代和外域的许多知识,绝大部分都是通过书本得到的。假如没有书本,不仅前人的历史和经验无法保存下来,而且今天的世界也会变成另外一个样子:一切文化科学断绝了,一切经济活动也因得不到书本知识的指导而只能缓慢前行。世界上曾经出现过多种民族,多种文明,由于他们没有文字,没有书本的记述,他们的文明(如印加文明)消失了,他们历史湮没无闻了。总之,书本是人类进步的阶梯,它对个人、民族、国家、社会的发展,都有着决定性的意义。

特别是文化、科学、经济日益繁荣的今天,读书对丰富人的知识更有重要作用。

美国的一位名记者、名作家,也是一位未来学家,他叫托夫勒,写了一本畅销书,发行几百万册。书名叫《第三次浪潮》。这本书在世界上引起很大的反响。其中有些观点不一定正确,但对世界未来前景的描述,很值得我们思考。

他认为,人类迄今已经历了两次文明浪潮:一次是农业革命,即人类从渔猎社会(原始社会)变为农耕社会(封建社会)。300 多年前又出现第二次浪潮,就是工业革命,现在已经出现第三次浪潮,叫做计算机革命,知识革命,进入信息时代。每次浪潮都大大改变人类社会关系,改变生产力,改变意识形态。第三次浪潮会出现 4 种工业,即:电子和电脑工业、航天工业、海洋工业、生物工程工业。有人估计:在 15 年内,所有教育部门、小学、中学、大学都将使用电视机、计算机。这本书对未来前景的描述共有 9 个特征,是一幅十分现代化大变革的图形。

现在日本人也提出一个口号,叫做第三次远航。第一次远航是明治维新,成为世界列强之一;第二次远航是确定在二次大战后的经济立国、贸易立国,成为世界第二经济大国;第三次远航是今后要发展成为技术大国、政治大国。真是野心勃勃。我讲这些是让大家知道一些世界各国发展的动向。读书干什么?就是要扩大视野,不要做井底之蛙。

中国有句古话,书犹药也,善读之可以医愚。没有知识,就是愚昧无知。现在你们都还年轻,应该知道读书是有用的,知识可以改变命运的。不论你干哪行哪业,不管你是干编辑或干发行,都要有文化科学知识。特别是今后,对文化程度的要求会越来越高。前面讲的“第三次浪潮”,并不是幻想。如文化水平低,文化科学知识贫乏,文字语言表达能力欠缺,就很难适应工作的要求。

我们的工作岗位是平凡的,在平凡岗位上可以做出很好的成绩,行行可以出状元。如黑龙江的陈吉文做酱菜,由于肯学习、肯钻研,发明了一种做酱油的新工艺,成为微生物学会的会员。这样自学成材的事例很多。在座的同志只要多读书,好好学习,不断提高自己的知识水平和业务能力,一定可以做出更好的成绩,成为本行业的能手。

二、业精于勤而荒于嬉

这是韩愈在《进学解》一文中的一句名言。意思是说,读书、工作都要刻苦、勤奋,好玩、懒惰,读不好书,干不好事,将一事无成。

这里给同志们先讲两首诗:

今日诗(明·文嘉)

今日复今日,今日何其少!今日又不为,此事何时了!人生百年几今日,今日不为真可惜。若言姑待明日至,明朝又有明日事。为君聊赋今日诗,努力请从今日始。

明日歌(清·鹤滩)

明日复明日,明日何其多,我生待明日,万事成蹉跎!世人若被明日累,春来秋去老将至。朝看水东流,暮看日西坠,百年明日能几何,请君听我明日歌。

这是我读小学六年级时，语文老师教的两首古诗，可以说记住了一辈子。

下面再给大家讲一个谜语。

法国作家伏尔泰在小说《查第格》中写过这样一个谜语："世界上哪些东西是最长的又是最短的，最快的又是最慢的，最能分割的，又是最广大的，最不受重视的，又是最珍贵的；没有它，什么事都作不成的，它使一切渺小的东西都归于消灭，使一切伟大的东西生命不绝？"

作者揭出的谜语的谜底是时间。他解释说："最长的莫过于时间，因为它永无穷尽；最短的也莫过于时间，因为我们所有的计划都来不及完成；在等待的人，时间是最慢的；在作乐的人时间是最快的；它可以扩展到无穷大，也可以分割到无穷小；当时谁不予重视，过后谁表示珍惜；没有它，什么事都作不成；不值得后世纪念的，它都令人忘却；伟大的，它都使他们永垂不朽。"

给同志们讲两首古诗和一个谜语，中心意思就是希望大家珍惜时间，勤奋学习。"莫让年华付水流"。读书必须挤时间，从今天做起，不要把该学的推到明天，学习上才会有所长进，有所成就。

读书要抓紧，要坚持。学习如逆水行舟，一篙也不能放过，放过一篙，就会被流水往下冲，前功尽弃。所以要想真正学到一些知识，就必须下狠心，坚持下去，不断前行，不能后退。一曝十寒，忽作忽辍，有始无终，将一事无成。

铁杵磨成针，相传是李白的一个故事。李白小时候读书无恒心，三天打鱼，两天晒网，时断时续，进步不大。有一天，他走到一座山脚下，看见一个老太婆在磨一根铁杵。李白上前一问，才知道她是要把这个铁杵磨成一根缝衣针。老太婆说，只要坚持下去，不怕不会成功。李白从此得到启发，回去后，用功读书，若干年后，终于写出了不少光耀千秋的诗篇，成为我国历史上伟大的诗人。

我国历史悠久,有许多珍贵的文化典籍流传后世。大家知道这些书是花了多少时间写成吗?下面举一些例子:

西汉司马迁写《史记》,18 年;

西晋左思写《三都赋》,10 年;

北宋司马光写《资治通鉴》,19 年;

明代李时珍写《本草纲目》,30 年;

清代孔尚任写《桃花扇》,15 年,三易其稿;

清代曹雪芹写《红楼梦》,10 年,增删 5 次。

写成这样流传千古的名著,作者要下多大的工夫,耗多大的精力,没有勤奋和持之以恒的精神是写不出来的。写作是在多读书的基础上进行的,读书是前提,写作是结果。

下面再讲一个故事。果戈里在其所写《死魂灵》里有这样一段话:“他的书房里,总放着一本书,在第 14 页间总夹着一条书签,这一本书,他是两年以前看过的。”大家想一想,两年前开始看一本书,时间过了两年,还只看到第 14 页,这怎么算是读书呢?我们读书不能凭一时的热情,今天大家听了我讲的课,回去就发奋读书,过几天情绪又低落了,一本书看到第14 页就停下来了,忽冷忽热,原地踏步,这样的学习态度是毫无成效的。

还有一种观点,认为自己不是读书料,当不了学问家,当不了大作家。现在我们讲要读书,不是要求人人都成为学者或作家。而是说你们在现有岗位上能胜任工作,都要求提高文化科学知识,提高语文水平,提高文字表述能力。而多读书,多学习,对你一定会有帮助的。

爱迪生说过:“天才百分之一的灵感,百分之九十九的汗水。”

爱因斯坦有这么一个公式:成功 = 艰苦劳动 + 正确的方法 + 少说空话。

两位伟大科学家的观点是一样的,一句话:“天道酬勤。”

此外，王安石有一篇有名的文章叫《伤仲永》。文章说：有一个少年，名叫方仲永，是一个神童，5 岁能写诗，10 岁时文章写得好，名闻乡里。他父亲就沾沾自喜，带着孩子走街串巷，到处炫耀，从而学习就耽误了。到了 20 岁，方仲永的学习水平没有什么长进，终于成为一个凡人。由此可见，就是聪明一点的人，也不能自满，不能固步自封，如不继续努力，好好学习，久而久之，脑袋僵化，思想凝固，也就学不进去了，由聪明而变成笨拙。总之，“业精于勤而荒于嬉”，“不经一番寒刺骨，哪来梅花扑鼻香”。读书学习，就是要在“勤奋”两字上下工夫。

三、学而不思则罔，思而不学则殆

这是孔子的一句名言，见《论语》一书中。

概言之，读书要用心，要思考，要动脑筋，否则读了也是白读，读了也是罔然。反之，光是瞎想，不从书本中吸收知识、寻求答案，也是徒劳的，甚至会走入歧途。

清朝乾隆年间，有这么一个故事。有一个学生名叫戴东原，他在读《大学》一书时，见书中有《经》一章，《传》十章。注解说：《经》是孔子写的，《传》是曾子写的。戴东原就问老师，注解的人是谁，他怎么知道这么详细？老师说，注解的人是朱熹。戴问：朱熹是何时人，孔子、曾子是何时人？他们相隔多少年？老师答：朱熹宋朝人，孔子、曾子是周朝人。相隔 1000 多年。戴又问：他们相隔 1000 多年，朱熹怎么会知道得这么清楚呢？戴东原这么接二连三的提问，老师答不上来。由于戴读书这么仔细，认真、敢于怀疑和思考，后来在成为一个大学问家，并参加修纂《四库全书》。

善于思考的人，学习效果就会更好一些。一些发明创造家，是既肯学又善思的人。大家知道，牛顿从苹果落地发明了万有引力定律。有人问他有什么秘诀？他说，我的秘诀就是：想、想、想。发明电的爱迪生，从实验室回家时，由于在行走的路上聚精会神地思考问题，以致敲错了别人家的大门。

写《聊斋志异》的蒲松龄，在《阿宝》这篇小说中说过：故书痴者文必工，艺痴者技必良。世之落拓而无成者，皆自涓不知者也。

写文章要肯动脑筋、多思考。有人写文章，先躺在床上蒙头睡觉，实际上是躺在床上打腹稿，想好了，爬起来写，一挥而就。鲁迅写文章就是这样，坐在藤椅上，抽着烟头，慢条斯理，想好以后，提笔成文。

所谓用心读书，就是要求在读书的时候，摒除一切杂念，精神高度集中。如果你手里捧着书，眼睛看着书，心里却在盘算今天要去看电影，明天要去逛商店，书在咫尺，而心在万里之外，这样正如“和尚念经，有口无心”。读书就不会有什么效果的。

“吾生也有涯，而知也无涯”。古往今来的书浩如烟海，实在是太多，我们个人一千年也读不完，只能有选择性地读。读书可分为精读和略读，这是鲁迅的主张：有的书要精读，有的可以略读。略读是广泛涉猎，随便翻翻。鲁迅就写过一篇文章，题目就是《随便翻翻》。

略读只是为了扩大视野，丰富知识，争取在短时间内或用少量的时间尽可能多读一些书，并从中找出需要精读的书。

如只注意精读，不进行略读，则信息量有限，知识面不宽；只进行略读，而不注意精读，则读书的深度不够，收获不大。略读的要求在于“博”，精读的要求在于“深”，两者是一种互补和辩证的关系。

精读，又称细读、慢读，认真探求，得其要领。采取这种读书的方式，可以帮助我们掌握和理解书的全部内容和细节。

古人有句话：“精一书而通群书”。这句话说的绝对了一些，但也有一定的道理。研究学问的人不可能什么都去研究。如吴晗专门研究明史，周谷城专门研究近代史。我们学写文章，也要认真仔细精读一两本书，从思路、结构、修辞等方面认真去理解、记忆。或者反复看一两本小说，如《三国演义》、《红楼梦》等。朱自清曾有这样的体会："记得在中学读书时，偶然买到一本《姜园课蒙草》，一部彪蒙书室的《论说入门》，非常高兴，因为这两部书指示了写作方法。那时国文老师对我帮助不大，大家只是茫然地读，茫然地写。有了这两本指点方法的书，仿佛夜行有电棒"（《文心·序》）。可见，有选择地精读一两本书，对提高写作水平是大有好处的。

还有一个问题，要好好运用记忆力，记住书中的一些内容，精彩的字、词、意要记住。例如学数学的要记住公式和定律，学英语要记住单词和语法，学中国语文，有的要背诵，有的要做笔记，记住书中有用的东西，日积月累，就可积累很多知识。如果过目即忘，是徒劳无益的。

光记而不用，也是不行的。《清史稿》有一篇清代著名学者《王闿运传》，王是湖南湘潭人，可以说是学富五车，是清代末年学者中一个泰斗级的人物。传记中说他："幼好学，质鲁不能及百言"。意思是说，他幼年时天赋鲁钝，读书读不上百句，读完后都忘记了。后来由于努力用功，"朝所习者，不成诵不食，夕所习者，不得解不寝"。后来终于成为大学问家。

我们读书，一是靠记性，二是靠悟性。这就是说，要记住书中的内容，又能理解它，并能举一反三，这样，读书的效果就很好。"合抱之木，起于毫末；九尺之台，起于垒土；千里之行，始于足下。"读书，求知，提高文化水平，提高写作能力，是要靠一点一点积累的，持之以恒，长期努力，定将能取得好的成绩。

最后再说一句中国谚语："补漏趁天晴，学习趁年轻"。韶华易逝，青春难驻。趁年轻的时候多读一点书，多学一些知识，对你们搞好工作，为人处世，提高生活品味，都有帮助。黄金有价，知识无价。努力吧，年轻的朋友们。

（本文是1980年6月对交通出版社青年人所作的讲课稿）

象棋情　门球缘　旅游乐

1987 年从工作岗位上退下来之后，工作一直很忙，但也忙中偷闲，工作之余，以下象棋、打门球、外出旅游为乐事，既是锻炼体力、脑力，在精神上也是一种调节剂。

一、象棋情

我小时候即学下象棋，一生与象棋结下不解之缘。我是在上小学五六年级的时候开始学下象棋，我的一位堂叔祖父是我下象棋的启蒙老师。他的名字叫魏汉廷，兄弟中排行第四，人称魏四爹。清朝时考取过功名，民国时期成了一个失意的士子，通医道，会下象棋。他原来住在衡阳县城里，抗日战争爆发后回到乡下，寒暑假期间，闲来无事，我就跟他学下象棋。

中国的象棋有着悠久的历史，近代的象棋定型于宋代，并广为流传，成为民间一项重要的文体活动。也可以说是中国普及率最高的一项娱乐文体活动。君不信，请看现在许多公园的林荫下，街头巷尾旁，不知有多少人在下象棋。从古以来也流传过很多下棋的故事和诗词。我的那位堂叔祖父是一位饱学之士，我小时候就听他讲过一些秩闻趣事，而今大多已经遗忘，有的以后在书刊上又重新读到过。

相传左宗棠在清光绪年间，出兵新疆讨伐阿古柏之乱，途经兰州。有一次在兰州街上看到一个摆棋摊的老头，并在棋摊旁立着一块招牌，上面写着“天下第一棋手”。左宗棠也喜欢下棋，且棋艺不凡，乃坐下来与这个老人过招。连下几局，左宗棠皆胜。乃认为这个老头是江湖上虚张声势之流,名不副实。左宗棠平乱取胜后回到兰州,又到街上去找那位"天下第一棋手"。那块醒目的招牌仍然矗立在棋摊旁边。左又坐下来与老头对弈,这次老头的棋艺前后判若两人,左连战连败,颇感惊讶。便问老人,你的棋艺为何进步这么快?老人答道:"你上次来此下棋,我已知你是左大帅,即将率兵西征,故让你在棋场上取胜,为你在战场取胜树立信心。而今你已得胜班师,我也就不再谦让了。"

又如清代纪晓岚晚年喜欢下棋。有一次有人拿来一幅《八仙对弈图》求他题诗。图上画的韩湘子与何仙姑对弈,吕洞宾、钟汉离、蓝采和、张果老和曹国舅等在一旁观棋,铁拐李则在旁边一棵大树下枕着石头睡觉,超然物外。纪晓岚题诗云:

局中局外两沉吟,
犹是人间胜负心。
哪似玩仙痴不省,
春风蝴蝶睡乡深。

我自小学时学过下象棋后,以后就进入中学、大学,由于功课忙,无暇下象棋。20世纪50年代初,我在交通部部长办公室工作时,认识时任《水运》杂志编辑的李高,他是一个下棋高手,多次获得过交通部象棋比赛冠军。有空闲,我常与他下几局,完全不是他的对手。他让我一个车,甚至一车一马,我仍负多胜少。

从此之后,又重新引发我下棋的兴趣,断断续续与人下过象棋,成为我业余时间不可缺少的一种娱乐。

1958年反右后期,我受过一次处分,心情不好,仕途不顺,就寄情于棋场之中。经常在星期天到地坛公园下棋或看棋,有时一去就是大半天,倒也忘却心中不愉快之事。

1963年,我调到交通部基建司工作。李浩然司长是一个象棋爱好者,我们成为棋友。记得有一次我们一起出差去四川成都开会,在火车上我们下了一整天的棋。

此时，还有一个从海军转业的李挽伦同志，他在交通部水运局任港口处处长，可以说视棋如命。我们的办公室近在咫尺，每天中午休息时，我们不休息，总是在棋枰上争胜负。

1970年，我们3人同去河南五七干校，我们都是受审查的对象。干校对我们管得并不严，星期天无劳动任务时，我们就聚在一起下棋。“今朝有棋今朝下，忘却人间忧与愁。”两年的干校时光，过得虽不舒心，但通过下象棋排遣了心中许多烦恼。对我们的审查，先后都有了结论，恢复了我们党员的组织生活。于1972年上半年，让我们先后返回北京，安排了工作。

此后20多年，我们3人成了铁三角，来往密切，过从频繁，经常相聚一起，以下棋为乐。他们年纪都比我大十多岁，一般是我上他们家去。没有离休前，一般我们一个月要聚会一两次。离休后，聚会的频率就高了，差不多一个星期要见一两次。

两位李老，都是红军时期的干部，一生富有传奇色彩。李浩然于1932年参加革命，早年在中央军事学校（前身是黄埔军校）毕业。解放初期，担任过安徽省交通厅厅长，以后调到交通部工作。李挽伦同志1930年参加杨虎城的部队，在那里担任过连长，以后参加革命。解放后，曾任海军司令部作战处处长，1959年反右倾运动中曾受到不公正的待遇，并转业到交通部。他们俩曾同在新四军四师25团工作过，李浩然任团政委，李挽伦任团参谋长。两人是多年之战友，也是多年的棋友。

对他们来说，我是一个晚辈。从20世纪60年代初到90年代中，我们在工作上、棋枰上相交30多年，他们待我如兄弟，称得上是莫逆之交。

可惜好景不常，1996年秋，他们先后逝世。李挽伦是在1996年9月15日因心脏病突发猝然去世的，享年88岁。李浩然是在1996年

10月27日因肝硬化而溘然长逝，享年86岁。相隔42天，双星相继陨落。时值凉秋，叶落草衰，老成凋谢，痛失师友，悲何如也。乃作挽诗、挽联各一，以表哀悼之情。

悼李挽伦之诗

白云愁色满幽北，
惊悉斯人骑鹤归。
卅载知交感厚谊，
悲歌一曲情依依。

悼李浩然联

对党忠诚，为官清廉，待人忠厚，革命一世，高风亮节人称颂；

原是领导，实乃师友，有如兄弟，知交多年，骑鹤西归我含悲。

老的棋友走了，曾经有一段时间心情有些沉重，对下棋的兴趣一时似觉索然。时间长了，心情逐渐好转。不久又迎来了几位新的棋友。

前已述及，李高是我20世纪50年代初期相识的一位棋友，他离休前是交通部办公厅的副主任。多年来，我们保持着深厚的友谊。

由于交通部老干部局组织象棋比赛，20世纪80年代后期，认识了交通部公路一局的罗镇中。他是湖南娄底人，是我的同乡。我们可以说是一见如故。

物以类聚，人以群分。我们这几个象棋爱好者，很自然地聚合在一起。一般是他们来我家，有时候一下就是一整天。有时罗镇中余兴未尽，在我家留宿，第二天继续战斗。我、李高、罗镇中3人聚会，形成了一个新的铁三角。而今我们都已年届耄耋，李高已经达到88岁的高龄，且行走已不利索。天下没有不散的筵席，我们这种下棋的组合，不知还能延续多久。

这里要特别提到罗镇中，他在大学时学中文的，离休前在公路一局做教务主任工作。他擅书法，能诗文，为人真诚，待人热情，且乐于助人。他每次外出旅游或回乡探亲,走的时候要告知我,回来时立马向我报到。有一次他去湖南,又转去广西、湖北等地,每到一处,即给我来一个长途电话,告知其行踪。甚至他家里有时还打电话向我询问他的去处。我们相交近20年了,可以说交往频繁,情深谊重。

曾经有一段时期,罗镇中承包了一家商店,这家商店是公路一局为老干部服务而设立的。所开的商店,取名晚晴商店,取唐李商隐“天意怜幽草,人间重晚晴”的诗意。罗下海经商后,来我这里下棋的机会就少了。我乃寄给他一首小诗;

君乃湘楚雅士,
何事商海沉浮。
有意再圆棋梦,
盼君重上九楼。

我家住在北京东城区一幢宿舍的九层楼上,故有“盼君重上九楼”之句。他给我回信,并附寄“晚晴”商店大门上的对联,以表明心迹。对联的上下联第二字嵌有晚、晴二字。

傍晚甩钩,志不在鱼虾,取乐而已;
乍晴出海,心寄于波涛,休闲罢了。

不久,他推掉了商店的承包任务,不再在商场上争输赢,又专心在棋场上争胜负了。

我下了一辈子的象棋,棋友不少,交情深的还有交通部部长李清,他是我的老领导,是朋友,也是棋友。此外,还有北京的方天中、杨树林,青岛的韩景塔、寿杨宾,南宁的丁抒明,等等。与他们都有多年的工作交往,然后成为朋友,棋友。外地的棋友,虽关山远隔,至今仍时通音讯。人有情,棋有缘,生活多姿多彩,精神上感到很充实。

下面所作的一首词,以述弈棋心境。

如梦令·弈棋感怀

棋坛我自遨游,

车马谱写春秋。
问今岁何岁，
转眼已经白头。
悠悠！悠悠！
忘却人间忧愁。

棋枰有如战阵，
金戈铁马纵横。
试问对弈者，
谁是常胜将军？
人生！人生！
回首如棋如梦。

二、门球缘

门球运动是1983年从日本传入中国，现在全国打门球的人已有300多万人。北京东城区兴起门球运动是1984年，到2003年，东城区已有130多个门球队，门球运动员有1000多人，拥有20块门球场地。其中在地坛公园内就有8块场地，与我家距离只有一箭之遥，这就为我参加门球运动提供了便利条件。

我是1992年夏开始参加门球运动的。在我参加打门球之前，我们出版社已经有张善成、李传英、金振远、王庆华、宋杏芬、高荣珍几个老同志参加打门球，在他们的动员下，我也投入到这一项运动之中。此后，出版社又有李宝钧等参加进来，我们单独组织了一个门球队，在地坛门球场上活动了10多年。2004年，李宝钧去世，此前，张善成与李传英夫妻2人已搬到怀柔县城郊居住，并有几个老同志年老多病，退出门球队，最后只剩下我与王庆华2人仍坚持至今。

在这10多年中，我们出版社这支门球队，先后去过青岛、秦皇岛、怀柔、顺义赛过球，在地坛公园门球场上，参加过多次比赛，曾取得过较好成绩。

我过去是以打太极拳作为锻炼身体的一项运动，自从打上门球后，就逐渐放弃了打太极拳了。门球运动的运动量不大，有一定竞争性，可以引起人们的兴趣。二是打门球是群体活动，在门球场上，除了打球，也有人际交往，可以与人聊聊天，说说笑笑。三是户外活动。希腊一个医学家说过："阳光、空气和水，是人的生命之源。"在公园里可以晒晒太阳，吸收新鲜空气，对身体很有益处。四是这项运动容易坚持，在公园玩几个小时，不像散步或打太极拳，有些单调、枯燥，且有寂寞之感。

和下象棋一样，每当我伏案工作时间长了，疲倦了，就拿着门球杆，到门球场上打两三场球，感到一身轻松，回来又可以继续工作，有事半功倍之效。

徐文长有一首诗：

无事此游戏，
一日当三日。
若活七十年，
我活二百一。

门球运动活动量小，实际上像做一种游戏，使人做起来很轻松又饶有兴趣。打了一次门球，等于玩了一次游戏，使人有一日等于三日之感。

打门球也可以交友，先后关系较好的球友有马希德、张善成、王庆华、何文、姜永筠、薛秀林等。打完球有时坐下来与球友聊聊天，山南海北，古今中外，无话不说，很是开心。

我这个人喜欢动脑筋，在打门球过程中，我也思考过门球运动的特点、战略、战术、医学保健等问题，前后写过3篇文章。一篇是《对门球运动中几个问题的理论探讨》，近两万字，载入《门球研究》一书中。第二篇是《门球运动的医学保健功能》，刊登在《门球杂志》1999年第2期上。第三篇是《门球运动的战略战术要领》，约8000字，是代表北京市参加郑州召开的全国门球学术讨论会的一篇论文。

2003年，东城门球协会组织编写《北京市东城门球运动发展十五年》一书，邀请我担任该书的编委会的顾问和副主编。在编书过程中，与东城区门协的同志刘书良（原东城区副区长）、臧俊英、徐忠吉、吕文涛等，工作配合得很好，关系融洽。在这本书中，刊登有我的一首词，这首词后来在北京电视台播送过。这首词代表我对门球运动的认识，也在一定程度上反映广大球友的心声。

江城子·门球情缘

赛场逐鹿战犹酣，
杆勤挥，不停闲。
技有高低，
球德更为先。
胜负成败平常事，
胜亦喜，败欣然。

门球伴我度暮年，
人有情，球有缘。
夕照青山，
体健驻春颜。
蓝天白云任舒卷，
击球翁，似神仙。

三、旅游乐

外出旅游，遨游于江河之上，纵情于山水之间，饱览林木美色，尽观天地灵秀，既可开阔视野，又可扩展胸怀，实为人生一大乐事。

从1987年至今，我出去旅游有数十次之多，在北京市郊的每年有两三次，到外省市、甚至去外国的，累积有30多次。

到外地旅游，有的是出差顺便旅游的，有的是探亲兼旅游的，有的是单位组织离休干部出去旅游的。每次外出，大多是与老伴同行。20多年来，可以说是足迹遍长城内外，大河上下。

外出旅游，每次都给我留下美好的印象。而记忆尤为深刻的是1988年冬河西走廊之行。

1988年8月间，我在兰州编辑加工《当代甘肃公路交通》一书，大约1个月时间，赴新疆探亲，然后又从乌鲁木齐坐火车到甘新两省交界处一个名叫柳园的火车站下车，甘肃交通厅编史办副主任伊国清同志在这里接我，并带来一部吉普车，汽车司机是小蔡。我们一行3人直奔敦煌，然后到嘉峪关，沿河西走廊，途经嘉峪关、酒泉、张掖、武威，最后到达兰州，历时七八天。

河西走廊，在甘肃西北部祁连山以北，合黎山和龙首山以南，乌鞘岭以西，因在黄河之西，故名河西走廊。东西长1000公里，南北最窄的地方只有几公里，最宽的有100公里，平均海拔1000～1500米。砂碛、戈壁、绿洲断续相连。敦煌在其最西端，中间有玉门、嘉峪关、酒泉、张掖、武威等城市，兰州在其最东端。自古是通往新疆及中亚、西亚的要道。自古以来，河西走廊是一个历史舞台，在这里演出过很多历史剧，出现过很多历史故事，有军事的、政治的、经济的、文化的。张骞、班超出使西域，霍去病追逐匈奴5000里，左宗棠兵发新疆平定叛乱，大量骆驼队运输中国的丝绸和货物前往西方，河西走廊都是必经之路。

在河西走廊上，留下了一些历史名城和许多名胜古迹。敦煌，是中西文化的交汇点，莫高窟是驰名中外的中国三大石窟艺术宝库之一，492个洞窟中有彩塑2400多尊，壁画4.5万平方米。附近还有鸣沙山、月牙泉等名胜。敦煌已列入世界文化遗产名录。此外，还有嘉峪关的明长城,玉门的昌马石窟,武威的大云寺唐铸大铜钟,张掖的西夏大佛寺,酒泉的文殊山等。

在沿途旅游中,还听到不少故事和传说。例如酒泉市得名之由来,据说是当年霍去病征战匈奴时打了胜仗,汉武帝派人送来几坛御酒,以示犒赏。但霍去病的部卒众多,区区几坛酒对成千上万的士兵来说是杯水车薪,霍乃将酒倒入一口泉水中,士兵可以喝到带有酒香的泉水,大家欢天喜地。从而鼓动了士兵的作战精神,以后连战皆捷,这说明霍去病带兵是走群众路线的。酒泉这个城市亦因此而得名。

左宗棠带兵入新疆,为了兵员和后勤物资运输,很重视道路的修建,并关注道路的绿化,沿途道路两旁都种上柳树,至今在一些地方还可以见到当年种下的柳树,人称左公柳。左宗棠下面的大将杨昌浚曾为此写过一首诗:

大将筹边犹未还,
湖湘子弟满天山。
身栽杨柳三千里,
引得春风度玉关。

8天河西走廊之旅,饱览河西走廊胜景,亲睹中国西部风情,真是美不胜收,目不暇接,感造化之奇妙,发思古之幽情。回来后本想写一篇河西走廊游记,因工作忙,未能如愿。至今思之,尚余兴未尽,记忆犹新。

(本文的主要部分曾分为两篇刊载于《北京老干部》杂志2006年第3期、第11期上)

对门球运动中几个问题的理论探讨

门球活动，在实践上是一项体育运动，在理论上则是一门学科。这门学科的内涵可用道、技、艺 3 个字来概括。所谓“道”，是指其科学道理；“技”，是指其击球的技术；“艺”，是指其艺术性，包括打球艺术、指挥艺术等。具体而言，就是有它的科学性、技术性和艺术性。门球运动，有它的竞技性，同时也有它的艺术性。打一场球，有如跳一次舞，唱一支歌，令人心旷神怡、兴趣盎然。这是从美学的角度、从娱乐的角度看待门球运动。

门球运动作为一门学科，理应建立起它的具有特色的科学理论体系，使之成为整个体育运动学科中一个独立的分支。本文试图在这方面进行一次初步探讨，旨在不断总结实践经验的同时，提倡更多的理性思维，为门球运动的理论建设添砖加瓦。不妥之处，请球友指正。

一、门球运动的基本特点

各项体育运动都有其共性，又各有其特性。球类运动是指以球为工具的竞技性运动，是体育运动中最重要的组成部分。它包括足球、篮球、排球、羽毛球、乒乓球、台球、门球等。它的共性是组织严密，各有自己的规则，运动员需经过一定的训练，运用不同的战术与技术去争取胜利。胜负的标志都是以得分多少来衡量。门球运动与其他球类运动有哪些不同？它具有哪些特点？

1. 多球多人的群体性

球类运动，有的一球多人，如足球、篮球、排球等；有一球二人，如乒乓球、羽毛球。门球则是一项多球、多人运动，它共有10人分两方对抗打10个球，每人固定打一球。多人多球，在球类运动中是门球运动独有的，这也是它的一个最基本的特点。门球运动的其他特点，都是由这一基本特点衍生出来的。

2. 顺序轮回击球的周期性

门球运动是10人10个球，分红、白两方进行比赛。红方是①、③、⑤、⑦、⑨共5个单号球，白方是②、④、⑥、⑧、⑩共5个双号球。比赛时按①球至⑩球的顺序，依次进场击球，每次进场1人，其余9人站在场外自球附近处。每名队员进场击球完毕退场，为一个击次；10名队员按顺序进场各打一个击次，即10个击次为一个轮次；每一轮次平均约需5分钟，每场球比赛时间规定为30分钟，一般为6个轮次多一点，每人进场约为6~7次。这样构成门球运动的按固定顺序轮回击球的周期性规律；这也是由门球运动多球多人群体性的基本特点所决定的。

3. 慢速度、慢节奏的文明平和性

门球在地上滚动运行的速度，大概是各种球速中最慢的。据笔者测试，最快不超过每秒15米。门球在地面滚动速度慢，且须待自球停止滚动或自球撞击他球时，待自、他球均停止滚动后，才能进行续击。因此，整个比赛节奏也慢。一场球赛中，每人只有6~7击次，每个击次少则1杆，多则可连续击5~6杆或更多；30分钟一场球，10个人平均每人进场击球所占的时间只有3分钟。这就构成门球运动的慢速度、慢节奏的特点。同时，在比赛中它没有人体的接触和碰撞，不需要快速的、激烈的满场奔跑和争球，所以是一项气氛平和、交往文明的体育运动。

以上所述特点是门球运动的基本特点。由这些基本特点，又相应地产生出其他若干特点，如器材特点、场地特点、指挥特点以及比赛规则特点，等等，此不赘述。

二、门球击球技术的力学原理

打门球的基本动作，就是用槌击球，使球在场地上滚动。这就涉及到一些力学原理，包括碰撞、滚动、摩擦、分力等力学问题。

什么叫力？力，是一个物体对另一个物体的作用。力的作用使物体运动的快慢和方向发生改变，或者使物体的形状发生改变。力有3种。一是重力，它是由于地球对物体的吸引力而产生。物体所受重力的大小叫重量。二是弹力，当物体由于相互作用而发生形变时，就产生弹力。拉力和压力都是弹力。两物体的碰撞，如用槌击球，使球向前滚动，则是在碰撞时产生碰撞力，碰撞后形变恢复时产生弹力使球向前滚动，这是弹力的作用。三是摩擦力，两个相互接触的物体，由于接触面凹凸不平，当发生相对运动时或有相对运动趋势时，接触面之间会产生摩擦力。在门球运动中，这3种力都会产生，但重力与门球运动的方向一般是垂直的，并且与碰撞力相比一般很小，所以可以忽略不计。最主要的是碰撞力，其次是摩擦力。

1. 碰撞力

碰撞是门球活动中经常遇到的一种现象。在打门球时，槌与球的碰撞一般是一种“对心正碰撞”。设槌重力 Q 为6牛，以初始速度 v_1 为2米/秒打在门球上，经过时间 t 为0.02秒；撞击终了，终了速度为 $v_2=0.5$ 米/秒。由运动学可知，槌在极短时间内速度发生了有限量的变化，其加速度很大。加速度按下式计算：

$$a=\frac{v_1-v_2}{t}=\frac{2-0.5}{0.02}=75\text{ 米/秒}^2$$

设在碰撞时，球给槌的碰撞反力为 F，槌的击力为 Q，则碰撞力的动力学方程为：

$$F = \frac{Q}{g}a$$

$$F = \frac{6}{9.8} \times 75 = 45.9 \text{牛}$$

由此可见,击力为6牛的槌碰撞球,由于碰撞的时间很短促,碰撞前后速度又发生变化,所以产生了较大的碰撞力。如果碰撞时间再短一些,或碰撞前后速度变化更大一些,则碰撞力将更大。碰撞力又称为瞬时力。

打门球时如何掌握击球的力度?一是掌握好用槌击球前进的力;二是掌握好出槌击球的速度,出槌越快,撞击力越大,球滚动得越快,走得越远,反之,球走得越慢。这就是说,打近球,宜用迎送式击球(悠杆打),打远球,宜用拉杆击球。

打门球时,除槌与球的碰撞外,还有球与球的碰撞,以槌击自球碰撞他球,就会出现动量的传递。A、B两个门球发生对心正碰撞,两球的质量分别为m_1、m_2,且$m_1 = m_2 = 230$克。碰撞前A球的速度为v_1,B球的速度为v_2;如B球是静止的,即$v_2 = 0$。碰撞后,A球速度为u_1,B球的速度为u_2。根据动量守恒定律,两球碰撞如无其他外力作用,则$m_1v_1 + m_2v_2 = m_1u_1 + m_2u_2$。由于两球质量相等,且$v_2$为0,则$v_1 = u_1 + u_2$。实际上,A球在滚动前进时,有重力和场地摩擦力的作用,其动量m_1v_1在到达B球位置时已有所减少,其减少的程度视A球滚动的距离长短而定。A球与到B球的距离越长,动量损失越多,反之,则动量损失少。

A球撞击B球后,A球前进的速度由v_1变成u_1,B球的速度由0变为u_2。在日常击球时可以看到,A球滚动速度快,撞击B球后,A球减速直至停止;B球前进的速度则小于A球速度。打定点球是一个特殊情况。A球在很近的距离,以很短的时间正撞B球后,A球的动量m_1v_2基本上都传给B球,即$m_1v_1 \approx m_2u_2$,所以$v_1 \approx u_2$;B球能运行一段较长的距离,而A球则基本上停止滚动。

2. 摩擦力

物体之间的摩擦力有3种。一是静摩擦力,即两个相互接触的物体,在外力作用下有了滑动的趋势,即将动而未动时,存在于两个物体的摩擦力。二是滑动摩擦力,即一个物体在另一个物体上滑动时产生的摩擦力。三是滚动摩擦力,即一个物体在另一个物体上滚动时产生的摩擦力,在接触面情况相同和相同压力下,滚动摩擦力要比滑动摩擦力小得多。

门球位移中,遇到的是滚动摩擦力。如果场地与球之间没有摩擦力,球将滚向无限远。实际上在场地与球的接触面之间都有摩擦力,力的方向与球滚动的方向相反,它阻碍球的运行,使球逐步减速,直至停止滚动。

从力学上考察,球为什么会滚动?是由于碰撞力(又称主动力)与静摩擦力形成推动力偶(又称为主动力偶),促使球滚动。球为什么会减速并最终停止滚动?是由于球的重量与场地上的摩阻力形成摩阻力偶,阻碍球的前进。这种摩阻力偶的大小,与球的质量大小和场地粗糙度密切相关。用公式表示为:

$$M = N \cdot Q$$

式中:M为摩阻力偶;N为滚动摩擦系数;Q为球的重力。摩擦力偶矩主要取决于摩擦系数的大小,它与场地软硬程度、沙粒大小和干湿度都有关系。沙粗、场地湿度大且较软,摩擦系数大;沙细、场地干燥且较硬,则摩擦系数小;场地干硬且无沙,摩擦系数更小,球滚动很快,且更远。视沙土含水量不同,其摩擦系数也不同。

3. 分力

打门球时,常常打出一些技巧球,如分球、擦边球、擦顶球等。这些都属于非对心碰撞。因碰撞点即力的作用点不同,乃产生球运动方向的不同。

力的大小、方向和作用点，叫做力的三要素。力的作用点和方向是直接相关的。力的作用点不同，力的方向也就各异。击球对准球纵中心点，槌的用力方向和球的运行方向完全一致，球就按直线滚向正前方。如果击球的右部或左部（击球击偏了），力的方向与球正前方的方向不一致，球的运行也就会偏离正前方。

用槌击A球撞B球，可以是对心碰撞，也可以是非对心碰撞。一般情况下采取对心碰撞，特殊情况下则采用非对心碰撞。采用后者，就会出现分球、擦边球、擦顶球。力学上，两个以上的力作用于一点，可以形成合力；一个力作用于一点也可以分解为两个力，叫做分力。图1为两球非对心碰撞的图解。

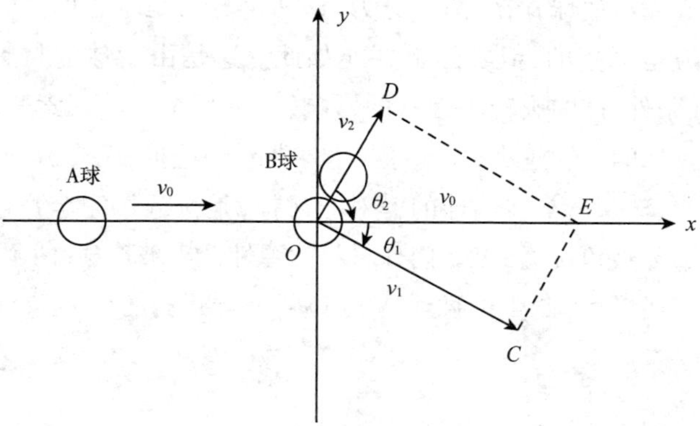

图1　两球非对心碰撞分力方位图

现将分球过程近似看作物理学上的经典问题之一——质点A、B在平面$x-o-y$上的弹性碰撞。在图示的平面上，B球（即质点B）静止，A球（即质点A）以匀速直线运动状态撞击B球，初始速度为v_o，其运行轨迹方向为x轴，碰撞时的力为$\vec{v}_o$，碰撞点为o。碰撞后，产生两个分力为$\vec{v}_1$、$\vec{v}_2$，产生两个分速为v_1、v_2，A球沿OC方向滚动，B球沿OD方向滚动，它们与x轴的夹角分别为θ_1、θ_2。A、B两球的质量

均为 m。根据力的平行四边形原理，OE 是平行四边形的对角线。根据动量守恒定律，有：$m\vec{v}_o = m\vec{v}_1 + m\vec{v}_2$，即：$v_o = v_1 + v_2$。又根据动能守恒，$\frac{1}{2}mv_o = \frac{1}{2}mv_1^2 + \frac{1}{2}mv_2^2$，$v_o^2 = v_1^2 + v_2^2$，即 $OE^2 = OC^2 + OD^2$，按照三角形勾股弦定理，$\triangle OCE$ 为直角三角形，OCED 为矩形，$\theta_1 + \theta_2 = 90°$。

从图和公式中可知，$\vec{v}_1$、$\vec{v}_2$ 的大小以及 A 球、B 球运行的方向，视 $\vec{v}_o$ 的大小和 θ_1、θ_2 两个角度的大小而定。这就是说，用不同的击球力度，A 球撞击 B 球不同的部位，就会出现不同的分球方向和不同的距离，擦得越薄，球走得越远。

需要指出，理论上按照力学平行四边形原理和动量守恒定律，一球非对心撞击他球，产生两个分力，这两个分力是垂直的，两球运动方向也应是垂直的，但实际上并非如此。这是由于球的材料、摩擦力、地面条件、球的旋转等因素的影响，其中最主要的因素是球的材料性质。球的弹性越小，如木球与木球非对心碰撞，两个分力的夹角就比较小，玻璃球与玻璃球的非对心碰撞，是接近于完全弹性碰撞，两个分力的夹角接近 90°。门球材料的弹性低于玻璃球，两个门球发生非对心碰撞后，产生的两个分力和两个球运行方向的夹角，应小于 90°。

三、门球运动的战略、战术要领

战略是统管全局的，它对全局的胜负往往起着决定作用。战术是指比赛中采取的具体组织方法和形式，它是为战略服务的，是实现战略意图的一种手段。技术是各种动作的总称，它是实现战略、战术目标的基本保证；战略、战术运用是否奏效，很大程度又取决于技术质量的高低。在门球比赛中，正确的战略、战术和高质量的击球技术，互为因果；只有有机结合，才能取得比赛胜利。

门球运动由于是多球多人，其战略、战术更有其特殊性和复杂性。在研究门球的战略、战术时，一些军事科学原理可供借鉴，甚至棋类运动的战略、战术思想也可供参考。古往今来打过很多仗，许多实战战例表明，从每一场战争到每一个战役，从兵力部署到战争过程和结局，从来没有完全是相同的。棋类也是这样，例如中国象棋32个棋子，棋盘上有90个交叉点，有人用电脑摆出2万多盘棋，找不出两盘棋是完全重复的。打一场门球有如下一盘棋，10个人10个球，小场地长20米、宽15米，大场地长25米、宽20米，球的落点可以说有无限个，所以也不可能出现哪两场球是完全重复的，可见门球运动是复杂多变的。

由于对门球战术和技术的阐述已经很多。本文主要结合军事科学也包括孙子兵法，重点探讨门球运动的战略思想，对战术、技术亦略有涉及。

1. 保存己方力量、削弱对方力量

门球比赛，得分是目的，是决定胜负的标志。而要得分，关键是尽量将对方球打出场外，而己方球尽量不被对方打出场外，送球到位时也要不使其出界。因此，保存好己方力量，消减对方力量，是门球运动中一项基本战略原则，是决定门球比赛胜负的关键。

例如打一场球，己方球被对方打出场4次，自己又将己方球击出场4次，这样就必输无疑。所以门球运动中消减对方力量，保存己方力量，具有十分重要的战略意义。

2. 协同作战

门球，是一项集体运动，协同配合十分重要。恩格斯在《反杜林论》中引用《拿破仑回忆录》中的一段话，拿破仑说："两个马木留克兵绝对打赢三个法国兵，一百个法国兵与一百个马木留克兵势均力敌；三百个法国兵大都能战胜三百个马木留克兵……"这里说明法国兵作为个体打不过敌人，作为群体则战斗力很强，主要原因是能很好地协同配合。门球比赛只有靠集体智慧、集体技能、集体配合，加强集体观念,切忌各自为战,才能取得好的战果。协同作战,主要有队员之间的协同、队员与临场指挥员之间的协同。归纳起来是5句话:思想上的团结一致,指挥上的统一集中,组织上的严格纪律,高度的时空观念,主动的配合精神。

首先是球队在思想上的团结,队员之间,队员与队长、教练员之间,都应互相尊重,互相体谅,形成一种融洽的、和谐的气氛,形成一个有凝聚力的集体。其次是指挥上的统一集中。门球比赛时的协同作战,主要由临场指挥员(教练员)去组织实施,战术安排必须由临场指挥员统一组织;在场上切不可形成无指挥或多头指挥,而应是每击一杆球都要有指挥,而且是统一的指挥。第三,门球虽然是一项适合老年人的文明体育运动,但纪律仍然是不可缺少的。一个队如果是松松垮垮,击球时不听指挥,各行其是,打"英雄"球,比赛就会遭致失败。第四,要有高度的时空观念。协同作战,一是空间上协同,也就是自球、他球的灵活运用,如自球结组、他球利用等;二是时间上的协同,主要是速决和持久战的掌握,开局和终局时间上的掌握,如何根据客观态势抢时间和拖时间等。第五是主动配合。包括场上场下、临场指挥员与队员、队员与队员间的配合,而且要有一种自觉的、主动的精神。如临场指挥员指挥失策,队员要主动配合给以补救;上杆球击球失误,下杆球要认真击好球,力争挽回上杆球失误的损失。此外,如愿作替补队员,甘为他人接球做杆,愿意多为集体服务,等等,都是主动配合精神的表现。

3. 积极主动、攻守兼备

打门球要"力争主动、力避被动",只有积极主动,才能打好球。首先是思想上的主动(包括临场指挥员、运动员),参加比赛就要准备打硬仗,准备积极拼搏,不能畏首畏尾。"人是需要一点精神的",精神上要振作,不可妄自菲薄。其次是指挥上的主动,临场指挥员要根据球场上不断变化的情况,及时作出判断,采取相应对策,主动控制局面。“该断不断，反受其乱”，反应迟钝，犹豫不决，就会陷入被动挨打的局面。三是战术上的主动，即要根据球场上的情况，以夺取主动，夺取优势为原则采用相应的积极战术。球场上的战术一般有3种类型：确定型、非确定型、风险型。抢占要隘、保护先手球，这是确定型；冲击远球、进一门后冲击二门，这是风险型；是进门得分，还是打掉附近对方球，要比较权衡，这是非确定型。

要打好门球，必须能攻能防，攻守兼备。门球比赛中，进攻与防御是两种基本作战形式。它们之间既对立又统一，构成门球运动中一对基本矛盾。进攻是为了打掉对方的球，或占领要隘以利主动攻击对方的球而采取的战术形式。进攻是一种主动的作战形式。它是以得分并消减对方力量为目的的。在门球比赛中，没有进攻就没有比赛，没有进攻就没有胜利。进攻既要主动，又要稳妥，要根据主客观的条件而定。举两个实例。其一，红方先手，白方5个球进一门后，全部冲过二门，然后或进三门，或占要隘，只用了20分钟，白方即取得满堂红的胜利。这种主动进攻取胜，是建立在有扎实技术条件的基础之上的。其二，同样用这种打法，白方5个球进一门后全部冲二门，结果②、⑥球冲门成功，④、⑧、⑩球冲二门失败，有的出界，有的落在二门后，又逐步被红方打掉，最后导致输球。这就是要防止的主动进攻的盲目性。

门球比赛的防御，是抗击对方进攻、保存己方力量的一种手段。孙子兵法说：“可胜者攻也，不可胜者守也”，就是说，可以取胜就攻，处于被动时，就防守；攻与守，应根据客观条件而定。但是，防御不是消极的，应该是积极的。德国军事家克劳塞维茨在1810年就提出了战争中“积极防御”的战略思想。以后恩格斯又指出：“最有效的防御仍然是以攻势进行的积极防御”。打门球时，就是应该采取“进行攻势的积极防御”。如压线球、一门战术留球，表面现象是一种防守，实际却预示着下一轮的进攻。

总之,在门球比赛中,要有主动进攻的精神,也要有积极的防御的意识,并随时准备攻防的相互转化。

4. 布阵、夺势、取胜

开局布阵,中局夺势,终局争分,这是打门球的一般规律。孙子兵法说:"水无常势,兵无常形"。门球比赛的胜败,常决定于转瞬之间。

打门球的开局阶段,球进不进场,进场球停到什么位置,冲不冲二门,占领哪个要隘,都要根据现场情况,审慎随机布阵,以利于下一阶段的攻守。开局阶段有先发制人和后发制人两种战术。一般第一轮次不留球,进场、占位、冲二门,这是先发制人;如留球,不进场,待第二三轮次伺机进攻,这是后发制人。开局阶段如果没有法度,杂乱无章,势必给下一阶段带来被动。

门球比赛一般是第一、二轮次开局,第三、四轮次就进入中局。中局时,战略重点是夺取有利的态势,正如孙子兵法所说的:"故善战者,求之于势"。这时主要应掌握好以下几个要领:一是谋局重于谋分,即有时宁愿放弃进门得分,而首先打掉对方球特别是关键球,以创造有利的局势;二是注意主动与被动的相互转化,即主动时要掌握好主动权,防止向劣势转化,并密切注意对方的先手球、擦边球、双杆球、远冲球,以及被动时要暂避其锋芒,退守自保,伺机反攻;三是要眼观全局,蓄势待发,审时度势,精心击球,争取(保持)优势,为最后的决胜准备条件。

门球比赛进入第五、六轮次,就到了终局阶段,这时要力争己方多得分和阻止对方得分的机会;有时,抢时或拖时、打时间差,也是抢分取胜的手段。门球比赛中,在终局阶段由于一方战术失误,而让对方连续得分,转败为胜,是屡见不鲜的。

门球比赛3个阶段中的夺势和得分,不要机械划开,而应是有机结合的。例如在开局、中局阶段,如能得分也不要放弃。而在终局阶段，对有利形势也要夺取而不可轻视。实践充分证明，得分和夺势是互为因果的，均不可偏废。在整个比赛进程中，既要夺势，更要得分，夺势是手段，得分才是目的。得势而不得分，则是徒劳无益的。

5. 天时、地利、人和

中国古代军事家将战场条件高度概括为“天、地、人”3 个方面，并提出了“知天知地，胜乃无穷”，“因天之时，就地之势，依人之利，则所向无敌”等重要战略法则。古今战争史表明，战场条件对战争的影响和制约是绝对重要的。而在门球比赛中，天时、地利等因素，也是很重要的，不可忽视的。

天时，主要指天气因素。严寒、酷暑、大风，都可能对门球比赛产生影响。特别是在大风中进行比赛，要注意风向；顺风时球走得快，逆风时球走得慢，顺风或逆风都可能影响球的到位。因此，在大风中赛球时，击球要掌握好力度——逆风时击球适当加点力，顺风时击球大要悠着点。还有在阳光强烈时，逆光对瞄准会产生不良影响，导致瞄准角度出现偏差，或者击偏自球，比赛时不能掉以轻心。

门球场地，同样会影响击球质量和比赛胜负。因此，到新场地打门球，必须要察看和熟悉场地；临场指挥员和运动员都要了解场地特点。场地影响击球质量主要有 4 点。一是边线地形有外高内低、内低外高或中间高(边线上有沙埂)3 种情况，打压边线球时可能出现压不上或压得太靠里。二是场地沙粒粗细、沙层厚薄和干湿程度，击球时要根据不同情况掌握好力度。三是场地不够平整，有高有低有坡度，都会影响球速和方向。四是场上有小石子使球向前滚动开始走直线，尔后碰到一个小石子，球便一跳改变了方向，致使很近的球击不中，很近的门进不去。以上这些问题虽属细枝末节的事，但微观也可能影响宏观，偶然可能影响必然，出现球输一杆。因此，只要时刻注意根据场地情况掌握好力度、修正瞄准点、采取合适的打法，是可以把球打好的。

人和,指人的素质和如何发挥人的作用。人的素质,包括球德、球才、球识3方面。球德指裁判员、教练员、运动员,都要讲正派、讲公正、讲团结、讲精神文明。裁判员执法要公道,教练员不要以教师爷自恃,队长不要以首长自居,队员要胸襟开阔,大家都能平等待人、宽厚待人搞好关系。球才,指打球的才能。人做学问、搞艺术、从事体育运动等,天赋是一个因素,但后天的努力更为重要。"梅花香自苦寒来"。打球的才能,来自于肯动脑筋、讲究方法、多下工夫。第三是球识,指打门球的知识,包括技术、战术方面的知识。掌握一些基本知识,多学习人家如何打好球,借鉴人家一些打球方法和技巧,取人之长,补己之短,对打好球是有帮助的。另一方面是如何发挥各个人的作用。手指有长有短,各人技术水平有高有低,训练时要因人施教,比赛时要因人制宜,排好顺序,使各得其所,各展其长。

6. 多样化战术形式的运用

门球看起来简单,实际上十分复杂,特别是发展到现阶段,战术运用,是多种多样,预计今后还将有进一步的发展。有时,一场门球比赛,真像一场小的战争,可以说是变幻莫测,精彩纷呈。

门球运动的战术有一门战术、结组战术、占位战术、压线和反压线战术、佯攻战术,等等,不胜枚举。一场球赛,常常是多种战术的综合运用,而其中可能以采用某一战术特别关键、特别精彩,在实践中往往起着决定性的作用。

战术运用中,一是要注意多层次推进的问题,例如,在取得优势时,可连续制造双杆球,不间断地压住对方,不给对方喘息机会;又如,每次击中己方球后,一般宜送给己方的下手球,依次递进;击到对方远号球或非先手球,一般也应送给己方先手球使用,作为一种过渡球,以利于攻击对方;二是要特别重视己方"关节点"的保护和对对方"关节点"的摧毁。门球比赛中,先手球、活球、要隘等就是"关节点",例如打掉对方先手球,保护好己方先手球,就有可能改变场上的形势,使形势向有利于己方发展。打门球中,只要相机行事,灵活多样地采用不同战术,就可以取得好的成绩。

7. 稳、准、巧、细

为达到正确制定和运用各种战术和不断提高技术,必须按“稳、准、巧、细”4 个要领去做。这 4 个字可以称之为门球运动的“四字经”,是门球运动方法论的基本要求。在门球运动中,要经常念这个“四字经”。

首先是稳。在门球运动中要保持稳定的情绪,采取稳妥的技术和战术。情绪稳定,是打好门球的前提。这是一个心理学的问题。稳妥的技术,是指击球、闪带球各项动作要稳健,一杆一杆地打,从从容容地打,不要变形,不要耍花花点子。例如,冲击远球,既是一种战术,也有一个技术功底问题,风险与机遇并存,成功与失败两兼,应视击球员的远射水平和赛场态势,权衡采用。又如,多球集中、冲二门战术等,指挥时均应稳妥从事。

其次是准。这是打门球中的一个核心问题。稳、巧、细都是手段,准才是目的。打门球采用各种技术、战术,都要落实在一个准字上,这样才能取得好成绩。技术上的准,包括击球准、闪击球准、擦边球准、到位落点准。要做到打球准,一般要掌握好 4 个要点,即瞄准、挥杆、击打和力度。这方面的实践经验和理论阐述已经很多。战术上的准,是指准确地判断和准确的对策。门球比赛中,双方的关系是矛与盾的关系,即以己之矛攻彼之盾,攻防中形势变化很快,临场指挥员要及时作出反应,准确作出判断,并采取相应的对策。此时,还有及时调整队员、准确计算时间,也都是战术运用中的重要因素,不可忽视。

第三是巧,也包括技术、战术两方面。随着门球运动的发展,很多教练员、运动员都在巧字上狠下工夫,有战术上的以巧制胜和技术上的以巧制胜。战术上的巧,就是指战术上的运用要巧安排,出奇制胜。例如《门球研究》刊载有《夺取优势四十五着》、《试读三十六计与门球战术》等文章，都是在实践基础上总结概括出来的巧妙组织战术的方法和攻防形式，有参考价值。“用兵贵在不复”。结合打门球，就是说对各种战术原则和方法的运用，不是简单地重复，而是因人因势，灵活掌握，巧妙安排，就会取得更好的效果。

第四是细，是指打门球要细心，要精细，它与“稳”有一定的联系，但又有不同的内涵。精细，是相对粗糙而言的。战术的制定和运用，更需要细心，需要精心谋划和打算。孙子兵法说：“多算胜，少算不胜，而况于无算乎！”打门球正是这个道理。在战术上多加谋划，就可能取胜，谋划少了或出现疏漏，就不可能取胜。在门球比赛中，临场指挥员和运动员都要认真和仔细，注意双方战术的运用和优劣形势的变化，以及如何应对。运动员不能只管个人打球，也要细心观察场上的态势，要记球，要领会临场指挥员的战术意图。有人说：门球只要多打苦练，就可以打好。这个说法不完全对，苦练是打好球的一个必要条件，但不是充分的条件。打球不用心、不精细、不考虑方法、不琢磨一些诀窍，打上十年八年仍然可能是低水平的。

8. 指挥艺术

战争的胜负，常取决于临场指挥员的智慧、谋略和心理素质。打门球也是要把指挥艺术提到战略高度来认识。门球比赛中的指挥，是指临场指挥员通过掌握球场上的信息，正确组织力量和战术，能动地达到预期比赛目标的过程。指挥质量和效能，很大程度上决定比赛的胜负。因此，指挥艺术是一个很重要的问题。

(1)坚定沉着。“三军不可夺帅，主帅不可夺心”。主帅缺乏信心，临阵动摇，必打败仗。指挥打门球，同样需要坚定沉着，遇强不怵，遇弱不傲，在任何情况下不动摇，不放弃、不张皇失措。临场指挥员的情绪，必然影响队员。指挥沉着冷静，心平气和，将有利于优势的保持和劣势的转变。

(2)多谋善断。多谋,就是前面提到的“多算胜,少算不胜”,包括赛前的分析研究,赛中的战术制定、运用和应变,赛后的总结。善断是指挥要果断,反应要敏捷,决策要迅速;切忌犹豫不决,前令后改,以致击球员无所适从,贻误战机。

(3)简要直接。指挥必须简单明了,指令必须干脆利落;切忌说话吞吞吐吐,废话过多,或者说话声音太低,难听清楚。战术的运用,也要简单直接,球的接应,不要过于迂回。许多实例表明,简要获得成功,繁琐导致失败。

(4)缜密高效。指挥效率的高低,是衡量指挥质量的重要标志之一。即使是最好的战术、最好的战机,由于指挥效率低,延误了时间,失去了时效性,也会造成被动。高效与缜密是有机联系在一起的。不观察和分析场上态势,不记球的粗糙战术,虽然指令下得快,效果却常适得其反。

(5)合理冒险。指挥打门球,不可鲁莽,不可盲目进攻。但是某些战术(技术)的采用,既有风险,也是机遇。必要的、合理的冒险也是可以采取的。合理冒险有两种情况。一是胜算大于风险,例如,对方有几个球密集在一起,或有错位球的态势时,采取远冲的办法,成功率是较大的;但如远击对方一个孤球,则成功率不大,是不合理的。二是在全局处于被动的情况下,而且时不我待,采用一些冒险技术、战术,进行背水一战,也是允许的、合理的。赛场上一杆球最后一搏,连得好几分,一杆定乾坤的实例,也是不少见的。

(本文原载于《门球研究》一书)

门球运动的医学保健功能

运动医学是体育运动与医学相结合的一门科学，也是一门综合性应用科学。其内容是研究与体育运动有关的医学问题，包括运用医学知识指导体育运动以提高成绩，防治运动创伤，预防疾病以及增强健康等。门球运动医学除具有运动医学的一般共性外，也有它的特性。一是门球运动节奏比较慢，其对抗的激烈程度，远不如其他球类运动和田径运动，从而反映在医学上的问题也有所不同，例如运动医学上一个重要内容是防治创伤，像足球、篮球等有人体接触、碰撞，常发生人体创伤；即使排球、乒乓球等，也有一些动作容易出现人体伤病。可是门球运动动作小且不激烈，运动中除个别因闪击球可能碰撞人体外，出现创伤的可能性很小。二是参加打门球的多是老年人，他们体力衰退，或多或少地存在老年病症，在门球场上偶尔会出现头晕、心跳过速、心绞痛病等症状，甚至有个别老人因激动导致脑溢血的，足见门球运动医学与老年医学又是相互联系的。因此，老年人参加门球运动，要根据自己的身体情况，量力而行，不可打得时间太长，过于疲劳，也不可情绪过分激动，引发疾病。由此提出老年人有病要及时去医院治疗，打门球时要注意带上必备的急救药品。门球运动的组织管理部门，特别在比赛时，要及时提醒大家注意身体条件，有病的不可勉为其难。

门球运动从医学角度看，十分有利于增强健康。它是一项低能量、有氧代谢运动。所谓低能量运动，是指灵活轻松、强度较小、耗能较低的运动。所谓有氧代谢运动，是指以增强人体吸入、输送与使用氧气为目的的耐久性运动，在整个运动过程中，人体吸入的氧气大体与需要的氧气相等。根据美国运动医学研究中心对800余名中老年人进行为期12年的跟踪调查，长期参加低能量、有氧代谢运动的人，比不参加或偶尔参加剧烈运动的人，死亡率减少60%，罹患心脑血管病、糖尿病、癌症、老年痴呆症的发病率减少35%。

低能量、有氧代谢运动的形式很多（如散步、太极拳、气功等），但门球运动又有其特殊优势。一是它带有竞争性，能引人入胜，易于坚持；其次是它是一项集体运动，参与者在一起有说有笑，尽管偶尔有一些不和谐之音，但更多的是感情交流和思想交流，使人心情舒畅；第三是不仅有体力运动，也有脑力活动，既能健体，也能健脑。研究老年医学的日本学者入来正躬说过："没有什么返老还童的灵丹妙药。要记住，能使用脑子就尽量使用，应开展适度刺激的、恰如其分的脑力运动。这就是最好的防治衰老的办法"。

实践也充分证明，像门球运动这项低能量、有氧代谢运动，的确有益于身心健康。

其一是能延缓衰老。许多老同志参加门球运动后，自我感觉比过去年轻了，体力和精神都比过去充沛了。"八十不为老，七十不算稀，六十正当年，五十小弟妹"。这就是对长年驰骋在门球场上老年运动员的真实写照。

其二是可刺激产生较多的免疫辅助剂，增强免疫力，起到抵抗病毒、细菌感染的作用。

其三是能改善脂肪代谢，提高心肺功能，对患有心血管病的老年人，有缓解病情的作用。据报道，在一次抽样调查中，38名老年门球运动员，年龄最大的70岁，最小的55岁，平均61岁。他们参加门球运动前平均血压为180/110毫米汞柱，并常须在家服药静养或住院治疗。坚持3年门球运动后，平均血压为150/90毫米汞柱，每日只服药一次以维持疗效或停药；还有2名低血压老年人，血压由90/50

毫米汞柱上升到正常的110/70毫米汞柱。(参见《门球之苑》1991年第3期)。

其四是在户外活动,阳光灿烂,空气新鲜。阳光可促进维生素D的合成,有利于人体对钙的吸收,防止老年人骨质疏松。新鲜空气中含有较多的、获有“长寿素”美称的负离子。一般公园中的负离子为室内的200~300倍。多吸入一份负离子,等于增加一份维生素。它有利于调节神经系统,消除疲劳,促进代谢,增强体质。

其五是有利于防止老年抑郁症和痴呆症的发生。寂寞是对老年人的惩罚,退休后如离群索居,孤单寂寥,久之,心理上的病症也可能随之产生(主要表现为抑郁症和痴呆症)。常参加门球活动,接触社会,接触人群,加上蓝天、白云、阳光、空气,必将带来愉快心情和精神健康。

门球场上常听到两句话,一是“门球伴我度晚年”;一是“门球场上悟人生”。前一句反映许多老年人喜爱门球的实际;后一句则颇富哲理。门球运动和人生都有竞争和拼搏、成功和失误、辛劳和乐趣,这大概就是多姿多彩的门球,也或许就是那丰富充实的人生!

(本文原载于《门球之苑》杂志1999年第2期)